战胜政策市

A股套利秘诀十日谈

袁幼鸣 文玮玮 著

ZHEJIANG UNIVERSITY PRESS
浙江大学出版社

目　　录

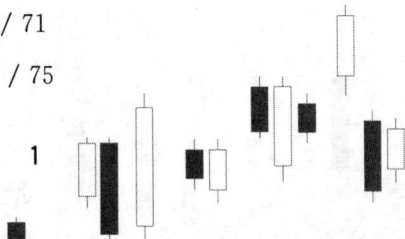

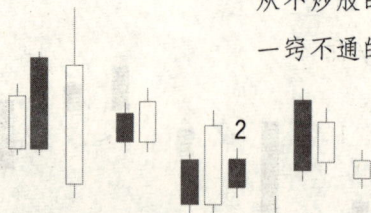

目 录

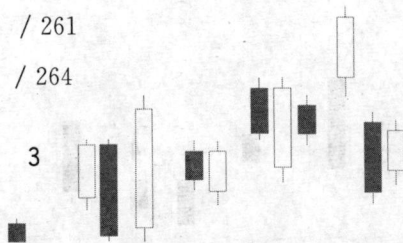

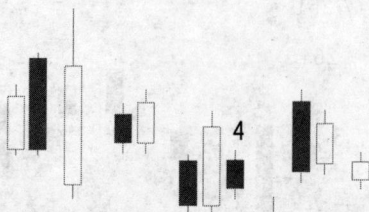

序一　如何在"不规范的赌场"中博弈取胜

吴晓波

财经作家,蓝狮子出版人

袁幼鸣兄直截了当地说:"本书为利而忙!"这的确让我非常吃惊。

在中国评论界,袁幼鸣是一个很有影响力的人,过去10多年间,他久居上海,以高质量、负责任的言论评说国是,在我眼中,这是一位信奉宪政的新自由主义学者。近年来,他对资本市场多有评论,时发卓见,不过,以如此现实主义的方式来创作一部"炒股指南",却还是出乎我等友人的意外。这正如他自己在序言中所说的——

> 作为对自己长期喋喋不休言说股市发展正确路径的一种反动,本书通篇摒弃义正辞严的"制度批判"立场,严格区分市场"该怎样"与"是怎样",立足市场"是怎样"讨论市场博弈实务。书中涉及市场"该怎样"分析,但其落脚点是由于市场没有做到"该怎样",它是如何形成掠夺机制的或者是提供了怎样的暴利机会。本书分析制度,但目的绝不是为了所谓的"制度批判"。

通读了书稿之后,我才渐渐明白了袁兄的良苦用心。

在最近这两年,袁幼鸣受人关注,是因为2008年开春他与胡舒立之间的那场"口水战"。

当时,受美国金融危机和国内宏观紧缩政策影响,沪深股市下探大跌,市场谣传证监会的一位范姓副主席说不会"救市",范副主席向记者澄清,称从未说过"不救市"。据此,时任《财经》杂志主编、被称为资本市场上"中国最危险的女人"的胡舒立发表《何必讳言"不救市"?》一文,把范副主席批了一通,并论证"股市不应救、不能救、亦不必救"。胡舒立在文中指称主张"救市"的"相当一部分引领者其实都是浸淫市场多年的老手,对于所谓救市的后果心知肚明","无非是企图在行情短

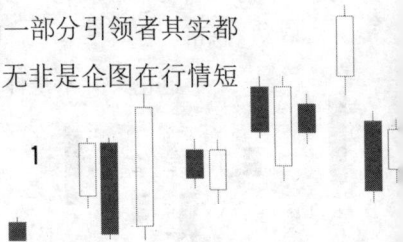

1

期波动中渔一己之私利"。

此文一出,袁幼鸣在上海撰文反驳,他认为,胡文的大漏洞在于,其文章立论的条件是把今天的中国A股市场当做一个已经市场化的市场。但中国A股市场是一个市场化的市场吗?显然不是!在标志市场化程度的一些重要方面,比如股份公司的发行上市准入上,伴随股改,中国A股市场甚至是倒退的。现在市场暴跌,管理层出台措施让市场重归平衡,这不是什么"救市",而是履行责任。既然胡文把今天股市的基本属性都界定错了,这之后即使妙笔生花、议论生风,均属于混淆视听。

胡、袁之争,顿时被演绎成"反救市派"与"救市派"的交火,一时在资本市场上被炒得十分热烈。

袁幼鸣是否因此役而"得名",我不得而知,不过从中却也体现出他对中国A股市场的基本看法及立场。

在我认识的资本市场观察家中,袁幼鸣是最清醒,也是最现实的人之一。

关于中国内地股市,我一直认同吴敬琏的说法:"这是一个很不规范的赌场。"早在2001年,吴敬琏就说:"中国的股市很像一个赌场,而且很不规范。赌场里面也有规矩,比如你不能看别人的牌。而我们的股市里,有些人可以看别人的牌,可以作弊,可以搞诈骗。做庄、炒作、操纵股价可说是登峰造极。"

时间已经过去了9年,吴敬琏所描述的景象消除了吗?似乎没有。

问题是,面对这样的"赌场",普通的民众该怎么办?有的人选择了避而远之,不过也有上亿的人仍然"苦乐在其中"。

在一个"不规范的赌场"里,当然更需要冷静的警告和提示。

袁幼鸣和他的博士妻子共同创作的这部新著,可谓正是为此而生。也因此,这是一部十分奇特的"中国股市教辅读物"。

袁幼鸣在一开始就清醒地告诉读者,中国A股市场是政策市、主力市和消息市。

这也许并不是什么惊人的结论。值得探讨的问题是接下来的两个——这个

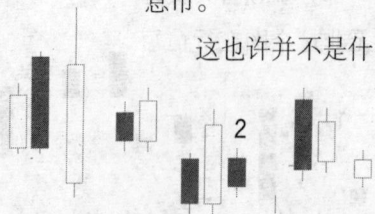

政策市是怎么运作的,它有怎样的规律,或者是怎样的"无规律";如何在这样的政策市中生存下来,甚至"火中取栗"。

在这本书中,袁幼鸣一一揭示了下述事实——《证券法》如何捍卫政府部门既得利益、大型国有企业如何高价发行圈钱、机构如何对倒制造新股开盘价套死散户、庄家如何大大咧咧操纵股价、监管部门如何管制基金以打压市场、精英人群如何鄙视市场主体,等等。

接着,他冷酷地告诫说:"喋喋不休言说自认为正确的股市改革与发展路径其实没有什么实际意义。股市真实状况与话语层面的道理是分裂的事物。"

也正因此,"本书以有利实战为宗旨,对具体博弈方法的描述贯穿始终,直接关联个股选择与操作,旨在帮助自己家与朋友们账户获得最大增值。可以大大方方地承认,我愿意看见我与文玮玮的朋友们在股市博弈中获胜,他们以 70 后、80 后为主,专业人士为主,学士、硕士、博士为主"。

这就是本书的奇异和有价值的地方:它把"如何规范市场"与"如何在不规范的市场中博弈取胜"这两个命题剥离了开来。在袁幼鸣看来,后者对普通的股民来说是更现实的武器。

袁幼鸣兄饱览群书,才华横溢,惜乎用眼过度而患有严重眼疾,真正是天妒奇才。此书修改过程中,他在邮件中透露说,"我不方便长时间直接阅读,用读屏软件听了清样两天。发现严重不对地方,即提出恢复意见"。读到这段文字,让人好生心疼。

元好问有诗云:"鸳鸯绣了从教看,莫把金针度与人。"民国的胡适先生主张民主、共富,曾把"莫"改为"且"。袁兄创作此书的苦心大抵与此相同吧。

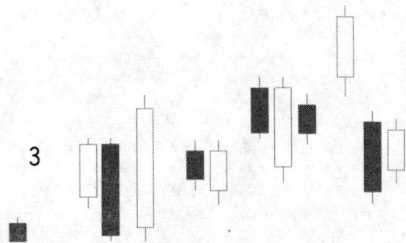

序二　为利而忙

生活在一个分裂充斥的时代,那就踏踏实实做一个分裂的人。在"四十而不惑"的时候,我终于悟出如此活法。那一年,A 股市场爬行在股权分置(分裂)的泥潭中。

作为财经记者与新闻评论员,在 10 多年时间里,追踪 A 股市场制度演进、监管行为与市场行为变化,我不知疲倦地评说。渐渐地,我意识到,喋喋不休地言说自认为正确的股市改革与发展路径其实没有什么实际意义。股市真实的状况与话语层面的道理是分裂的事物。

现实是现实,道理归道理。如此明显的事实我竟然需要渐渐发现、恍然大悟,连我自己也觉得这个半老男人难免有装嫩嫌疑。我还明白,为自己洗刷嫌疑可能会进一步加重嫌疑,给人二次装嫩观感,但我指天发誓说的是真话——我之所以渐渐发现现实与道理是分裂的,且渐行渐远,是因为从小学开始接受的教育告诉我,事物发展有正确路径,只要不懈推动,现实会向道理靠拢,道理一定会变成现实;但同诸多社会现象一样,A 股市场实际完全不是这么回事。

这部书稿自然不拒斥所有有缘之人。它的一大目标服务对象是 70 后、80 后新一代股民。据说有高人对中国人做了一个划分:以 1978 年为界限,1978 年以前出生的人是"古代中国人",1978 年以后出生的人才属于"现代中国人"。无疑,"现代中国人"闹出类似我这个"古代中国人"涉嫌装嫩的笑话几率已经大幅下降。

但是,很难说"现代中国人"就能够彻底免于洗脑。而且,搏击股市,我们还必须听懂它特有的话语。本书开篇即举例新一代股民因听不懂股市政策意图修辞与表达方式而吃了大苦头。在帮助 70 后、80 后股民弄懂它们方面,本书有独特价值。

对 1978 年以后出生的"现代中国人"再做细分,似乎可以以继续高举改革开

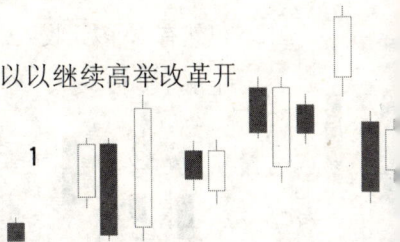

放大旗的1992年为界限,把该年及其后出生的人视为"当代中国人"。我了解到1992年以前出生的"现代中国人"的高中政治课本中尚未出现与股票市场相关的内容,到"当代中国人"上高中时,课本中已经开始涉及。

教科书理所当然不会讲大型国有企业如何高价发行股票圈钱、机构如何操盘对倒制造新股开盘价套死散户、庄家如何大大咧咧操纵股价、监管部门如何管制基金以打压市场、精英人群如何鄙视市场主体等。有关机构编辑的投资者教育材料同样对这些重要内容视而不见,但本书将一一涉及,在这个意义上,它具有"教辅材料"的功能。

作为对自己长期喋喋不休言说股市发展正确路径的一种反动,本书通篇摒弃义正辞严的"制度批判"立场,严格区分市场"该怎样"与"是怎样",立足市场"是怎样"讨论市场各方博弈。书中也会涉及市场"该怎样"的分析,但其目的是出于市场没有做到"该怎样",它是如何形成掠夺机制的或是提供了怎样的暴利机会。本书分析制度,但目的绝不是为了所谓的"制度批判"。本书为利而忙!

做敝帚自珍似的提炼,针对A股市场特色,本书提供了一套基于政治经济学分析框架,捕捉市场牛熊转换及个股趋势博弈机会的方法。它自成一家,与源自美国的价值投资理念和技术分析视角截然不同,同时也不否定价值投资理念和技术分析的意义,套用一句学界大话说,本书对它们进行了汉化。

在市场"是怎样"层面上,中国经济社会从未到达均衡状态。历史上的每一次治乱循环均是打着"奉天承运"旗号的有组织运动,所谓的盛世照样存在大规模的财富掠夺与转移机制。照看好自己的钱袋其实一直是中国人的要务与急务。

以个人生活史为例,20世纪80年代初期,我到上海读大学,虽是少年人,却属于当时最富有的中国人之列。父母每月给我生活费30元,师范大学发给我20多元补贴,加上校田径队给运动员的津贴,我每月进账60多元。我已经回忆不起当时是如何每个月都把钱花得精光的,依稀记得上海本地同学说什么饭馆有什么东西好吃,我就会找上门去。然而,好景不长,到80年代后期我读研究生时,每月仍然有60多元收入,却成了十足的穷人,因为此时学校食堂的猪肉大排价格已经上涨了8倍。

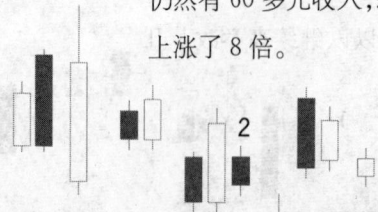

记得 80 年代后期的一天，我正无所事事地行走在上海南京路上，突然被疯狂的人流裹挟进了一家服装商店，他们以挤破头的劲头抢着付钱、大肆购买，受此场景刺激，我也不由自主拿出所有的钱买了三条化纤西裤，回到学校后发现，这些裤子的尺码不同且全部不合身。当时，中国大地上爆发了教科书中所称，只会在腐朽资本主义社会中周期性发作的恶性通货膨胀。抢购风起，上海商店的货架被市民"刮盘"，变得空空荡荡。

以我今天的认知，如果时光倒流，在 20 世纪 80 年代初期我是富人时，我会节省开支，每月拿出 20 元买邮票、钱币，并到豫园古玩市场去买字画，这些投资品以后有远远跑赢通胀的增值能力。到 80 年代后期手头紧时卖出一部分，我的日子会过得依然宽松、潇洒。

虽然投资博弈有不容置疑的合理性，但本书的铜臭味还是过于强烈了一些，必须承认，它不适合道德敏感度高的人阅读。身体力行道德高标准的人对它嗤之以鼻、怒目相向更是完全合理，值得钦佩。

本书由我和妻子文玮玮关于如何在股市博弈中做到多赚少亏的谈话构成。我同妻子就股市博弈实务展开"十日谈"有两个原因：一是自己感到有些疲惫，要将信息获取、盘面观察、买卖交易事务交给她打理；二是妻子博士毕业且从事过博士后项目研究，读过一些书，似有重演我曾经闹出过的混淆现实与理论的架势，于是赶紧通过言说股市"是怎样"进而提醒她社会是怎样。

二次指天发誓，本书内容均属夫妻间真实言谈，绝非蓄意炮制欺世之作。我和文玮玮的朋友们知道我们有关于如何在股市博弈中获胜的对话，提出要分享内容，促使我们将对话记录下来。我们自然希望对朋友们有所帮助，转发他们读后，朋友们建议我们正式出版，说书稿可以帮助更多的弱势散户。文稿既成，蒙蓝狮子财经出版中心出版人吴晓波先生抬爱，得以正式出版物形式面世。

本书以有利实战为宗旨，对具体博弈方法的描述贯穿始终，直接关联个股选择与操作，旨在帮助自己家与朋友们的账户获得最大增值。可以大大方方地承认，我愿意看见我与文玮玮的朋友们在股市博弈中获胜，他们以 70 后、80 后为主，专业人士为主，学士、硕士、博士为主。

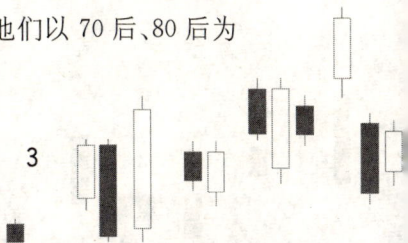

再次重申，我们不拒斥所有有缘之人。本书同样适合股龄 10 年以上的人群参阅，因为认清 A 股市场固然需要股龄，但光在市场中交过学费还不够，必须"灵魂深处爆发革命"，这一点，中年以上人群未必能轻易做到，我自以为做到了这一点，在跋涉艰难心路历程之后。

我所服务的《东方早报》多位同事对本书成稿提供了帮助，《理财一周报》副主编赵刘记先生为内容做了高质量提要，在此表示感谢！蓝狮子财经出版中心的崔璀、卓巧丽等诸位编辑对本书费心甚多，在此一并感谢！

最后作一说明，一些阅读初稿的 70 后、80 后朋友觉得我和妻子的对话似乎生硬了一些。我们的说话方式的确是这样的，原因有三个：一是话题本身沉重又复杂，我们不具备举重若轻予以闲谈的能力。二是我们虽然并非老夫少妻，但毕竟有 10 年以上的年龄差距，我有时候说话像长辈。三是文玮玮受过博士研究生教育，说话带有学术腔。我们和由 70 后、80 后同龄人组成的家庭谈话方式有不一样之处，但我们同样夫妻情深。此言较酸。特此说明。

袁幼鸣

2009 年 9 月 25 日

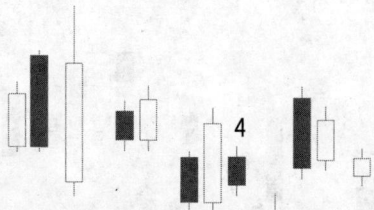

第一日

政策市：作为政治经济学现象的Ａ股市场牛熊转换

理解政策市：从2007年『5·30』暴跌，新股民『行为倒错』谈起

『有形之手』二次打压造成『6·20』暴跌

在政治经济学视野下用系统思维看待股市

经济不转型，Ａ股市场不可能独立长牛

Ａ股市场牛熊转换的主要因素

每日提要:

◎出于对 2007 年春季低价股、题材股股价大涨的反感,政府以大幅提高股票交易印花税率的方式加以打压,导致 2007 年"5·30"暴跌。"5·30"事件显露 A 股市场一大特殊性:政府不但会以政策干预市场运行,在决策者认为有必要的时候,还会以直截了当的方式干预大盘、板块点位,直至个股股价。

◎2007 年"6·20"暴跌是政府二次打压市场所致。为避免诟病,这次有关部门把政策旨意传达得非常隐蔽,只有市场主力与老股民听得懂。A 股市场充斥着一套由长胡子的人操作的独特的话语修辞与信息传达系统。所有新进入股市的人都必须了解它们,获知并听懂"弦外之音",行为越积极,交的学费越少。

◎在政治经济学视野下可以发现,时至今日,货币供应量直接决定国内市场包括股市在内的投资品定价,国际经济与金融形势则对 A 股市场趋势构成重大影响。"通胀无牛市",如果恶性通胀引发类似 2008 年的货币大紧缩,必须清空所有的股票,买入国债。

◎在全球化时代,A 股市场与境外股票市场、境外境内大宗商品市场、外汇市场构成复杂的联动关系。作为外盘指标的美元指数走势对 A 股市场影响越来越大。今后 20 年内,美国仍将是世界经济主引擎。在中国经济结构没有有效调整之前,如果同期美国经济低迷,A 股市场不可能出现大牛市。

◎由熊市转为牛市的关键因素是政府基于自身的具体利益诉求,以行政力量调动资源,推动股市走牛。政府推动市场走牛的最重要标志是注入真金白银。由熊转牛的重要因素是有组织大资金出头与政策意图共振。所谓的有组织大资金并非特指合法机构资金,游资主力在 2009 年春季行情形成过程中扮演了关键角色,它们与国际热钱是 A 股市场更积极的做多力量。

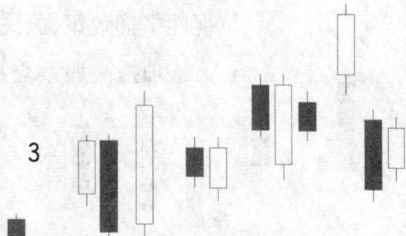

◎作为独特现象,A股市场由牛转熊几近百分之百可见政府"有形之手"的干预。赚得盆满钵满的强势利益集团落袋为安并反过来打压市场是由牛转熊的第二个因素。牛市过程是市场矛盾积累过程。当大盘累积达到一定程度时,几乎所有强势人群都认为需要通过大跌来化解市场矛盾。A股市场是内存掠夺机制的恶性财富博弈场所。

理解政策市,从 2007 年"5·30"暴跌,新股民"行为倒错"谈起

文玮玮:2007 年"5·30"股市暴跌令我印象深刻。

我的一些朋友,有的你也认识,是 70 后、80 后新股民。他们在财政部将股票交易印花税从 0.1％一举上调至 0.3％,引发 2007 年"5·30"暴跌当日,逢低买入股票,却在连续暴跌三日后,《中国证券报》、《上海证券报》、《证券时报》发文章吹暖风时,割肉卖出筹码,损失惨重!

记得你曾为他们扼腕叹息,说新股民"行为倒错",新股民为什么会在"5·30"这样的时段"行为倒错"。

袁幼鸣:我们以发人深省的"5·30"事件为切入点,讨论 A 股市场的本质是一件效率较高的事。

2005 年夏天以后,基于推动市场制度改革的目的,政府竭力调动资源做多股市,经过一年多时间发酵,到 2007 年春节后,大量新股民入市,他们追随有组织的社会资金进入低价股,推动绩差股、题材股板块暴涨。

这一局面的形成有复杂成因,对此负有责任者可谓方方面面。然而,有关部门一味怪罪散户投机,于是在 2007 年 5 月 30 日的凌晨出台大幅提高交易成本的歧视性平抑政策,股民戏称"半夜鸡叫"。

该项提高股票交易印花税的政策以促进股市健康发展为公开目的,直接彰显

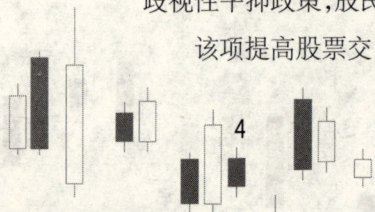

政府对股市市况的严重不满。在此打压政策下，股市大盘急速下跌，一批个股股价几近被腰斩。

由于 2007 年春节后入市的新一代股民缺乏应付政策面巨变的经验，多数人难免举止失常。

我在 2007 年 6 月 6 日发表的《70 后、80 后新股民为什么割肉抛股？》中对新股民在"5·30"暴跌时"行为倒错"的原因进行过较为详尽的分析。

5 月 30 日当日，大批股票以跌停板或者深幅低开价格开盘，随即被蜂拥而入的买单拉起。

买入者多数是不知上调印花税意图、"大跌大买"的 70 后、80 后新股民。这给一些手脚快的机构和老股民提供了逃命机会。

以后两天，新股民被打懵了，茫然无助，出货的不多。

据我了解，在接下来的双休日里，不少新股民家庭内、朋友间爆发了激烈的讨论，他们这时方认清本次政策出台旨在直接打压股价，并作出了决定。

"5·30"开始大批股票连续跌停。6 月 4 日星期一，三家证券专业报纸刊出对市场吹暖风的评论文章，沪、深交易所又豁免了数百家连续跌停股票的停牌示众，政府不乐见市场"无理由暴跌"的意思表达得较为明显。

按照"政策市"的惯例想当然，周一市场应全线飘红、展开反弹。

这一次，与 5 月 30 日倒过来，轮到抢反弹的老股民吃苦头了，来自新股民的抛盘如疾风骤雨。

新股民行为与政策意图相反，直接原因是在"5·30"暴跌之前，相当一部分新股民压根就看不懂政策导向，他们根本就不具备蜿蜒曲折地搞清楚字面意思背后深层政策意图的能力。

例如，对证监会两次发文提示的"买者自负"，许多新股民没当回事，认为不过是现在大盘点位高了，证监会在提示股价起落的市场风险，同香港联合交易所给投资者发信提示风险一样。

追问下去，为什么 70 后、80 后新股民看不懂对他们父兄辈而言昭然若揭的政策导向呢？

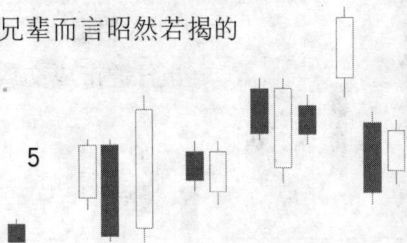

人是历史和环境的产物,简言之,70后、80后新股民成长在社会层面的市场经济体系已经初步建立的年代,基本上已是市场人,思维方式与行为方式同"单位人"与"组织人"有质的不同。

依据新股民以上特质,我在文章中对新股民"行为倒错"的原因依次解释:

第一,他们浑然不知提高印花税率的调控意图,所以会在当日买进。

第二,同老股民不同,他们对三家证券专业报纸的"招呼"是"反向解读"的。文章等于公开承认提高印花税率的目的是抑制前期股价快速上涨,他们恍然大悟,原来股票价格真是会被直接干预的。

第三,既然如此,他们自认倒霉,以脚投票,就像从一家公司辞职一样。

我在那篇文章的结尾写道:

> 最后,我想以痴长十多岁的兄长身份对这些新股民说,除非你们要"大撒把",彻底不玩了,否则,还是要学会读懂听懂关于市场的弦外之音。君不见,6月5日午后,在大家抛空,连招商银行都要砸至跌停时,大资金入场,不是挽大盘于将倾吗?

文玮玮:"5·30"连跌4个交易日后,6月5日起大盘与暴跌个股开始连续强势反弹。

你写于5日收市后的这篇文章的结尾部分已经乐观地预测大盘将转暖,最起码不会再现暴跌。你是如何做到这点的,依据是什么?

袁幼鸣:5月30日开盘阶段,低开的上证指数曾在强劲买盘推动下上攻,个股普遍瞬间反弹5%以上。

见此情景,一位在STV(上海电视台)财经频道当记者的70后朋友在MSN上对我说,袁老师,大盘强势啊!

然而,这位兄弟高兴得太早了!

股市多空博弈分为早盘、中盘与尾盘。"5·30"开盘反弹昙花一现,早盘阶段,大批股票重新被砸回跌停,表明空头已不可逆转地压倒性占上风。

当日沪市成交放出2757亿元天量,并非缩量暴跌,说明接盘资金是很充

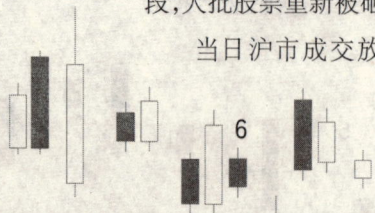

沛的。

为什么这天起大批股票会连续跌停呢?

原因在于,市场主力,尤其是社会资金主力,即所谓的游资主力从财政部大幅上调股票交易印花税看出,政府已下定决心打压市场,非打压下去不可。

也就是说,指数不跌,有关部门将连续出招。

在这种情况下,如果说还有什么办法可以同政策博弈的话,唯一的办法就是顺势而为。

尽可能大量出货,大量出货后再以故意打掉个股关键价位承接盘的"拔桩子"方式,让股价暴跌。一直跌到散户哭爹喊娘,产生强烈的对立情绪,逼迫政策掉头转暖。

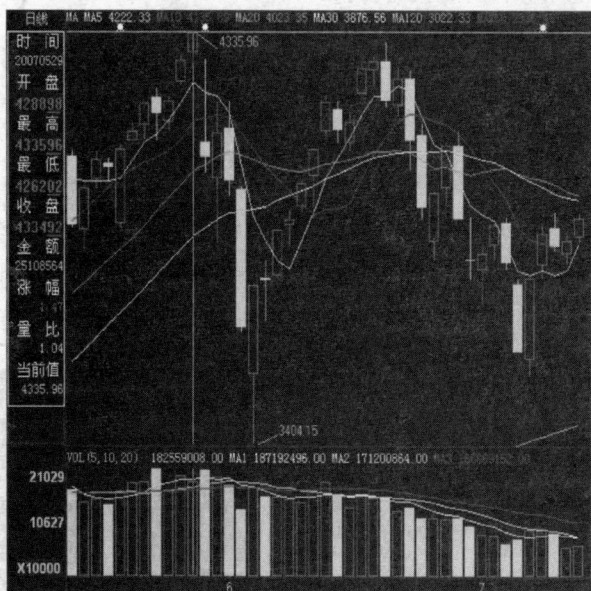

图1-1 2007年"5·30"暴跌上证指数跳水走势

反思"5·30",可以得出一个关于A股市场特殊性的结论:

政府不但会以政策干预市场运行,在决策者认为有必要的时候,甚至会以直

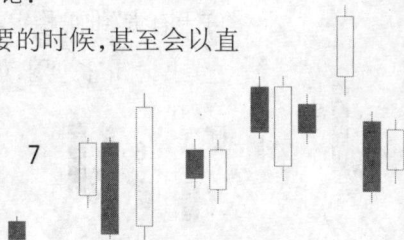

截了当的方式干预大盘甚至板块、个股的点位。

不仅如此,我还能用事实证明,从构成监管机构的一些政府部门官员直至对资本市场指手画脚的学者认定,他们的意思一经表达,市场主体就应该立即执行,不得缓行,连主力资金需要时间出货都令他们不耐烦。

2007年6月5日,我预测大盘将转暖,原因其实十分简单,有组织资金顺势打压市场,逼迫政府"救市"的目的已经达到。

与此同时,大批个股股价已经跌进它们仍握有的大量筹码的成本区,有组织资金将转而与政府合作安排"救市",生产自救。

主力快速博弈出政府政策,新股民的"倒错行为"在客观上发挥了很大作用。

由于新股民不识政策意图的出货,6月4日的继续暴跌令由多个政府部门构成的管理层大吃一惊,且惊动了决策层。

6月5日早盘,新股民继续抛货,一批股票奔向跌停,此时事态已经发展成一个影响社会稳定的政治问题。

6月5日下午,救市资金入场当"药引子",加之各路庄家资金、先知先觉的新增社会资金共振,一举扭转了局面。

以海通证券为例,当日上午11点左右曾跌停至32.75元,尾盘却收于涨停40.03元。海通证券在6月5日以后的反弹力度中等偏上。到6月12日摸高至57.20元收盘52元。

获得股市相关信息的渠道是多方面的,并非在所有时候、所有问题上,上海都有天然优势。

6月5日中午,西部一个地级市的大户朋友打电话给我说,该市只有三家证券营业部,书记、市长双首长已出面召见营业部经理,这是从未有过的"待遇",要他们"守土有责"维护稳定。

书记、市长要求营业部经理防止股民

图1-2 海通证券2007年6月5日分时走势

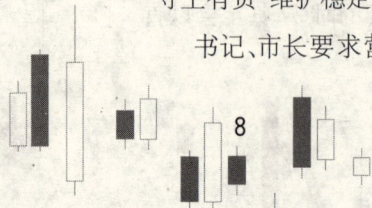

自杀，把二楼的窗户全部钉死并派人盯住大厅内的散户。对散户带进来的液体要警惕，如果有人往身上浇，要立即扑倒制止。

这样的说法是否真实，今天自然无从证实。但那天中午，依据种种迹象，我认定已到政府非"救市"不可的时间窗口，下午有动作是大概率的。

对于6月5日的"救市"之举，政府明显有被胁迫之感，是不情愿的。

之后大盘快速收复失地，导致行政力量对市场的二次打压，于是出现了"6·20"暴跌。

文玮玮：就算我们这些70后、80后新股民意识到这是个政策市，但正确研判政策动向也实非易事呀。

是不是我们还没有真正认识到行政力量深度介入资本市场的社会历史原因？

袁幼鸣：可以这么说。

这里不多谈那次提高印花税率的多方面影响，仅拿年轻新股民的反政策导向行为说事，起码表明，政策的制定和实施是与相关人严重脱节的。

理论上，相关部门需要顺应市场化，包括人的市场化潮流，与时俱进改善监管。但要做到这点，对官员们来说，绝非轻而易举的事情。

"5·30"暴跌之前，所谓没有投资价值的投机品种暴涨，决策层、管理层已经生了一段时间"闷气"，而广大中小投资者，尤其是新股民，对此其实是不知道的。

新股民希望行政力量不直接干预投资品定价，如果一定要干预，那么退一步，希望能把意思表达得大家可以听懂。

但是，希望归希望，参与市场博弈，更能自我控制的事是主动研判政策动向。

难怪70后、80后新股民"5·30"前看不到政府的严重不悦以及"半夜鸡叫"后果，连我这样从20世纪90年代初期就参与柜台交易并专业从事新闻评论的人，也犯了失察与判断不坚决的错误。

"5·30"之前，看到"A股市场泡沫论甚嚣尘上，意在捡便宜筹码的利益集团、经济学家、管制主义者联手向管理层强力施压"，2007年5月26日我曾在所服务的《东方早报》发表长篇评论《中国股市正在成为"长期有效市场"》。

文章驳斥各种呼吁行政打压股市的谬论，同时主观认定：

> 唯有资本利得税这一怪兽可以戛然中止本轮牛市的步伐……一旦开征惩戒性、歧视性昭然若揭的资本利得税，直接后果将是：一，沪深股市崩盘，指数暴跌一半；二，中小投资者离场，公募基金被大面积赎回，剩下的投机资金把税收计入成本，横冲直撞，疯狂坐庄炒作。股票市场一夜回到股改前……本轮牛市来之不易且与过去的牛市有本质区别。随着大盘攀升，会有更多的人气急败坏地疾呼行政打压市场，但我们分析认为，管理层出台惩戒性举措的可能性不大。

"5·30"出笼的虽是大幅上调印花税率而非更具杀伤力的开征资本利得税，但它的惩戒性、歧视性昭然若揭。

今天反思我判断"出台惩戒性举措可能性不大"的错误，我认为，在分析框架的来源上，一个重要原因是，自21世纪以来，于传媒舆论的表皮，新自由主义经济思想似乎越来越为中国经济生活所遵循。

按照市场经济原则，行政力量不会明晃晃下场干预价格。

据此，我心怀侥幸，虽然听闻主张干预的官员与学者人多势众，但觉得只要不出台直接干预股价的行政措施，市场力量尚有博弈空间。

事实证明我是一厢情愿的。回头看，更令我无法自我开脱的一个吊诡事实是，新自由主义经济学在中国的代表人物同样强烈要求行政干预股市。

当时，我并非没有看到这一点，在文章中，我将他们归类为"管制主义者"，嘲讽他们是"拖着计划经济尾巴顾盼自雄的人"。

针对他们所言的"全民炒股不正常"，我质问：莫非有什么"策论"可以做到分入市人次、分资金规模、分指数波段——"有计划、按比例炒股"？

回头看，当时我不过是发泄了一通情绪，得逞口舌之快，这对无论是增进自身对A股市场本质特征的认知，还是帮助读者参与股市博弈，均于事无补。

政府干预市场有"精英基础"。政府本能地要深入掌管经济社会的内容，越细越好，加上有学术精英的摇旗呐喊、鼎力支持，行政力量深度介入资本市场在所难免。

以我今天的认知，鉴于A股市场制度特点，我同样主张行政力量无免责地介

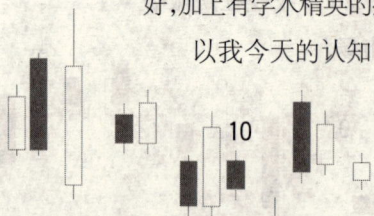

入，当然这是"好的介入"，比如"救市"。

关于这一点，我们以后再作讨论。

文玮玮："5·30"前，你写文章似乎不大直接分析市场趋势，"5·30"后，涉及趋势分析的文章好像多了些。

袁幼鸣："5·30"对我的工作有重大影响。

价值观决定立场，可以大大方方承认，我的价值观决定我希望你和我的朋友们在股市博弈中赚钱而非吃亏。

他们中专业人士不少，70后、80后不少，学士、硕士、博士为主，和我所服务报纸的读者群有很大重合。

"5·30"后我更为关注市场趋势分析，以帮助我们的朋友与报纸的读者参与市场博弈。

以前，我的写作自觉不自觉更多关注市场"该怎样"，谈论"该怎样"自然是批评制度缺陷与不良市场现象为主。每有尖锐批评言论发表，自己挺得意，也时常听到同事、朋友表扬，连常去的超市的售货员也说我"敢讲话，敢为散户讲话"。

其实，仅仅谈论市场"该怎样"，挺像搞精神胜利法的阿Q。

"5·30"后，我主要关注市场"是怎样"和"将怎样"。

这一视角转变帮助我提高了预测市场趋势的准确率，同时，由于立足先搞清市场"是怎样"，再谈论市场"该怎样"时也能做到有的放矢。

参与股市博弈，无疑需要立足市场"是怎样"和"将怎样"。

作为我们接下去交谈的一种方法论，我们将把市场"是怎样"、"将怎样"与"该怎样"严格区分，而不是混为一谈，并且更多关注市场"是怎样"、"将怎样"的相关问题。

文玮玮：假设"5·30"一模一样再来一次，我们应当如何操作？

袁幼鸣："5·30"期间最佳操作方式是，"5·30"当日不惜代价"逃命"，之后在6月5日个股跌停板上抢反弹，在大盘几乎收复失地开始平走后出货。这样做的收益率起码将达到50％。

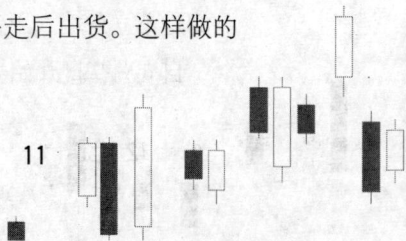

次优的操作方式是,当日不惜代价"逃命",6 月 4 日随着三家证券专业报纸吹暖风抢反弹,收益率可能超过 30％。

次坏的操作方式是,一直持股不动。

最坏的操作方式是,6 月 5 日在低位割肉,待到大盘重新站上 4000 点后被逼空重新入场买入,承受二次暴跌。

你那些低位割肉、高位买入的朋友吃了"双面耳光"。

这样的例子从极端残酷的角度提醒,认清股票市场的政策市本质至关重要。

"有形之手"二次打压造成"6·20"暴跌

文玮玮:对于区分市场"该怎样"和"是怎样"、"将怎样"的重要性,我已有些体悟。

对于 2007 年"5·30"与"6·20"两次暴跌,分析师更多提及前者。对于后者,似乎认为它是前者的延续,一种市场内在规律的反映。

比如,"5·30"暴跌的主要是绩差股、题材股,一部分机构重仓的蓝筹股跌得不多,需要来个"6·20"补跌。

你一直对"6·20"暴跌耿耿于怀,一提到就火气挺大。你刚才说"6·20"暴跌是政府二次干预市场造成的,以前没听你说过,依据是什么?

袁幼鸣:我没有预测出"5·30"暴跌,但吸取教训,准确预测出了"6·20"暴跌。

按照大盘的自身运行节奏,6 月 5 日共振引发的反弹不会那么猛烈,且反弹到一定点位后会有一个震荡过程。

由于市场主力几乎一致认定政府"救市"之举是被迫的,挤泡沫的决心没有改变,结果这次反弹演变成了一个主力资金拉高出货的过程。

得出市场某一个阶段走势性质的结论是困难的,但类似情况下,散户可以做到的是不立危墙之下,先减仓甚至空仓出局观望。

自 6 月 5 日开始主力资金制造了大盘 V 型反转假象,而监管部门则流露出再

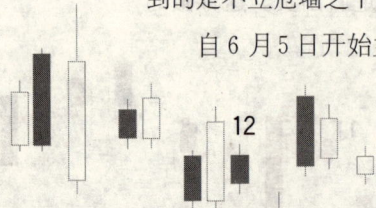

次打压股市的意思。

我对"6·20"耿耿于怀,主要原因是这一次监管部门为避免招致强烈的诟病,把"打压"的意思表达得更为委婉。

有迹可查的是,"6·20"暴跌前一天,2007年6月19日《上海证券报》刊发头版头条报道《25亿信贷资金违规入市　8家银行受罚》。

报道称,央企中国核工业建设集团公司、中国海运(集团)公司挪用贷款资金违规进入股市,为此处罚负有"贷时发放拨付审查和贷后跟踪检查责任"的中国工商银行、中国银行、交通银行、北京银行、招商银行、兴业银行、中信银行和深圳发展银行等8家银行的分支机构。

老股民知道,查违规资金且拿央企开刀查违规资金,并公开点名大型央企、处罚背景深厚的副部级国资控股大银行,传达的是高层对大盘上涨的不满。

但是,2007年春节后才入市的大批新股民如何懂得其中的含义呢?

更为恶劣的是,担任传达管理层意图的三家证券专业媒体在内页发表内容基本相同的评论文章,为"5·30"上调印花税率评功叫好。

在当时社会舆论一致谴责"半夜鸡叫",网络论坛骂声一片,传统媒体一边倒抨击的背景下,三家媒体逆舆论而上,发内容相同的评功摆好文章,来头昭然若揭。

"6·20"当日见报的《上海证券报》评论版头条文章《健全市场运行机制·促进股市健康发展》是这样说的:

> 5月29日财政部宣布提高证券交易印花税税率。这些政策措施以市场化原则为导向,以经济手段和法律手段为依托,直接或间接作用于股市,对抑制市场过分投机炒作,防止股市泡沫过度积累,防范化解风险,维护股市长期向好的发展趋势产生了积极的作用。
>
> 客观地讲,从近期政府实施的政策措施来看,无论是政策组合、实施时机,还是政策力度,应该说都是正当其时,具有一定的前瞻性,取得了应有的效果。
>
> 不是有不少媒体发表文章呼吁把印花税率调回原水平或者改为单边征

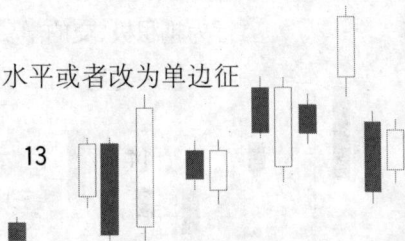

13

收吗？

该文对此耿耿于怀：

> 股市的健康发展，同样离不开良好的舆论环境。新闻媒体客观、理性的分析评论，对稳定投资者情绪的作用不容忽视。如果任由一些不负责任的媒体任意杜撰，肆意造谣，传播不实消息，只会加深投资者的误解甚至情绪的对立。因此，作为新闻媒体，不但要加强自律，而且要强化责任意识，引导投资者正确理解政策意图，共同培育理性健康、和谐文明的股市文化。同时，有关部门要加强对新闻媒体的监管，对违反规定，制造谣言，扰乱市场的媒体及当事人严肃处理，以维护市场正常的舆论氛围。

《上海证券报》评论版一般都刊发作者署名文章，《健全市场运行机制　促进股市健康发展》罕见地没有作者署名，是无名文章。

曾在《上海证券报》工作三年的经验告诉我，这篇文章并非该报人员写作。

6月20日一大早，当我读完这篇所谓的评论时，极度郁闷。

之前我已判断大盘再次暴跌无可避免，且那些机构抱团取暖的所谓有投资价值、抗跌的品种将领跌。

令我愤怒的是，绝大多数新股民是不可能通过阅读证券专业媒体的内页文章获得政策意图的，它等于是通知各路合法与非法的有组织资金而不通知升斗散户、通知资深投资者而不通知新一代股民。

我刚刚吁请相关部门顺应市场化，包括人的市场化潮流。"6·20"前的政策意图表达方式给了我一记耳光！

相信2007年春节后入市的多数新股民至今懵然不知"6·20"暴跌的政策原因！

反思"6·20"，需要认识到，中国内地股市充斥着一套独特的话语修辞与信息传达系统。

所有新进入股市的人都必须了解它们，获知并听懂"弦外之音"，态度越主动、行为越积极，交的学费越少。

说一句题外话，美国汉学家、哈佛大学教授孔飞力研究清朝乾隆年间皇权、官

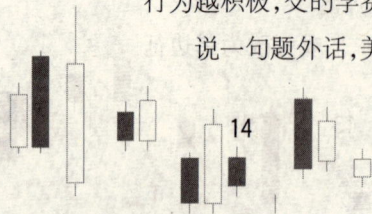

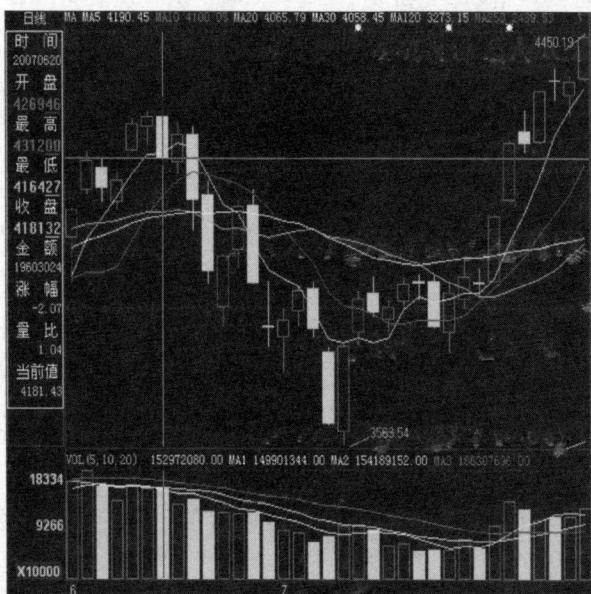

图 1-3　2007 年"6·20"上证指数二次暴跌

吏与民间社会的信息传递系统，写出了名作《叫魂——1768 年中国妖术大恐慌》。

如果有人围绕中国资本市场，研究决策层、直接监管部门及其他政府部门与市场主体的信息作用关系，完全可以写出颇有价值、发人深省的学术著作。

在政治经济学视野下用系统思维看待股市

文玮玮：听你对"5·30"与"6·20"暴跌原因的分析，我更生动地理解"炒股要听政府的话"的意义所在。

但我也发现，政府直接干预股市二级市场定价并采取措施的时候并不是特别多，"5·30"与"6·20"毕竟是极端案例。设想如果行政力量随时可干预股票市场定价，那么游戏也就没有空间了。

浏览股市的历史材料，我还发现，不少时候政府的意志并不能改变市场趋势，

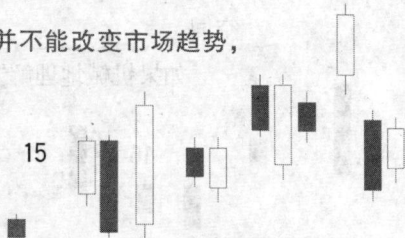

15

有的时候政府显得对市场有心无力，如何具体看待这些现象呢？

袁幼鸣：你提出的这些都是很好的问题。

能提出这些问题说明你有从政治经济学角度理解 A 股市场运作规律的潜质。

公募基金是市场的合法主力之一。2007 年大牛市终结的直接原因之一是政府对证券投资基金"窗口指导"，停止新基金设立的审批，继续要求既有基金降低仓位，只能"卖出不能买入"。

有关部门认为资产泡沫已经大到威胁宏观经济运行的程度，这样做是为全局性利益着想。

在管理层对基金"窗口指导"期间，我曾指称 A 股市场是"行政市"，行政权力直接对投资品定价。

冷静下来后，我觉得还是以"政策市"指称 A 股市场更符合市场发展的历史与现实，更实事求是。

你说得对，如果股市是彻头彻尾的"行政市"，它就是"坚硬的稀粥"，游戏也就没有任何空间了。

我曾这样定义"政策市"：

> 所谓"政策市"，指政府一直关注着股市的走势，对股市运行是否健康一直有判断和想法，会以政策供应影响股市趋势，直至必要时直接干预市场并且非达到目的不可。政策不仅影响大盘趋势，政策还直接影响板块与个股行情。由于政府权力可以改变游戏规则，且以国家所有制形式掌控着主要经济资源，当政策形成合力、非要达到目的时，它最终将决定股票市场的牛熊转换。

但是，政策也有力不从心的时候，表现为全球化时代国际经济与金融形势突变、大的经济金融政策需要股票市场作出牺牲、国内既得利益格局尾大不掉等情况。

参与股市游戏，我们需要看到，政策力不从心导致的市场起伏本身就是博弈空间。

如果机械地理解"炒股要听政府的话"，生搬硬套，在政府出台重大利好政策

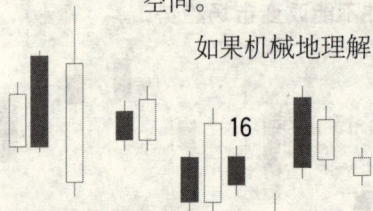

后立即入市,很可能损失惨重。

同样拿调整印花税率释放政策意图说事,可以发现"政策失灵"的典型案例。

例如,在股市 2008 年踏上熊途后,2008 年 4 月 24 日,财政部宣布将印花税率从 0.3% 回调至 0.1%。

当日上证指数上涨 4.15%。其实这一消息在前一个交易日已经泄露,前一个交易日指数已经大涨。

如果投资者在 4 月 24 日开盘 3539 点时即入市,此次重大利好刺激反弹的最高点为 3786 点。在赚了 250 点行情后,等待入市者的将是 1900 点的巨幅下跌。

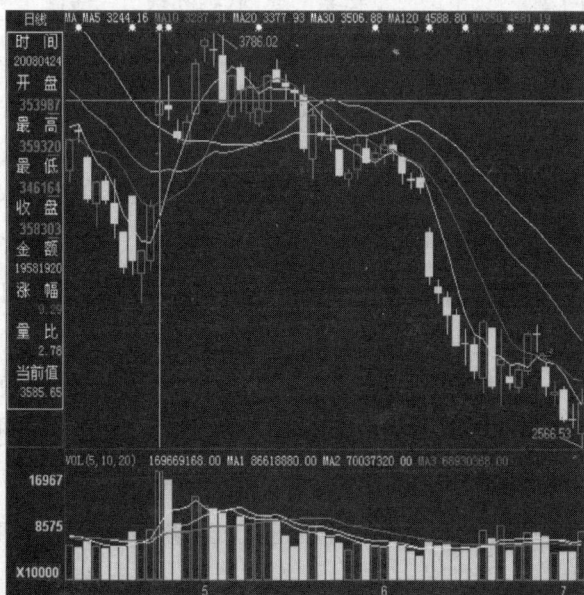

图 1-4　2008 年 4 月 24 日,财政部下调印花税率,上证指数反弹后继续暴跌

文玮玮:2007 年 10 月上证指数上摸 6124 点不是政府愿意看到的,但股票市场在经历 2008 年春季的暴跌后,以 2008 年 4 月 24 日回调印花税率为标志,之后直接针对股市的利好政策不断。

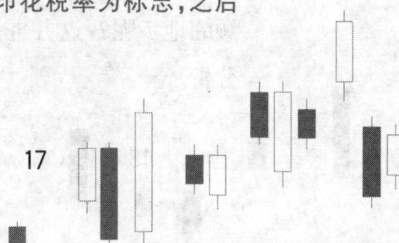

2008 年 9 月 19 日，政府甚至出台"印花税只向出让方单向征收，国资委支持央企增持和回购上市公司股份，中央汇金公司将在二级市场自主购入工、中、建三大行股票"三大利好，但仍未扭转下跌趋势。

这期间货币政策一直是紧缩的，很久之后才转向宽松，同时全球金融危机爆发。国内紧缩政策与全球金融危机应该是"救市"意图不能实现的主要因素。

袁幼鸣：很好，你已经开始使用系统思维看待股市了！

准确地说，时至今日，货币供应量直接决定国内市场包括股市在内的投资品定价，国际经济与金融形势则对 A 股市场趋势构成重大影响。

但需要追问，国内货币供应量松紧的原因，国际经济与金融形势是如何影响 A 股市场趋势的？

回顾 A 股市场历史，可以看到它经常呈现"政策做多与市场坍塌"的倒悬与乖离态势。各个时期的原因不同。

我在 2008 年年终总结与展望 A 股市场时曾写道，上证指数在 2008 年 10 月 28 日跌至 1664 点是内忧外患的结果。

就像一艘行驶在海上的帆船，当遭遇台风、天文大潮、风暴潮的"三碰头"时，光扔掉一些杂物，加固一下桅杆，是无济于事的。

造成 2008 年上证指数大跌的直接"杀手"是前三季度一路紧缩的银根。

货币当局和银行业监管部门以加息、上调银行准备金率、发行央行票据和直接控制商业银行信贷规模等多种手段紧缩货币投放量。

到夏天，全国范围内中小民营企业普遍无处贷款、大批制造业工厂被迫依赖高利贷饮鸩止渴。

整个经济体银根紧到如此程度，股票市场的点位自然无法支撑。

2008 年 7 月我曾撰文驳斥一位著名经济学家。因为，直到此时，这位先生仍"满嘴放炮"，"毛估估"地以"宏大叙事"高喊紧缩有理、绝不放松。

不顾虚拟经济死活也就罢了，为什么货币当局到了连实体经济死活也不管不顾的地步呢？这并非一个单纯的经济学问题，需要在政治经济学视野下加以分析。

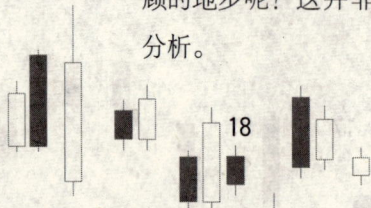

货币当局眼睛盯着的是一路走高的CPI,在他们的优先性排序中,反通货膨胀是首要任务。按照我所抨击的那位先生明白无误的意思表达,只要CPI高企,紧缩政策就是必须的。

追问下去,2008年全球主要经济体,无论是发达国家与地区还是新兴市场,均处于通胀周期中。中国经济对外依存度名列全球前茅,理论上,同步通胀对中国有利,为什么中国对通胀特别敏感,以致要用非正常紧缩政策加以遏制呢?

答案是中国经济社会的财富分配结构不合理,弱势人群收入增长无法抵挡通胀周期!如果猪肉涨至每公斤40元,社会稳定将受到威胁。一个存在数目庞大低收入人群的社会面对通胀是特别脆弱的,为实施维护社会稳定的政治目的,非硬压CPI不可。

平抑CPI,只有拳打面孔(价格管制)与脚踢下盘(收紧流动性)两招。这两招2008年中央政府职能部门全采用了。

价格管制对资本市场杀伤力同样很大。价格管制致使上市公司产品价格无法预期,蓝筹公司利润无法预期,股票二级市场价格定价杂乱无章。

由于股市文化的特殊性使然,A股市场二级市场博弈者对上市公司产品价格特别敏感,价格变化往往成为集体行动的发令枪。

价格管制之下,钢价上涨势不可当,钢铁贸易商忙着囤积,持有钢铁股的人却无法安睡,得当心哪天会出个限价政策让它跌停;能源价格上涨,满市场都看好煤炭,刚一凑热闹,限价风起,只能勇于割肉。

2008年上半年,市场中最活跃的那部分短线投机资金以炒作产品市场价格波动与博弈价格命令为主线。对部分有利压低通胀的行业,有补贴政策出台。

年中,这些多头资金也偃旗息鼓了。据说,到春夏之交时,计算机会成本,短线投机资金发现放高利贷更有利可图,暂时转业。

一个掌控着主要经济资源的政府也并非无所不能。它不可能同时照顾各方利益,统统摆平,它有自己的优先性排序。

对此可以质问,国内贫富悬殊本该由财富分配制度负责,为什么要由投资股市的中产阶层买单呢?但面对现实,不得不承认,对于股市存量投资者而言,2008

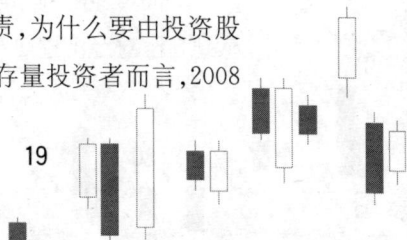

年蒙受巨亏是一种宿命。

2009年年初,有上海"老甲鱼"级别的资深投资者曾对我说,2008年政府对股市是"口惠而实不至"。2008年10月9日央行下调利率和存款准备金率,开始放松银根,才算实惠。之后大盘在惯性赶底后,随资金面宽松完成筑底。银根不放松,大盘深不见底。

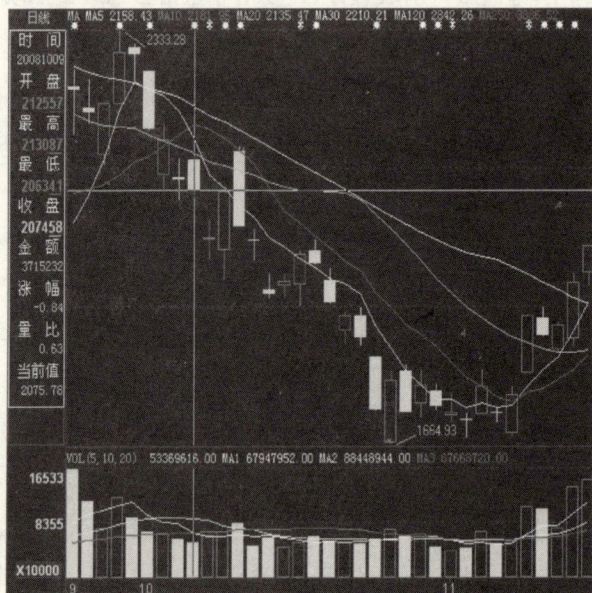

图1-5　2008年10月9日,央行首次放松银根后上证指数惯性下跌

你有必要记住,股谚"通胀无牛市"在中国有特殊含义。

如果中国经济社会的一些结构性顽症没有实质性好转,如标志贫富差距的基尼系数不降反升,一旦CPI高企,政府所采用的行政手段又已经失灵,类似2008年的紧缩将再现。

到了这样的时段,必须清空所有的股票,买入国债。

2008年的紧缩并非第一次出现,也没有理由说它是最后一次。1994年政府感到自己对经济过热和通货膨胀束手无策,曾搞过大紧缩。

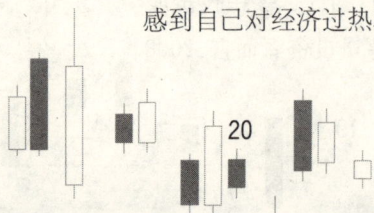

今天长江三角洲的那家如今有"世界童车大王"之称的著名企业当时正打入美国市场,没有资金扩大生产规模,地方政府负责人设宴协调数家银行行长贷款支持。行长们均称贷款权已经被上级收走,结果,董事长被迫把股权贱卖给香港一家公司。这位企业家从此沦为打工者,办公室外面长期坐着大股东派来的财务总监。

难怪有人说,在国内搞实体经济的货币政策风险甚至大过买股票,股市筹码的市值还可能涨回来,但从事实体经济可能血本无归。

文玮玮:与发达国家的成熟市场相比,A股市场的一个特征是涨会涨过头、跌会跌过头,主要原因是市场参与者缺乏理性吗?

袁幼鸣:在一定程度上,这样的看法是成立的。

但是,A股市场涨也过头、跌亦过头的一大成因是政策失误。

2008年第二季度CPI已有明显的翘尾态势,且此时美国次贷危机已经显性化,全球范围的金融海啸及实体经济衰退正在酝酿中。

如果充当经济政策制定咨询对象的专家、智囊和货币当局的学者型官员是有质量的,对这些因素有所预判,他们会建议决策层采取前瞻性措施。

令人欲哭无泪的是,智囊们一路误判下去,直到第三季度态度也没有转变。是最高决策层成员集体赴全国各地调研后,才作出货币政策180度大反转决定的。

在今后相当长一段时间,我们仍将面对一批握有话语权可能影响决策的半罐水专家、学者和官员,以及一个在解决信息不对称难题方面效率不高的刚性决策系统。

持有这样的认识是有实用价值的。

如果一个人在2008年年中看到大批长江三角洲企业无款可贷,觉得一下子退回到了"屋前开一个作坊还得屋后藏一窖银元"的地主经济时代,金融系统完全不支持实体经济,太奇怪了!

但是,以为局面马上会纠正,那就错了!这是在用"该怎样"取代"是怎样"、

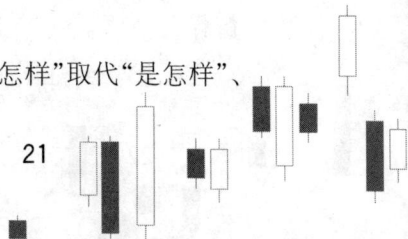

21

"将怎样"。

真正的纠正还要等近半年时间。对应于股市大盘,还有超过50％的跌幅。

文玮玮:据说2008年的熊市与国际热钱撤离有关。

全球化时代"世界是平的",南美热带雨林一只蝴蝶扇动翅膀可能引发西太平洋的一场海啸。

具体而言,美国发挥举足轻重作用的国际金融与经济系统对A股市场有哪些方面影响?

袁幼鸣:至今,中国金融业由国资垄断。与此同时,民间存在庞大的地下和灰色金融市场。

A股市场所谓的有组织游资主要由灰色经济结余与地下金融所支撑。事实上,在某些时段,高达20多万亿的国内企业存款也可视为股市、楼市游资。国际热钱则主要来自跨国投资银行。

2008年年初,美国次贷危机显性化。全球主要投资银行几乎全部卷入次贷交易,自然会回收头寸填窟窿。

种种迹象显示,2008年第一季度A股市场下跌与国际热钱撤离关系密切。

具体可以从三个方面来看国际金融与经济系统同A股市场的关系:

一是各经济体股市比价效应与热钱套利的影响;

二是国际金融与资源品市场定价体系的影响;

三是发达国家对"中国制造"需求的影响。

我们经常能在媒体上见到某些国际投资大师或是国内某某经济学家又在说A股市场估值高了,某个境外市场的估值是市盈率多少倍,A股是多少倍云云。

听到这样的话,你通常可以左耳进右耳出。因为,同一时间,全球范围内的各个市场的股票定价都是不一样的。

至于为什么各个市场平均市盈率不一样,至今没有令人信服的研究报告加以解释。

在全球经济正常运行,没有突发事件爆发的情况下,不同股票市场之间有意

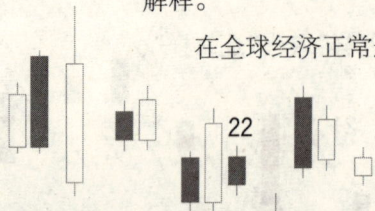

义有价值的比照,是看同一个时段内的涨跌幅度。

比如,在一个时段内,如果"金砖四国"①的其他三个国家股市都在上涨,A 股上涨将是大概率事件。后涨的 A 股甚至可能加速上涨以拉平与其他三国股市的涨幅差距。待到涨幅持平后,A 股将滞涨。

在大趋势上,全球股市的比价效应越来越显著。

可以认为股市是经济的晴雨表,尤其是多数时候,道琼斯指数是美国经济乃至世界经济晴雨表。

全球股市趋势一致顺理成章。但国际热钱在各个市场间套利是比价效应形成的直接动因之一。

中国内地资本市场表面上是封闭运行的,但国际热钱进出的通道早已存在,当然国际热钱需要支付绕开管制壁垒的"买路钱"。

把这笔支出计入成本,加之 A 股市场行政干预力度之大堪称全球之最,国际热钱在 A 股市场的操作手法十分凶悍,它们往往在牛市中段快进快出,至今未发现热钱被套的迹象。

在"该怎样"的视角下,国际资源品市场定价体系对中国经济、企业和资本市场的健康发展严重不利。

中国是资源匮乏的大国,原油、铁矿石、有色金属等主要资源严重依赖进口,然而,在西方国家政府与议会支持下,这些资源的定价权统统掌握在设立于发达国家的交易所和跨国机构手中。

在供需平衡的状况下,中国作为主要进口国的资源价格数年内上涨数倍,严重侵蚀中国上市公司的利润。

与此同时,中国是世界工厂,也有人说是世界车间,充当着源源不断输出廉价制成品的角色。

_____

① "金砖四国"来源于英文 BRICs 一词,是指巴西(Brazil)、俄罗斯(Russia)、印度(India)和中国(China)四国,因这四个国家的英文名称首字母组合而成的"BRICs"一词,其发音与英文中的"砖块"(bricks)一词非常相似,故称"金砖四国"。"金砖四国"已被视为新兴经济体的代表和发展中国家的领头羊。——编者注

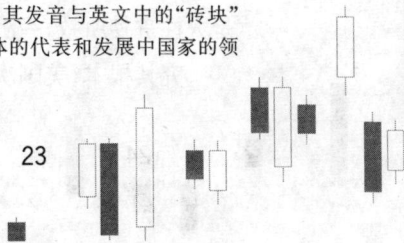

2008 年年中,面对中国经济与股票市场的困局,我曾以大龄愤青的语气在《中国经济的解套方案》中写道:

> 中国经济昭然若揭的瓶颈是什么? 简而言之,就是中国经济落入了以美国为首的国家与机构共谋设下的财富掠夺陷阱中。就内因而论,这是由于中国制造业粗放、内需不足、主要资源依赖进口、利益分配机制扭曲、经济管理失误等原因造成的。形象地说:今天的中国经济既"蹩进"又"蹩出",而且,二者呈正反馈,"蹩出"进一步促动"蹩进"。所谓"蹩出",是在对油品、电力等一系列生产资料进行价格管制之下,"中国制造"低价卖给欧美发达国家。所谓"蹩进"则是高价进口石油、铁矿石等原材料。因为"中国制造"卖价低,美国除成品油外,其他消费品涨幅不大,美国的通胀尚在一个可以接受的范围,美国政府和参众两院也就对石油期货市场的操纵行为不闻不问甚至乐见其成……我们可以这样认为:今天大洋上那条运入石油的运输线和那条运出制成品的运输线,就是插入中国经济的两个吸血管。

中国经济对外依存度畸高,以对美国的依存为最。可谓美国一打喷嚏,对华进口减少,中国就感冒,许多制造业工厂就要停产、裁员。

不仅如此,美国次贷危机绑架了全球主要金融机构,所引发的全球金融危机和实体经济衰退,直接导致了中国经济增长三架马车(投资、出口、内需)之一的外贸出口熄火。

文玮玮:我写硕士论文时读过的一些资料介绍,美国人比较善于通过设计对冲性金融产品管理金融市场风险。

美国怎么就控制不住次贷危机蔓延,让其演变为全球金融海啸呢?

袁幼鸣:次贷危机无法通过市场对冲工具控制。是美国国内的政治行为令全球投资者损失惨重的。

至今,国内学者对美国次贷危机的起因众说纷纭、莫衷一是。伦理学家认为是人性贪婪所致,经济学家则说是金融杠杆使用过度所造成。

究其根本,美国次贷危机源于美国政治制度下政党竞争与利益博弈,以及操

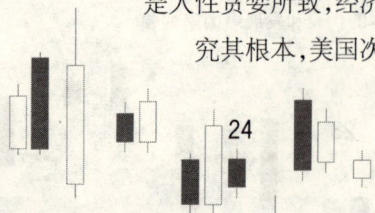

纵"集体行动逻辑"的美国精英们对全世界财富的算计。

20 世纪后 20 年,美国的一种政治思潮把"居者有其屋"纳入基本人权范围,民主党政客以此为政纲招徕选民,共和党也不敢得罪人手一票的穷人。

以前美国缺乏贷款偿还能力的低收入阶层是没有资格通过金融服务获得住房的,但美国政府通过房利美和房地美两家有政府背景的公司贷款,让没有偿还能力的人也获得房产。

这样的行为不是自由经济行为,而是政治行为、政府行为!

按揭者没有偿还能力怎么办? 只能依赖房价上涨的金融游戏支撑。

这些贷款被制作成金融衍生品,拿到华尔街卖给全世界的金融机构。但依赖房价上涨与次贷衍生品上涨相互正反馈刺激的游戏总有玩到头的一天,哪怕这个"庞氏骗局"①由唯一的超级大国操纵。

次贷衍生品曾经是一个巨大的买卖,没有一个国际投资银行可以不参与交易。不参与次贷衍生品投机交易等于自动关门歇业。

用反方向操作的对冲工具把风险敞口完全堵住,只能获得微利甚至无利可图,金融机构同样难以生存。

像雷曼兄弟这样的老牌投行不是不知道次贷衍生品的风险。你可以认为他们的风险敞口很大,在两个盖子盖五个茶杯的情况下,大举参与次贷衍生品交易是找死,但不找死就会等死。

文玮玮:这样的大风暴百年一遇。但愿以后类似情况真是百年一遇。

袁幼鸣:这仅仅是一种良好的愿望。

2008 年最后一个季度,各国政府通过大量释放流动性的方式稳住了金融体系。但谁都不能担保类似次贷危机的这类金融海啸不会再现。

即使在一个时期内看不到产生大的失衡的苗头,但局部失衡完全可能上演。比如,由国际投资银行挑头,重新把石油价格操纵到每桶 140 美元。

---

① "庞氏骗局"是指一种以高资金回报率为许诺,骗取投资者投资,用后期投资者的投资去偿付前期投资者的欺骗行为。因投机商人查尔斯·庞介"发明"而得名。——编者注

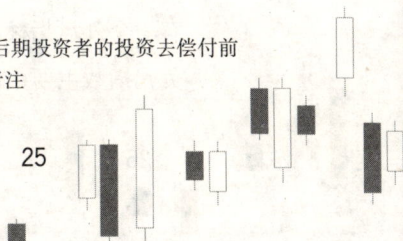

如果石油价格重新涨至每桶 140 美元,中国将出现输入型通胀。虽然国内一些经济学家不承认有输入型通胀。但买入的东西贵了,价格传导机制令国内制成品涨价是常识。

一旦资源品价格飙升,A 股市场完全可能再次步入大熊市。

除了美国人对全球财富的算计导致大失衡之外,还可以看到,后冷战时代是错综复杂的财富博弈时代。

以政府为后盾,西方国家的大公司为了猎取财富甚至罔顾宗教伦理与商业伦理,不择手段。

例如,澳大利亚铁矿石巨头力拓公司通过上海办事处首席代表胡士泰等人以贿赂手段获得中方公司谈判底牌,使阴招赚黑钱。

"力拓商业间谍案"东窗事发后,一向给人憨厚印象的澳大利亚政府并未坐视不管,相反频频向中国施以外交压力。

2009 年 8 月 8 日,中国保密局网站发布文章称,力拓公司的商业间谍行为让中国蒙受经济损失达 7000 亿元人民币,涉及国际市场上的原材料购买、知识产权等方面,相当于澳大利亚 GDP 的 10%。

设想 7000 亿元人民币损失的 10% 归属于宝钢股份、武钢股份等中国钢铁上市公司,A 股市场钢铁板块增加 700 亿权益,股价将是什么景象!

文玮玮:具体讲讲国际要素市场对 A 股市场的影响,它们的表现与 A 股市场趋势的关系。

袁幼鸣:可以把境外股市、外汇市场、大宗商品市场、境内期货市场等统称为外盘,外盘走势与 A 股市场有着复杂的联动关系。

A 股大盘、板块与个股可能跟随外盘而动,也有不少时候,A 股是先动的。

例如,A 股的有色金属板块看准伦敦铜期货价格将上涨先涨起来。等到伦敦铜开涨,进入 A 股有色金属板块的资金倒是开始流出了。

有一个外盘指标越来越重要,那就是美元指数。

美元指数主要由美元对欧洲货币的汇率构成,在一定阶段,美元指数走软意

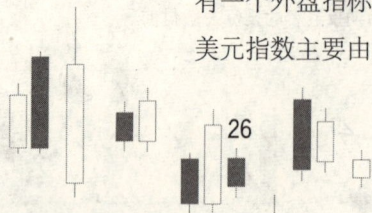

味着大宗商品价格走强、全球主要投资品价格走强。

在决定美元指数走势的多种要素中,大国国家利益复杂的动态博弈占有很大权重。

中国握有巨量美元资产,是不希望美元走软的,且中国不愿意看到大宗商品价格上涨。所以,中国乐意与美国联手扭转美元颓势。

美国是否乐意保持美元汇率稳定却说不定,一段时间美元弱势符合美国利益,另一段时间则不符合。美国会根据自己的利益作决定。

一般而论,如果中美联手干预美元汇率,全球主要股市会停止升势,呈现震荡、观望态势。

经济不转型,A 股市场不可能独立长牛

文玮玮:我能理解如果西方大国、跨国公司合谋以资源涨价等手段对付中国,中国经济将遇到大难题。

但你的分析暗含了一个判断,就是只要美国经济形势不理想,A 股市场便不可能出现牛市。

袁幼鸣:的确,美国经济不理想,A 股市场不可能走出大牛市、长牛市。

这涉及到对牛市的定义问题。

所谓牛市、熊市、反弹、调整等股市术语并无统一定义。我的定义是,股票指数从底部持续上涨超过 100% 就是牛市,超过 200% 就是大牛市,熊市则相反。

牛市还有时间属性,在 A 股市场,时间超过一年的牛市就可以称为长牛了。

我认为,在中国经济结构没有有效调整之前,如果同期美国经济低迷,A 股市场不可能出现时间长达两年以上的大牛市。

中国经济不是"独立自主"的。在"金砖四国"中,中国经济运行质量起码落后于巴西。

2007 年,内需在中国经济总量中占比仅为 35%。至今中国经济处于"卖苦力"阶段。

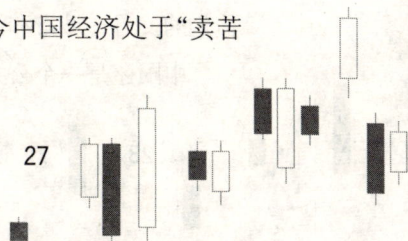

27

中国经济长期保持了高增长。对此,一部分国人非常自恋,认为中国崛起了、有钱了,可以在经济上抵制张三李四。

一些做中国生意的西方人也予以奉承,称中国经济奇迹无法解释。

其实,中国经济高增长的核心原因一目了然,就是担当了经济全球化背景下的生产者角色。

对这方面的问题,你比我了解得更全面,只是还没有看到它们与 A 股市场表现的关系。

跨国公司主导的产业价值链全球化分布原则是谁有比较优势,就把活给谁干。中国劳动力廉价、土地等自有资源廉价,并愿意承受环境污染,制造业自然向中国集聚。

在产业价值链上,前端的研发环节增加值达到 60% 以上,后端的渠道环节增加值达到 20% 以上,中间的制造环节增加值则不到 10%。

中国经济在全球经济分工中所处位置决定整个经济体效益低下。

中国经济不仅对外依存度大,而且,一旦外贸减少,除了政府增大"铁公基"投资这一招外,国内城乡居民消费无力弥补外贸减少。

出现这样的局面是因为全体国民的劳动收入增加长期远低于 GDP 增长,卖苦力的制造业农民工更是 10 多年不涨工资。

新《劳动合同法》实施后,制造业工人工资有所上涨。张五常等新自由主义经济学家严重不爽、大肆抨击。

在有话语权的精英飞骑驰援下,企业主铆足劲博弈,新《劳动合同法》被打折执行。

按照马克思的观点,劳动的价值由劳动者养活自己的成本、学习技能的成本以及养育后代成本等支出构成。中国农民工劳动力成本连马克思描述的基本标准都没有达到。

到 2008 年,我国中西部有近 6000 万留守儿童。为什么会有留守儿童?因为他们的父母在城市和沿海地区养活不了他们。

中国还是一个公共品极度昂贵的国家,政府行政成本达到令人瞠目结舌的程

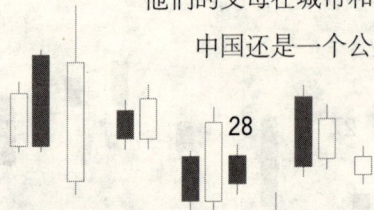

度。在财富分配上,政府收入增长太多、太快。

2007 年,不计国有企业利润和杂费收入,政府收入已经超过 9 万亿元,达到 GDP 的约 40%,且政府收入中直接用于国民福利支出的比例远远低于世界各国平均水平。

你可以说,中国经济的这些问题也是它的前途所在,一旦有效解决这些问题,中国经济将迎来更为良性的发展。

此言理论上成立。但是,需要看到,中国经济的深层问题无一不需要在政治经济学层面解决。

进入新世纪后,中国经济社会一大特点是社会分层加速,利益集团化愈演愈烈。

中国经济结构的所有症结背后都耸立着坚硬的既得利益格局。一旦打破某些"含金量"巨大的既得利益格局,集团化的利益受损者是会群起拼命的。

如果中国社会能够通过制度变革消除那些阻碍资源有效配置、财富分配相对公平的障碍,中国将成为引领世界经济发展的火车头之一。

与之相应,A 股市场将走出波澜壮阔的大牛市。

我认为,在今后 20 年内,美国仍将是世界经济主引擎。

欧洲、澳大利亚以及美国的邻居加拿大富裕而闲适。开句玩笑,对法国人、意大利人来说,性生活质量比经济运行质量更重要。日本是模仿者,且它的政治结构、上层建筑有改良的必要。

唯有美国保持着原创活力。一方面,美国是自私自利的,在金融领域,不知道它什么时候又会玩出损人利己的把戏。

另一方面,美国人又是能够做到"主观为自己、客观为他人"的,起码他们在科技进步上获得的新进展将惠及其他国家。

试想如果没有以美国人为主发明的计算机与互联网,今天的全球经济格局会怎样?

在次贷危机对全球经济造成巨大冲击后,美国精英们在各种国际会议场合都不作狡辩,承认美国闯了祸。

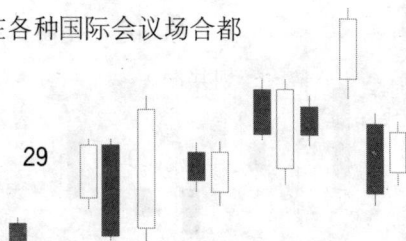

我称这些人是"躺在地板上的山姆大叔",看似低姿态,其实骨子里很无赖。

但我们拿"躺在地板上的山姆大叔"没有办法。讲一通狠话,"说不"和"不高兴"大而不当、毫无意义。

文玮玮:2009 年年初,美国经济情况并不好啊。

那时,国内大多数分析人士对 A 股市场的看法都极其悲观,你却公开预测 **2009 年上证指数将上 3000 点。**

袁幼鸣:一些人声称自己是乐观主义者,到关键时候却十分悲观。

按照我的定义,指数上涨 100% 属于牛市,2008 年年底至 2009 年年中 A 股市场已经走出一轮牛市。

我是在发表于 2009 年 2 月 14 日的文章中明确预测 2009 年上证指数将上 3000 点。

之前,在 2008 年 12 月 29 日发表的总结与展望文章中我说:

> 即使中国经济不如我们所希望的逐步往健康的、高端的方向转型,资金全投向政府项目、基础设施建设,一旦保住 GDP 增长,再加上市场流动性变得充沛,股价还是会涨上去的……现在对明年会不会有行情,很多人看得极其悲观。我觉得未必没有行情,只要市场存在,总归会有人去博弈的,这就是人性。现在机构悲观,历史经验显示,大多数机构在市场的关键时段都是判断不准的,这也是市场波动得很厉害的原因。他们往往发现自己错了再追进去,进去了再恐高,最后表现出一种无头苍蝇般的破罐子破摔操作风格……我觉得上证指数 2009 年来个 20%～30% 的上升是有可能的。大盘涨 20%～30%,有些板块可能会涨 50%～60%。

当时我判断上证指数是在震荡筑底,原因之一是全球经济衰退对中国的负面影响已经基本释放。

原因之二是游资主力已经入场和政府释放流动性与出台 4 万亿经济刺激计划共振。

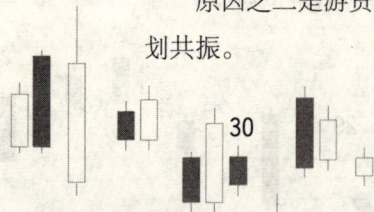

与我同期发文的一些著名市场分析人士不这样认为,他们认为指数在震荡中构筑的是下降中继的双头,之后会加速下跌至1200点。

作出这样的悲观判断,有"海归"的理由是全球金融海啸还有第二波。

我觉得就算金融海啸还有第二波,由于中国金融系统是封闭运行的,A股市场也没有理由跌至1200点。当时点位在1850点左右,撑死短期跌破前期低点1664点。

因为,中国有巨量城乡居民和企事业单位存款。同时,在经济刺激计划下,2009年经济增长达到5%是可能的。

股市跌到1200点,意味着大批公司包括蓝筹公司股价跌进净资产。

只有在上市公司做假账或者在连续亏损的状况下,场外资金才会对股价跌进净资产的公司股票无动于衷。

何况,美国的情况也没有自称在华尔街见过世面的"海归"介绍的那么糟糕。

美联储是在拼老命释放流动性救市,但它还没有步入滥印钞票的窘境。

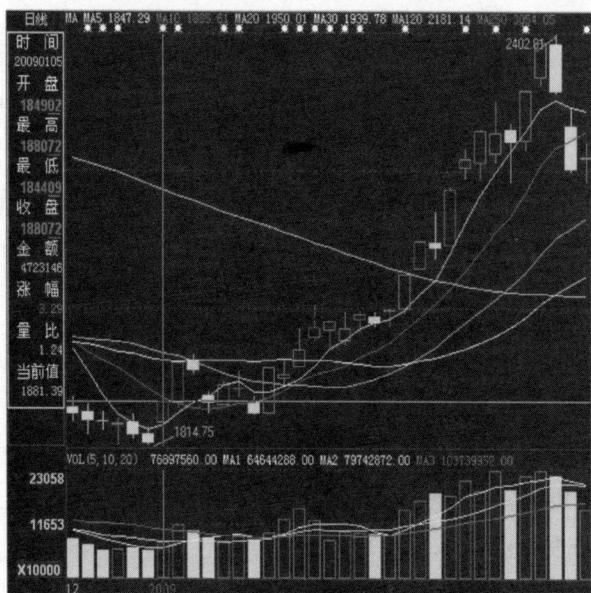

图1-6 2009年新年开盘后上证指数呈现攀升势头

游资主力对 2009 年春季行情贡献巨大,它们表现出极高的政治敏锐性。

它们以对低价题材股、小盘股进行翻番炒作的方式制造赚钱效应,激活市场人气,逼迫公募基金经理做多。

待到上证指数二次到达 2400 点后,公募基金申购出现热潮,基金公司手中钱多了,基金经理们也就见风使舵,转向看多了。

所以,我说 2009 年早春游资主力政治正确、基金经理酸气冲天。

我之所以在 2009 年 2 月判断上证指数年内会站上 3000 点,还有一个理由是大熊市让股市丧失了融资功能,新股发行要重新开闸,3000 点起码是必须上摸的点位。

股改后,在新股发行的市场化程度方面,A 股市场不进反退。

沪市几乎百分之百地用于大型国有企业发行融资、做大做强,大盘新股能否顺利发行已是个政治问题。

果然,回过头来,可以看到政府相关部门保驾护航、合力呵护,把上证指数送上了 3000 点。

大盘站上 3000 点后,中国建筑、成渝高速也就以高市盈率成功发行了。

2008 年年底至 2009 年年初美国经济见底为 A 股市场走出翻番行情提供了外部条件。

但到 2009 年年中以后可以看到,A 股行情在经历调整后,能否演变为跨年度长牛,美国经济复苏是否顺利,对中国制造的需求是否在洗牌后出现攀升,再一次成为关键性的因素。

A 股市场牛熊转换的主要因素

文玮玮:学历较高的新股民入市,总会有朋友推荐阅读本杰明·格雷厄姆的《证券分析》等价值投资著作。

我有一种感觉,这些经典著作似乎更适合稳定的制造经济时代。

当代世界的一个特点是变动不居,中国更是处于经济社会转型之中。的确需

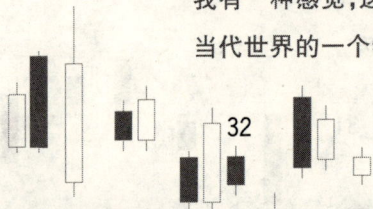

要以政治经济学的眼光看待A股市场的变幻。

在这样的视野下,能看到哪些主要因素导致A股市场牛熊转换呢?

袁幼鸣:《证券分析》等价值投资著作以及技术分析方面的一些名著均值得阅读。

但是,以这些问世久远的书籍指导21世纪的股票投资显然不合时宜,尤其是在换手率高居全球第一的A股市场。

有人根据《证券分析》的观点,认为2009年第四季度上证指数的合理点位是2000点,这属于食古不化。

在上证指数冲高6124点的大牛市中,如果你按照价值投资理论,矮子中选高人,重仓陷入就是不涨的某乳业股、某医药股、某航运股,那种窝囊你连诉说的地方都没有。

在A股市场,平心而论,"题材"是个中性词,"确有题材"是正面说法,它意味着一种上市公司基本面突变的预期。

价值投资的边际条件是信息对称,而A股市场的特征之一是信息不对称。

谁都没有能力一次又一次准确判断出股票市场牛熊转换的时点。

在全球化时代,影响大盘点位和个股定价的大的系统因素多达上百个,其中不少是政治性的,小的因素则有上千个。

我试着扼要归纳一下导致A股市场牛熊转换的主要因素。

由熊市转为牛市的关键因素是政府基于自身的具体利益诉求,以行政力量调动资源,推动股市走牛。

在被称为"组合拳"的政策利好中,一定会有降低交易成本的政府让利行为。所谓降低交易成本就是鼓励资金入场炒作,资金炒作规模放大之后,政府的让利也就成倍收回了。

更关键的标志是,政府拿出真金白银直接注入市场或组织所控制的资金入市。

你刚才提到2008年9月19日政府出台"印花税只向出让方单向征收,国资委支持央企增持和回购上市公司股份,中央汇金公司将在二级市场自主购入工、

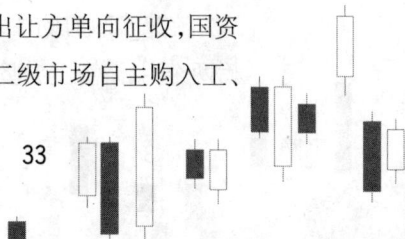

中、建三大行股票"三大利好,但仍未扭转股市下跌趋势。

应该这样看,政府拿出真金白银入市是市场转牛的必要条件,但不是充分条件。

就2008年年底市场转牛而言,政府拿出真金白银加货币政策转向、美国经济见底构成了充分必要条件。

在操作的意义上,2008年9月19日三大利好出台后,股民可以开始分批建仓,在短时间被套后,如果品种选择得当,到2009年年中,就会有200%的市值增加。

投资股市要获取暴利,有时候是需要大胆"买套"的,自称一直能够抄到最底部逃在最顶部的人不是骗子就是神仙。

你需要记住,在熊市时,不能懈怠,要密切关注政府是否有往市场注入真金白银的行动。历史上的牛市起步几乎每一次都有政府注资推动。

政府注资有时候以需要解读的方式进行,比如,在伴随股改的大牛市起步阶段,中央财政曾注资资不抵债、实际上已经破产的证券公司,最终赚得盆满钵满。

记得当时一位已经调离长江三角洲某大城市,任职西部的高级官员曾说:证券公司过去曾让地方财政出资入股"吃药",现在情况正在变化,地方财政撤出证券公司会后悔的。

有组织大资金出头坚定做多是熊市转牛的重要因素。

中国储蓄率高,"社会闲散资金"数目庞大。一旦牛市形成,股市有利可图,游离在银行系统之外的现金与储蓄就会往股市搬家。

但是,在市场起步阶段,先知先觉的有组织大资金出来与政府意图共振是一种必然需要。

市场分析人士众口一词:2009年上半年指数走得很流畅,另一方面又说,站在3000点上回过头看,谁也想不到市场会走得如此强。

这是语无伦次的说法。其实,2009年春季行情博弈十分充分,堪称经典。

在来自政府的注入真金白银加货币政策转向等充要条件具备后,2008年最后两个月,游资主力坚定不移地收集筹码、炒作个股。

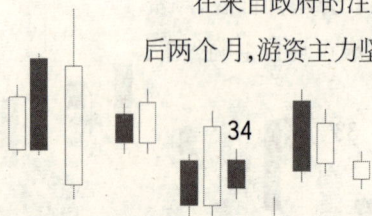

　　这个阶段,不少机构和散户斤斤计较于政府究竟会拿出多少真金白银,指数一上2000点就逃跑,设置的抄底点位又是1500点以下,结果把低价筹码统统交到了游资主力手中。

　　游资主力不追问中央汇金公司究竟买入三大行多少股,反倒同政府高度默契。

　　在它们于2400点从题材股、小盘股、绩差股上从容出货时,政府各部门高官正齐声唱多,夹道欢送他们兑现利润。

　　从人气低迷到聚拢人气,熊市转为牛市另一个主要因素是有概念或板块故事,可以形成"广场效应",让人们忘记恐惧、滋生贪婪。

　　随着入市资金越来越多,人多势众的"广场效应"不断被强化。

　　其实,以泡沫经济为特征的西方发达市场孜孜以求的正是发现与培育主题性泡沫。它们走得比A股市场远多了。

　　A股市场的"故事大会"至今带有乡村社会打谷场的色彩。

　　中国人看重真金白银,发散开去,中国的基金经理们敢买拥有铜矿的江西铜业,在它的A股价格高于H股价格数倍时。

　　2008年年底,市场底部震荡时,崛起的第一个板块是水泥股。

　　因为4万亿经济刺激计划激发了市场对水泥股业绩提升的遐想,跟随主力买入的散户们心理上不太恐惧,拿得住筹码。

　　A股市场形成牛市尤其是长牛,需要外部因素配合。

　　虽然各国资本市场比价效应已经很显著,但迄今为止,在"该怎样"的意义上,我认为,A股市场是具有摆脱比价效应,走出独立行情潜力的,但前提是世界金融与经济处于均衡状态,中国与主要发达国家的关系保持正常化。

　　如果中国大力改革社会保障体系,解除城乡居民的后顾之忧,消费概念股和医药板块就可以引领A股走出独立行情。

　　一旦中国同西方主要国家关系异常,A股市场会有明显异动反应。

　　1999年5月8日,以美国为首的北约"误炸"中国驻南联盟大使馆。1999年5月10日星期一上证指数暴跌4.36%,报收1071点,令熊途中的股市雪上加霜。

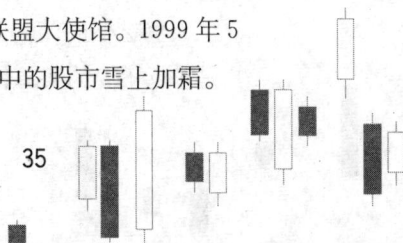

作为应对之策，政府直接部署银行资金大举救市，发动著名的"5·19"行情。

这从一个独特的角度提示，中国与西方主要发达国家关系正常化对 A 股市场的重要意义。

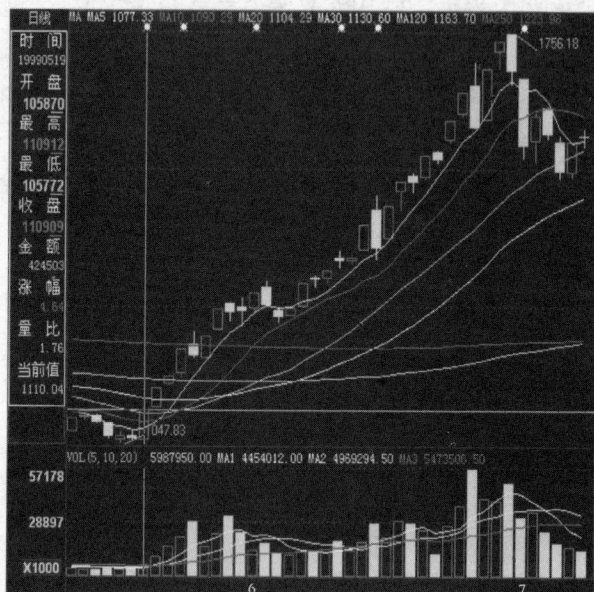

图 1 - 7　政府直接部署发动的 1999 年"5·19"行情

就熊市确立而言，为了应对经济过热和通货膨胀，猛收流动性，政策效应累积到一定程度，自然会导致股市转熊。这可以用经济理论加以解释。

但是，世界各国政府都是只直接干预熊市而无人干预牛市的，作为独特现象，A 股市场由牛转熊几近百分之百可见政府"有形之手"干预。

近年，我去除自己思想中存在的不顾制度环境，一味反对政府干预的市场原教旨倾向，已经能比较平心静气地对待政府干预了。

需要认识到，A 股市场是一个内存掠夺机制的财富博弈场所，距离公平、公正、公开远得很。

大鱼吃小鱼，每一轮牛熊转换会消灭一些市场主力，或者令旧主力式微，而散户是永远不变的买单者。

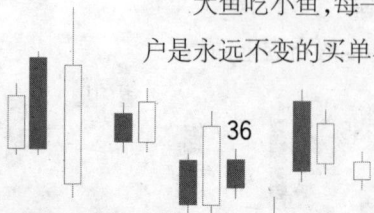

计算显示,在6124点跌至1664点的大熊市中,散户损失超过3万亿元。

所谓专家理财的公募基金经政策扶持坐大后,已经成为弱势群体财富被掠夺的主渠道。

越是市场狂热,散户越是踊跃入市,基金公司坐收管理费,基金经理被动投资,你交钱他建仓。

据此,有人说6000点以上,如果政府不强力出手,储蓄搬家的钱会把上证指数推上10000点。

此说不无道理。

你可能会提一个问题,政府如果不出手,指数在10000点上站住了,不是很好吗?

这引出了A股市场由牛转熊的第二个因素,已经赚得盆满钵满的强势利益团体落袋为安并反过来打压市场。

所谓老鼠仓,狭义指内部人和利益同盟先潜伏进入机构资金将操作的股票,享受全鱼之乐。更广义的老鼠仓是指以上市公司为纽带的牟取暴利的形形色色利益相关者。

试想,一家矿业股一路夸大其词施放利好,借牛市氛围上涨了累计超过20倍,站在利益相关者的角度考虑,它是不是该巨幅下跌呢?

大盘走熊与个股暴跌极大有利于上市公司处理财务劣迹,到股价惨跌后,利益相关者再次轻装上阵,来个梅开二度,不是爽歪歪吗?!

可以说,在一定程度上,A股市场内存的看牌赌博式的掠夺机制就是它的做空机制。

我一直怀疑,2007年10月上证指数摸高6124点的最后500点冲刺是希望市场暴跌的有组织超级大资金故意所为,目的在于激怒高层。

基于上证指数编制上的天生漏洞,通过拉抬中国石化等权重股,无需多大数量资金就可以做到这点。

面对6000点以上的疯狂,高层雷霆大怒。三家专业证券报纸在头版发表痛斥"蓝筹泡沫"及泡沫制造者基金和散户的评论员文章。

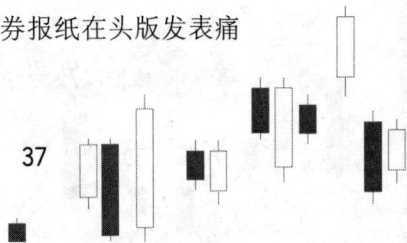

文章称基金为"散户化的机构",同时表扬了同期净卖出大盘蓝筹股的社保基金、保险资金、QFII和券商自营仓位。

文章说"非理性暴涨往往最终引致当局干预",并第一次作出了"市场与政府博弈"这一性质严重的定性。

公募基金自问世以来,一直受政府扶持。可见,一旦政府决定要去除股市泡沫时,是六亲不认的。

2007年11月19日,政府高层领导人在新加坡国立大学发表演讲后回答提问时提及,刚任职时,股票市场指数曾经下跌到900点,"那时候股市是一片骂声,我感到心情非常沉重"。他说,中国大胆地推进了股权分制改革。"这一步棋走对了,于是股市就发展很快。在股指高的时候,又有声音说要防止资产泡沫,而且提到一旦泡沫破裂,会危害到中国的经济。"他说,"我觉得这两种意见讲得都对。"

这一天上证指数报收5269点,它就是一个时段内的政策铁顶。

市场一旦突破这个点位,打压市场的意思表达或具体举措就会出台。

在很大意义上,A股市场熊市的确立是牛市累积矛盾的结果。

当种种矛盾累积到一定程度,除了不知深意的散户,所有握有政治权力、经济权力、话语权力的强势人群都认定需要以市场的大跌来加以化解。

熊市确立后,在没有跌到政府认定泡沫已消除干净的点位前,对之将放任自流。

待到政府认为跌够了,开始吹暖风后,各路有组织资金还要努力争取从政府手中博弈出尽可能多的利好政策,之后方开始收集筹码。

文玮玮:我听得毛骨悚然。

我要问政府为什么不能遏制利益集团兴风作浪呢?这是可以做到的。

袁幼鸣:我的回答是,政府在中国经济中兼具裁判员与运动员双重身份。政府有太多的直接利益放在股市之中。

你尤其需要认识到,影响A股市场牛市与熊市确立的系统因素本身是变化、发展的。

应该把以政治经济学视野看待A股市场博弈上升到方法论的层面,而不是

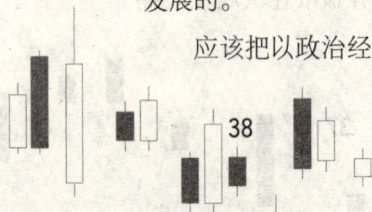

拘泥于哪些具体的主要因素导致了市场牛熊转变。

文玮玮：可不可以再提炼一下与股市博弈相关的政治经济学视野的含义？

袁幼鸣：好的。

所谓政治经济学视野是一种开放的、系统的视野，它将影响股市运行的来自政治、经济、文化、心理等诸方面的因素都纳入分析框架。

狭义上，政治经济学视野尤其注重制度与政策因素对股市市场主体行为和大盘、板块、个股走势的影响。

我将努力把这样的视野贯穿在我们交谈的始终。

在博弈实务上，A股市场一项不起眼的制度安排导致个股股价上涨数番的财富故事屡见不鲜。在以后的交谈中，我会谈到其中的因果关系。

最后，我们轻松一下，讲一个看似与股市博弈无关的，视野决定所看见内容的例子。

文玮玮：好啊，今天谈的内容信息量太大，我听得有点累了，想轻松一下。

袁幼鸣：一些大龄文人在应该花前月下的年龄被迫上山下乡打光棍，即使与上一代人比，在性生活数量与质量两个方面也吃亏甚大。

他们看清人沈复的《浮生六记》，眼睛死盯沈妻陈芸"思想解放"，积极主动为丈夫寻妾，对沈复广州冶游、花船嫖娼也挺内热，说那个时代文人活得实在滋润。

但在政治经济学视野下，我看到《浮生六记》所记载的乾隆、道光年代底层知识分子生活暗无天日：

科举成本极其高昂，一般家庭根本无法支撑所谓的耕读梦想；就业渠道严重匮乏，当师爷与教私塾的机会都是稀缺资源，社会保障自然奢谈不得；大家庭财产所有制与继承制搞"老人政治"，动辄惩罚礼教上看不顺眼的子嗣，让稍有个性者死无葬身之地。毫无公平可言。

沈复与初通文墨的陈芸有一些寻词捻句一拍即合的"闺乐"，都是在借住他人的产权房中享受的。

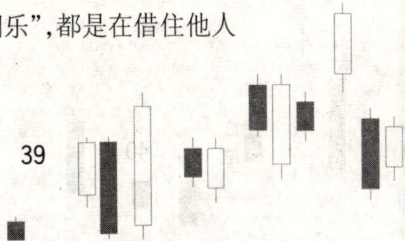

陈芸至死没有自己的产权房,连动迁房都没有一间。

《浮生六记》以及其他社会史、经济史材料证明,一些"职业文骚"编造的所谓天朝盛世子虚乌有!

等而下之编歌编剧的混混儿讴歌康熙乾隆,希望大皇帝"再活五百年",传播谬种,一并可恶。

做到基本看清资本市场现象,对人的视野及兴趣点有特殊要求。

记得你曾在博士论文后记中鞠躬感谢王家范、赵修义、李宏图三位教授耳提面命、谆谆教诲。

我绝非歪读歪解,王家范先生大作《中国历史通论》中藏着大笔银两。这是我喜欢拿它送好朋友的原因。我深信谁读通了以政治经济学框架写就的《中国历史通论》,谁的投资博弈能力将水涨船高。

你对王师著作是熟悉的,但你未必看到了我看到的内容。你先琢磨琢磨,以后我会告诉你我的具体感受。

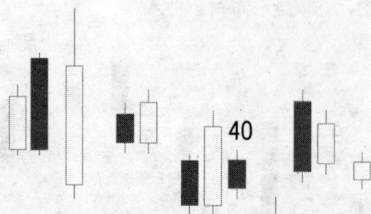

暗礁重重：Ａ股市场的市场制度与市场『潜规则』

股权分置改革的作用与影响

行政权力过大、市场权利过小——跛脚的《证券法》

股市最大法律风险：行政行为不可诉

遇到中国平安推出天量再融资方案怎么办

助长投机的二级市场交易规定

2

每日提要：

◎现行《证券法》是"独腿"的,它只强化"监管行为"权力,根本没有归还"交易行为"应有的权利。现行发行制度令股份公司发行上市资格成为稀缺资源,导致股票一级市场发行定价与二级市场上市交易定价连续畸形。高价发行并在二级市场以超高价开盘的国资控股大象甚至成为市场由牛转熊的标志。中国石油以每股48.60元天价开盘,股市"黑嘴"鼓噪"50元以下闭着眼睛买进",它套死的散户家庭超过200万个!

◎在强势人群的压力之下,监管部门会出台允许券商创设权证之类损害二级市场主体利益的制度。A股市场最大的法律风险是政府部门行政行为不可诉。投资者不能以监管部门与交易所为诉讼对象,即使提起诉讼法院也不会受理。参与股市博弈,一定要高度关注有关某类品种、某类板块、某类概念的行政命令变化。

◎管理层一直扶持机构投资者,虽然散户至今是股市主要组成部分,但厌恶散户、希望散户比例大幅下降是官员与精英的公开心思。在交易制度制定等方面,散户饱受歧视,唯有打起精神自我保护。

◎中国资本市场消灭了太多枭雄,存续下来的人物无一不是人精。中国平安掌门人是超级强人。但超级强人同样是凡人,照样会不识时务。2008年年初,中国平安推出1600亿元天量再融资方案,根本原因是出于对国际国内金融形势的误判,遇到类似中国平安"狮子大开口"的情形,散户必须不惜代价逃命。大鳄级别公司搞出怪事背后一定有故事。它对市场构成实质性利空,必须跟着做空,先逃离危墙再说。

◎庄家利用交易规则掠夺散户是股市常态。T+1和涨跌停板限制并不能阻止股价走向它该去的位置。涨跌停板上的对倒、挂单与撤单倒是经常成为散户陷

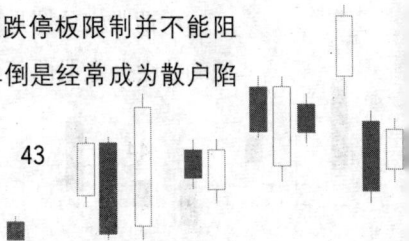

43

阱。权证投机性强同它实行 T＋0 交易规定以及不支付印花税、交易成本低有直接关系。权证爆发往往是市场资金充沛而又没有做多对象时。市场环境陡然失衡,权证往往被爆炒。封闭式基金在一波行情初期和中期通常跑输大盘,但到大盘到达一个阶段性高点时,避险资金会冲入有个安全垫的封基板块推高它。

股权分置改革的作用与影响

文玮玮:进入 2000 年后,中国经济曾经历了一段"高增长、低通胀"时期。但股市行情和经济增长呈背离态势。

一些文章说,股权分置问题制约当时的市场走牛,谈谈股改究竟是怎么回事,有什么作用与影响。

袁幼鸣:你不是金融史研究人员,没有必要花时间了解 A 股市场发展细节,但对股市的主要制度变化、重大事件始末和意识形态演变有所知晓,还是很有益处的。

股票市场是市场经济的必然产物,一个国家或地区,只要实行市场经济制度就一定有股市。

一个国家或地区由计划经济向市场经济转轨,也会设立股市,设立股市甚至是一种经济制度选择的政治象征。

上海证券交易所创立于 1990 年 11 月 26 日,熟悉当时情况的人都知道,它是一个限时完成的政治任务。

当时西方国家对中国是否继续改革开放持怀疑态度,开设上海证券交易所是为了向全世界显示,中国改革经济制度、融入世界经济的路径选择不变。

所谓股权分置是指上市公司的股份分为不能流通的国有股、法人股与可以流通的社会公众股两部分,除了不流通外,国有股、法人股与社会公众股享有相同

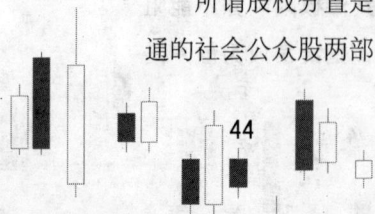

权益。

今天看来,设立不流通股与流通股的原因堪称荒诞,是一种意识形态癌症。

当时有人提出股份公司的股票上市交易,一旦股票被人买了,不是把国有企业买走了吗? 于是,就出台了多数股份不能买卖,少数股份可以买卖的制度。

其实,不就是怕国有企业被人买走吗? 只要安排国有股权占51%绝对控股,且命令不得卖出就万事大吉了。

计划经济不承认私人产权。由计划经济向市场经济转轨,计划经济意识形态致使A股市场设立动机严重不纯。设立股份公司,向社会公众发行股票,以为国有企业圈钱解困为目的。

这样的动机曾经是摆在台面上公开言说的。

作为一种对发行股票圈钱不得不给予的回报,允许公众股交易,形成一个存在赚取差价空间的二级市场。

当然,政府在其中要以印花税的形式"抽水",且多数时候税率之高,形同收缴"不良嗜好税"。

简而言之,在旧意识形态眼中,直到股权分置改革前,股票二级市场是一个不得不开设的赌场,"股民"是一个贬义十足的称呼。

在10多年时间里,由于对产权缺乏起码的尊重并缺乏对产权被侵犯的制度性救济,A股市场的一级市场是一部抽血机。

发行股票圈钱外,大股东尤其是国资大股东"一股独大",对上市公司的资产掠夺成性,包括直接占用公司现金、质押上市公司股权、把质次资产高价卖给上市公司等。

上市公司高管层罪案高发,上市公司运作效率低于同行业非上市公司,平均累积"净资产收益率"低于长期国债收益率。

既然以对待赌场的方式对待二级市场,二级市场也就表现得像一个赌场。

庄家成群结伙,勾结利益相关者,一、二级市场联动操纵股票价格,谋取暴利。

时至今日,股市的许多旧病灶尚未去除,且有新的掠夺机制在形成。

说股权分置问题制约了2000年后股市走牛不准确,准确的说法是,从1999

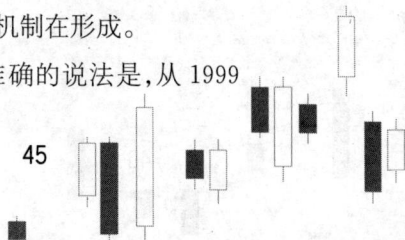

年年底开始,股市走出了一轮牛市行情。

见老百姓入市热情高涨,政府在 2001 年 6 月 14 日出台国有股减持办法,要在二级市场减持原本非流通的国有股,用于充实空壳的社保基金,一举引爆全流通也就是股权分置大地雷。

之后,上证指数从 2001 年 6 月 14 日的 2245 点开跌,步入与经济形势完全背离的熊市。

期间,国有股二级市场减持叫停,但市场参与各方已经认识到,不除掉非流通股这个可能某一天突然在一纸行政命令下决堤的堰塞湖,游戏没有办法玩下去。

全流通问题显性化后,市场主体一面以脚投票、拒不入市,当时流动性十分充沛,数千亿资金囤积在无利可图的国债市场观望;一面展开了声势浩大的股改吁请。

当时,民间自发提出的全流通方案数以千计。

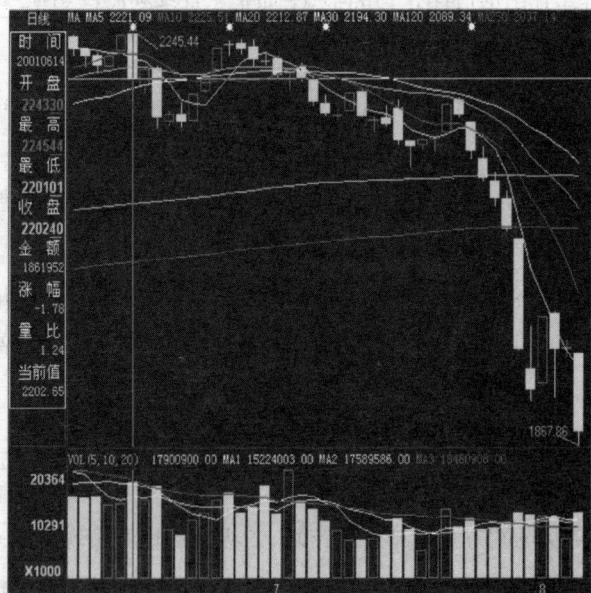

图 2-1 2001 年 6 月 14 日,国有股减持办法出台后大盘转熊过程

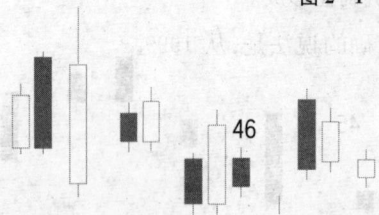

最后,股改是以非流通股股东向流通股股东支付补偿性质的对价以换取流通权的方式进行的,主要形式是非流通股股东向流通股股东送股。

支付对价后,非流通股的流通权有一个锁定期,锁定期满的非流通股就是俗称的"大小非"。

股改过程中,中国证监会、国资委等部门和司法机关还对上市公司进行了一些整治。主要是清理大股东对上市公司的资产侵占,并规定今后再侵占上市公司资产属于刑事犯罪。

这些举措为股票市场的游戏能够继续玩下去提供了起码条件。

总结股改的意义,在我看来,除了它对非流通股流通这个堰塞湖有一个制度性疏导外,在意识形态方面,它起到了提升中国社会产权保护意识,主要是公众自我保护意识的作用。

股改对我的一个负面影响是,一度,我误以为股改展开后,政府将让市场主体自行博弈,不再搞以行政权力直接干预市场趋势意义上的政策市。

事实证明我错了。

行政权力过大、市场权利过小——跛脚的《证券法》

文玮玮:《公司法》(《中华人民共和国公司法》)与《证券法》(《中华人民共和国证券法》)被称为股票市场的根本大法。

昨天我查你写过的文章发现,你对2006年1月1日起施行的新《证券法》很不以为然。在2005年10月第十届全国人大常委会第十八次会议审议通过证券法修订草案第二天,就在《东方早报》发表《对证券法修订草案获得通过表示遗憾》。

《证券法》折射着股票市场法律制度现状,它究竟有什么漏洞与问题?

袁幼鸣:2005年版证券法修订草案付诸表决前,我曾在京沪两地连续发文呼吁全国人大常委会暂缓表决。

草案通过当天,我为《东方早报》写的社评语气比较缓和,之后在北京媒体发

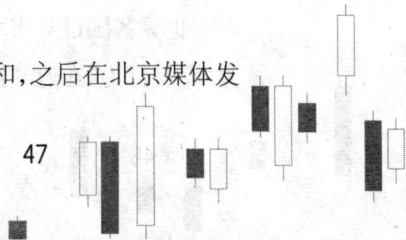

表的文章名为《新证券法依旧跛行》，用词尖锐得多。

我称现在施行的新《证券法》是"独腿"的，认为在法律制度安排上，新《证券法》无法满足证券市场长期健康发展的需要，且缺陷是结构性的。

我的基本依据是，按行为划分，证券市场可分为"交易行为"和"监管行为"两大部分。从这两类行为的权力赋予看，新《证券法》只是加强了"监管行为"权力，根本没有归还"交易行为"的应有权利。

而且，所谓的"监管行为"实际上已异化得很严重，已经不能用"监管行为"指称，可以直接称它们为滋生巨大寻租腐败空间的"行政审批"行为。

文玮玮："行政审批"权力过大对股票市场有什么危害？

袁幼鸣：以"该怎样"的角度，了解一下"证券是什么"有助于发现A股市场的法律制度缺陷。

简而言之，任何一项权益的未来收益的现时定价都可以制作为证券，拿出来交易。

人也是一种"股票"。每个人都有人力资本，一个人从现时开始到退休为止的工资收入就可以制作为证券出售。

你把一生工资收入制作成100份，有100个人买了它们，你变现了一生收入，他们则购买了预期收益。

当然，要实现这个目标，需要进行复杂的计算与议价。为了实现交易，提供专业服务的中介机构、管理与交易风险的保险机构，帮助原始投资者退出和新投资者买卖这些证券的二级交易市场等会应运而生。

你把一生工资收入制作成证券，刊登广告寻求买主，有人愿意购买，这本是买卖双方的"自然权利"。

在中国，行使这样的"自然权利"却是违法的。因为，《证券法》第十条规定：未经证券监督管理机构依法核准，任何单位和个人不得公开发行证券。

世界各国证券市场发展史表明，从自发投融资需求中发展起来的市场无一不是"交易行为"在前、"监管行为"在后。"交易"与"监管"的边界界定得十分清楚、

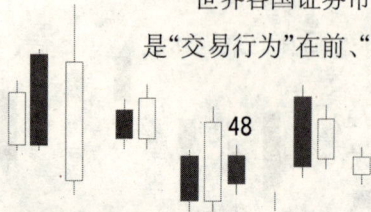

明晰。

市场主体拥有充分自足选择权，"监管"则围绕市场出现的问题展开。

例如，美国 20 世纪 30 年代初期颁布的两部证券法，内容十分简单，仅针对上市公司信息披露与欺诈问题出台规定，却产生了极其深远影响。

上海股票市场在 20 世纪 80 年代末期柜台交易时期，同样具有市场主体自发投融资的性质。

当时一些集体所有制企业、股份合作制企业自发发行股票向社会融资，股票通过柜台挂牌交易。

待到行政力量强力介入股市，把设立股市的主要目的定为帮助国有企业直接融资，开展所谓的制度建设，股市反而偏离了它的自然属性。

1999 年 7 月 1 日，旧《证券法》开始实施，那是一套以管制为主线的法律，强调的是对市场主体的禁止性和限制性规定。由于诸多规定不切实际，结果，谁都不拿它当回事。

2002 年年底全国人大开始酝酿修订《证券法》，向市场相关方面征集意见，结果，总计 214 条的法律被提修订意见达 150 多条。

虽然方方面面提出意见多多，但 2006 年 1 月 1 日施行的新《证券法》与旧《证券法》相比，并无什么实质性变化，换汤不换药甚至变本加厉，证监会在该有与不该有两个方面都扩大了权力。

证监会的权力包括股份公司发行上市需要证监会下设发审委核准、交易所由证监会派出总经理、证券公司设立需要证监会批准，证券公司高管任职资格需要证监会认定等。

在旧《证券法》中，证券交易所原本定性为非营利性会员制事业机构，市场各方对交易所旱涝保收、赚钱太多时有抨击，修法时干脆把"非营利性"前缀去除掉。

券商是组成交易所的会员，以前交易所开会员大会，总有一些心怀不满的券商代表提议分配交易所不断积累的巨额结余，特别是在券商日子不好过时。这次修法一并规定交易所不得将其财产积累分配给会员。

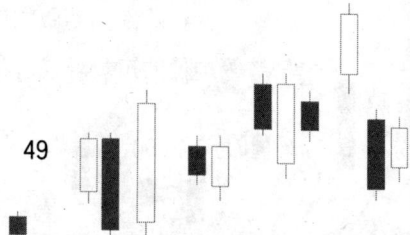

文玮玮：具体讲讲《证券法》对股票市场利益格局的影响，它对股票在二级市场定价的影响。这是我更为关注的。

袁幼鸣：《证券法》规定的发行审核制度，名为审核，实为审批。

在20世纪90年代很长一段时间内，股票发行上市采用的是按地区、按行业分配额度的方式。连几大群众团体也可以向证监会讨要额度。

于是，大批劣质公司经过财务包装甚至伪装上市。当时，荒谬之事层出不穷。

西南地区就有人先拿到上市额度，再向将担任主承销商的一家信托投资公司借款200万元开张。

此时"公司"董事长尚无手机，他获得的第一个"投行建议"竟然是，基于工作联络和身份象征双重需要，立即购买手机一部。

2004年年初，证监会首席会计师办公室公布《谁审计中国证券市场》，煞有介事地指出越是老公司，审计出问题的比例越高。其实，始作俑者是谁明明白白。

在搞了一阵审批制后，发行制度过渡到核准制。

核准制是指由会计师、审计师、律师等方面专家组成的一个发行审核委员会票决，客观上让过去明目张胆包装、伪装上市的公司较难蒙混过关。

但是，安排公司过会的规模与频率、具体哪些公司将安排过会是掌握在证监会手中的。简而言之，上市阀门控制在行政力量手中，它的预审与安排构成了实质意义上的审批。

现行股票发行制度令股份公司发行上市资格成为稀缺资源，它导致了股票一级市场发行定价与二级市场上市交易定价的连续畸形。

而要让股票市场真正成为名副其实的资源配置场所，在"该怎样"意义上，其必然的路径选择是市场化。

通俗地说，就是要让好的公司能够竞争上市，让投资者自由地选择股份公司股票，买卖双方议定价格。在市场化氛围中，中介机构自然会以销售效率为原则，完全按投资者需求保荐企业发行。

行政部门要做的仅是以公权力打击欺诈，保护弱势群体，构建保障参与方平等地位的市场环境。市场化需要缩小行政审批权力，但新《证券法》搞的却是行政

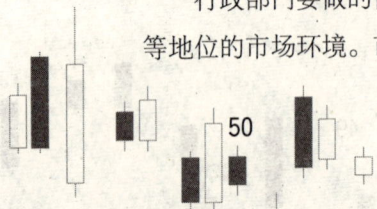

审批扩权。它对股市市场化发展路径不仅未予以考虑，相反以法律形式加以限制。

同中国许多立法活动一样，证券法也是行政部门主导立法的产物。

在证券法修订草案交付人大常委会表决前，有行政官员就在一个论坛上宣布修法后的新内容。这样不把立法权力机构放在眼中的僭越行为曾引起舆论反弹，觉得实在是太过分了。

围绕股票市场，基于部门利益，政府各职能部门之间的博弈比较常见。

《证券法》修订正值股改期间，那段时间，在股改对价、新股发行等问题上，国资监管部门与证监会分歧很大。

然而，在修订《证券法》问题上，国资监管部门乐于见到证监会扩权，一句不同意见都没有。因为，继续把企业IPO和再融资阀门留在证监会手中符合国资监管部门利益。

你问《证券法》对股票市场利益格局有什么影响，新《证券法》施行以后，其直接影响马上显现了出来。

新《证券法》出台后，沪市主板几乎百分之百用于中央企业和省市级骨干国有企业上市。这些公司云集在"601"代码群中。

2007年高位圈钱的"601"中字头大蓝筹统统成为散户财富的绞肉机。

新《证券法》施行后，连中等资产规模的非骨干国资控股公司都没有资格在沪市发行，只能把股本缩小，谋求到深市中小板上市。这造成了一道奇观：中小板公司并非都是规模中小型的，有的公司规模甚至中型偏大。

沪市几乎全部用于中央企业和省市级骨干国有企业上市，这与2008年熊市确立直接相关。

A股市场一大特色是，大盘惨跌时，管理层往往被迫停止新股发行。待到牛市确立后，伴随指数上涨，以国资控股公司为主的新股群体一路水涨船高地发行圈钱。

高价发行并在二级市场以超高价开盘的大象最后甚至成为市场由牛转熊的标志。

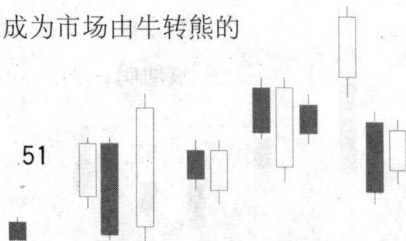

2007年秋天,中国石油以每股16.70元的高价发行。

按照规则,股市新股供给是向大资金倾斜的,谁钱多拿到的筹码就多。

与之伴生,形成一套大资金通过操纵二级市场开盘价掠夺散户财富的机制。

2007年11月5日,中国石油上市,在握有大量筹码的有组织资金对倒之下,开出每股48.60元天价。之后,中国石油一路高山滑雪下跌最低至10元以下。

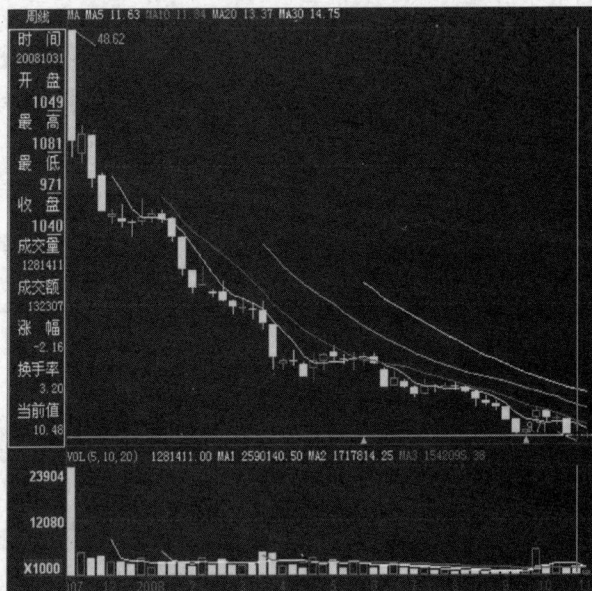

图2-2　中国石油高开低走高山滑雪周线图

中国石油是所谓的亚洲最赚钱的公司。在它上市前,一些市场"黑嘴"号称"50元以下闭着眼睛买进",结果,它套死的散户家庭超过200万个!

我知道有大家庭内的所有小家庭全部在中国石油开盘时买进,三代人同时被深套,小孩子不知愁滋味,大人们的日子过得可谓毫无生趣!

文玮玮:我明白为什么一些大蓝筹无人问津的道理了。发行制度有大问题。

有人说中国《证券法》的一大特色是对退市制度没有安排。

袁幼鸣:是的。

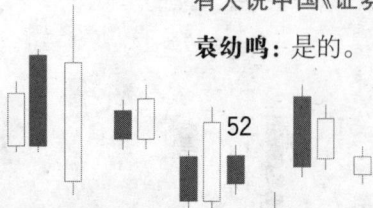

不过，如果你这样说，有学者型官员会跟你急的，他会说你太肤浅了。退市属于交易所层面的事情，不需要在根本大法中予以安排。

但一句话就可以把学者型官员问住，为什么股份公司的股票发行上市要在《证券法》中做事无巨细的规定呢？既然规定了上市，为什么不规定退市呢？

中国证券市场基本上没有退市通道，再烂的公司都可以苟活在市场中，而且烂到一定程度，还可能发生控制人变更，资产置换与注入等游戏，公司更名后焕然一新，乌鸡变凤凰。

没有退市制度，反倒有个破烂公司起死回生制度，究其原因，正是源于这个市场的高度行政化。

实质上的上市行政审批制令监管部门一开始就对上市公司的质量负有担保责任，以后在日常监管中又存在漏洞大、效率低等问题，监管部门对上市公司东窗事发、蜕化变质每每负有不可推卸的责任。

一旦上市公司彻底注销，投资者血本无归，酿成群体性事件自然而然。

股市中，上市公司实际控制人欺诈投资者，掏空公司资产人间蒸发的恶性大案时有发生，之所以没有出现大规模群体性事件，没有退市制度倒是"功不可没"。

股市最大法律风险：行政行为不可诉

文玮玮：近年来，行政化似乎成了中国经济社会的一种潮流。原来大家觉得可以走法律渠道寻求救济的事情现在也进入了"上访渠道"。

政府似乎也觉得以行政手段处理问题更经济、更简捷，比如对重大食品安全事件的受害者，就不是让他们走法律渠道获得救济，而是予以统一的行政救济。

发达国家的资本市场一旦有欺诈发生，在利益驱动下，律师团先行垫付费用的集团诉讼机制立马会响应，司法系统对欺诈的刑罚也非常严厉，会让罪名成立者倾家荡产，且长时间入狱。

各类投资者保护基金也会补偿受害人的损失。

A股市场的法律救济安排似乎极不健全。

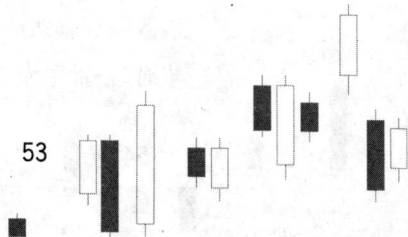

53

袁幼鸣：一个法律救济机制健全的市场才会让人放心。

国内法律对投资者的保护有进步但进步缓慢。

侵占公司资产、内幕交易、操纵市场等行为已经进入国家公诉的经济犯罪范围。

民事方面，在过去很长一段时间里，上市公司发布虚假信息造成投资者损失，投资者提起赔偿诉讼，法院不予受理。现在法院受理这类诉讼。

但是，至今法律制度不支持集团诉讼，令投资者诉讼成本很高。多数利益受损者因为打官司得不偿失，爆几句粗口就自认倒霉了。

一方面，A股市场没有实质意义上的退市制度可视为对存量投资者利益的一种另类保护；另一方面，A股市场最大的法律风险是政府部门行政行为不可诉。

面对来自方方面面的压力，监管部门为了谋求过关，是会出台损害投资者利益的市场制度的。

在市场博弈的实务上，有必要认清这一点，时刻多留个心眼。

在这方面，一个典型例子是2005年12月出笼的券商创设权证制度。

权证是依附于正股的衍生品，分认购与认沽两种，拥有权证到一个约定时间可以以约定价格买入或卖出约定数量正股。

权证价值是动态的，有时候它有正价值，比如，权证市价与它的约定行权价之和低于可购入数量的正股市价之和。权证可以到期一文不值，即约定买入价高于正股市场价，或约定卖出价低于市场价时。

在A股市场二级市场，权证是投机性很强的品种，要么古井不波，要么翻江倒海。

在2005年股改过程中，大型国有企业的国资股东与市场博弈，努力谋求少向流通股东送正股，于是搞出了一个股改权证作为对价物。

非流通股股东本意就是将权证作为赌博筹码发放，通过二级市场资金炒高权证，让流通股股东获得对价。

股改权证果然被爆炒得十分抢眼。

当时，一批主流经济学家认为非流通股股东向流通股股东送股就是国有资产

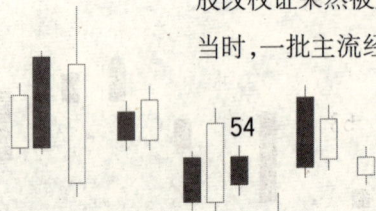

流失,对股改十分窝火,于是,在北京召开的一个论坛上集体发飙,以爆炒股改权证为攻击目标,破口大骂市场投机。

他们是不讲道理的精英,根本不问权证出台的前因正是国资股东力图少支付真金白银。

主流经济学家给证监会造成了很大压力。于是,证监会出台允许券商创设权证的制度。

所谓证券公司创设权证,类似于许可一个市场主体擅自开机印钞票。

你们不是爆炒权证吗,爆炒的原因不是因为权证规模还不够大吗?我让券商几乎没有成本地创设筹码,你们炒高权证价格,券商抛出筹码,坐地数钱。

2005 年 12 月初,券商创设的武钢权证出笼令三个权证品种价格狂跌。通过对价获得权证的流通股股东动态损失惨重,参与权证二级市场交易的人更是哭爹喊娘。

文玮玮:太不可思议了。居然有这样的事情!

袁幼鸣:是的。

当时,市场掀起轩然大波。媒体热议交易所让券商创设权证是否违法、是否可诉。

按照财产权受保护的现代共识,稳定的财产收益预期被影响,就是破坏产权。

以改变供需关系、遏制过度投机的旗号骤然更改权证市场约束条件,在法理意义上,无疑侵犯了市场参与者的财产权。

参与权证炒作者在游戏规则中行事,风险自担,并没有犯罪、违法、违规,扣一顶"投机倒把"帽子即加以侵犯,彻头彻尾开历史倒车。

当时舆论热火朝天,讨论交易所是否违法却无任何实质性意义。

因为,投资者不能以监管部门与交易所为诉讼对象。提起诉讼法院也不会受理。

司法上,对行政行为造成投资者损失的法律救济安排并不存在。

谁都不能担保类似安排券商创设权证出笼,令参与者哭爹喊娘的事情今后不

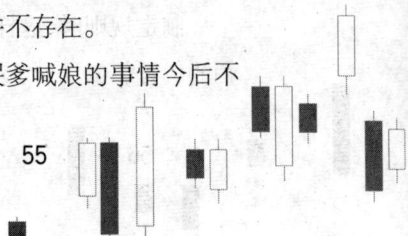

会发生。

你需要记住，参与股市博弈，一定要高度关注有关某类品种、某类板块、某类概念的行政命令变化。

处于转型过程中的中国经济社会缺乏程序精神与程序意识。

人怕出名猪怕壮，一旦股市某种现象大出风头，有人从中获得暴利，传统意识形态又认为其道德败坏、影响恶劣，往往招致行政力量打压，因此必须见好就收。

文玮玮：2009 年 9 月 9 日中午，五粮液突然发布被证监会调查公告，下午股票却不停牌。

我有朋友长期持有五粮液。上班族中午是不会查公司是否发公告的。晚上回家才发现下午五粮液曾盘中跌停，成交创出 50 多亿元天量。

她说要是看到公告一定会出货，散户跑起来总比基金方便。深交所不对五粮液停牌，真是一点都不为上班族着想。

袁幼鸣：一些读者曾打电话到报社诉说，他们认为深交所对散户实在是太不公平了。

常识与情理层面一目了然，五粮液发布受证监会调查公告后，深交所应该立即停牌，让散户有时间获得信息，作出是走是留的决定。第二天继续交易，让要跑的人在一条起跑线上同时开跑。这才叫实实在在履行"三公"原则。

深交所对此事的回应是，交易所是严格按照最新规则办事的。停牌要公司申请，没有规定被立案调查的公司必须停牌，而且五粮液现在仅仅是被调查，还没有结果。这样的说法反而暴露出在规则制定时就没有为散户着想，就当散户中的上班一族是不存在的。

与停牌规则一样，股市的许多制度设计很少考虑散户，有的制度甚至根本不考虑散户实际情况。管理层一直扶持机构投资者，虽然散户至今是股市主要组成部分，但厌恶散户、希望散户比例大幅下降是官员与精英的公开心思。

制定规则时，这样的心思会自然而然有所表现，相关人等头脑中根本没有散户的位置。

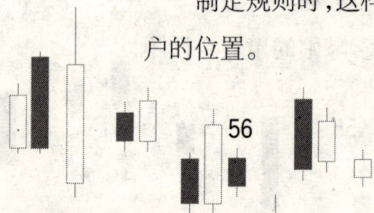

深交所的规则把所有散户都当做职业投资者,似乎所有散户都天天盯住盘面看并随时获知信息披露。散户都做职业投资者,那才是经济学家所痛恨的全民炒股。

如果真那样,没有人参与实体经济,股市也就垮了,深交所也就关门了。

有记者采访我,问我对深交所的回应如何评价。

我说,规则是人定的,这样的规则本身就是混账规则。法律有恶法,规则也有恶规。

深交所一点儿也不为上班族着想的停牌规则就是十足恶规。

记者还问我,在上市公司停牌机制方面有什么先进经验值得借鉴。

我说,许多事情无需借鉴什么先进经验。世界证券发展史表明,常识是规则的来源与基础。现在一些所谓的精英神秘兮兮地把市场规则之类的事情搞得挺复杂,其实不是那么回事。

散户在上班,所以先停牌,这就是硬道理。

记者又问,五粮液方面除了那个公告外,就没有任何说法了,这种处理方式正常吗?

我告诉她,既然是证监会稽查,公司方面不说话倒是正常的。公司不可能出来说我们有什么具体问题,要求公司"自证其罪",那是不情之请。

该问的是证监会稽查总队。香港有关方面查公众公司案件,一上来就会告诉你基本案情。廉政公署查处创维数码黄宏生案就是这样做的。内地立案稽查一家上市公司,一点理由都不给,貌似很严谨,其实不严肃。

五粮液因涉嫌违法被调查不停牌,机构先开路、散户不知情这件事再一次说明,散户在 A 股市场是受到制度性歧视的。

散户唯有打起精神,自我保护,方能最大限度减少制度性歧视带来的伤害。

遇到中国平安推出天量再融资方案怎么办

文玮玮:2008 年年初,见市场有所反弹,中国平安推出 1600 亿元天量再融资

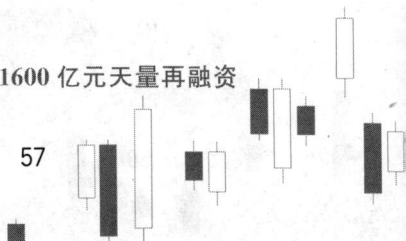

57

方案,与其他因素合力造成了大盘暴跌。

如此庞大的再融资方案怎么会说提出就提出呢?

以后遇到类似情况,该如何应付?

袁幼鸣:这是一个有实战价值的好问题。

中国资本市场存在一些大亨级别的人物,对待他们千万不可小觑。

大亨是需要经受时间检验的。中国资本市场消灭了太多枭雄,存续下来的人物无一不是人精。

大亨和他们控制的公司发展壮大需要具备的条件很苛刻:

需要借政治形势的东风,恰到好处地处理好政商关系,该方面黄光裕是反面典型;对所控制的资产实行所有制改造而不被人抓住把柄;具有国际视野;建立起基本合理的公司治理结构,有效经营管理公司做到持续赢利。

20 世纪 90 年代,在深圳,比平安保险名头更大的金融机构是君安证券。

20 世纪 90 年代末期,在君安证券董事长出事之前,我曾在武汉一家证券公司主办的研讨会上听他指责政府高层负责人,极尽挖苦讽刺之能事,把接着发言的其他证券公司负责人吓晕过去,纷纷表态,以言辞同他划清界限。

当时我觉得此人大概是间歇性精神病发作了。

君安证券消失了,平安保险却不断做大做强,在经营管理上成为颇受尊重的公司,其掌门人综合素质无疑是超强的。

但资本市场不可预测因素太多,超级强人同样是凡人,照样会不识时务。

中国平安推出高达 1600 亿元的巨额再融资方案,成为熊市推手,我以为根本原因是出于对国际国内金融形势的误判。

当然,中国平安天量融资方案出笼的政治投机味道也很浓郁。

中国平安再融资的主要去处是到国际上购买资产,此后国际金融形势恶化显示这是不合时宜的。

中国平安认为国内流动性可以支持其融资规模,无疑十分荒唐。

说中国平安搞政治投机,理由是它的高管自以为搭住了高层负责人认为市场暴涨系供应不足所致的脉搏,自以为政治正确。

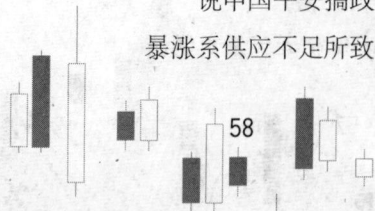

中国平安出台天量再融资方案系熊市地标。这个招致市场主体普遍咒骂的方案为什么得以出台呢？

在制度上，一家公司是可以提出这样的方案并公告市场的。但潜规则却是，一家公司分量不够却提巨额再融资方案等于自取其辱。

更要紧的是，公开方案前必须与证监会沟通。

在2008年两会期间，面对汹涌的舆情，时任证监会副主席的政协委员范福春透露，就中国平安再融资问题，他曾与公司董事长面谈过。

范副主席的潜台词是，中国平安董事长不听证监会的，证监会也管不住中国平安这样背景的公司。

范副主席还坚称没有说过"不救市"，并说通过"投资者教育"一再劝告过散户不要轻易入市等。

听话听音，串联起来解读，范副主席的意思是，在2008年年初这样的时段，证监会无力约束利益集团，无法保护投资者利益；他的内心是希望投资者以脚投票、一逃了之的。

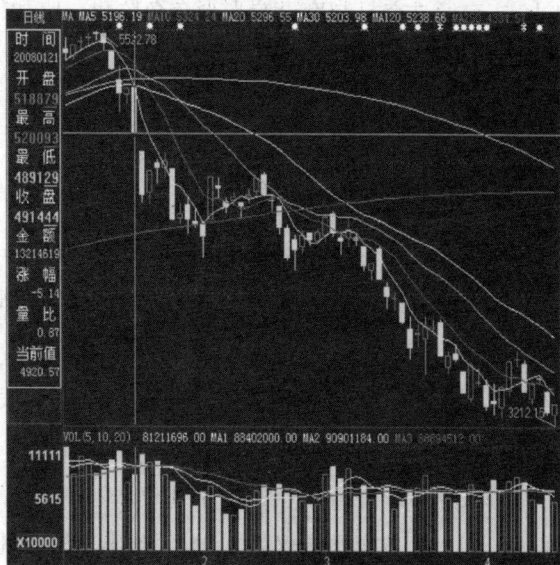

图2-3　中国平安超级融资方案助推上证指数暴跌

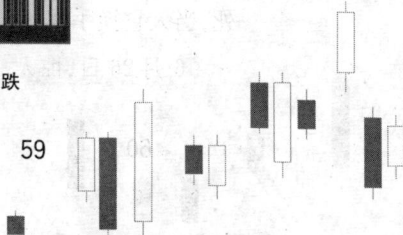

以后遇到类似中国平安"狮子大开口"的情形怎么办？结论很简单，不计代价出货！

大鳄级别的公司搞出这样的怪事，背后一定是有故事的。

它对市场构成实质性利空，你就必须跟着做空，先逃离危墙再说。

助长投机的二级市场交易规定

文玮玮：你刚才提到权证是投机性很强的品种，这同它实行 T＋0、不收印花税有关吧。

二级市场交易规则对市场买卖行为有什么可资寻迹的影响？

袁幼鸣：股票二级市场交易规定对市场主体行为影响显著。

可以说，A股市场二级市场交易规定总体上是助长投机的。

表面上看，现行的正股涨跌停板和 T＋1 规定有遏制投机的作用，但事实上却有利庄家操纵个股。

在股价操纵上，庄家通过交易制度设置形形色色陷阱。比如，佯装拉涨停套人出货法就是常见的一种。

"6·20"暴跌当日，航天长峰随大盘下跌 4.55％，中规中矩。

以后该股的走势显示，潜伏在其中的庄家决定拉高出货。

2007 年 6 月 21 日，该股不跌反在低开后涨 4.61％，6 月 22 日再逆市上涨 2.54％。

该股有注入军工资产题材，逆市上涨和大单买入吸引了市场眼球，一些投资者以为注资将兑现。

之后是周末休市。到 6 月 25 日星期一，惊人一幕上演了，该股大幅高开后上冲涨停板。

此时如果你在贪婪之心推动下冲进去，由于 T＋1 交易规定，你当天即被套死，当天它换手率达 18.12％，收盘涨幅仅为 3.64％，收出一根放量大阴线。

6 月 26 日，惊人一幕再次上演，该股直接低开超过 6％，你此时割肉亏损将超

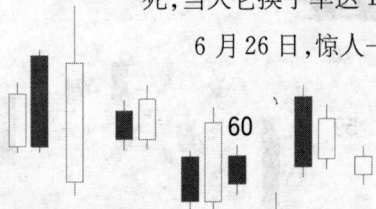

过10%。当日最低下探跌停板。

以后该股最低跌至9.5元,而6月25日开盘冲进去抢筹码的人成本普遍在15元以上。

法律禁止市场操纵,但相关部门在查处、打击市场操纵方面基本上不作为。

其实,A股市场的市场操纵几近裸奔,像航天长峰这次出货,庄家的行为明目张胆。

如果真要查,线索非常清楚,通过资金账户及其持有者的相互关系一查到底,就能把庄家揪出来。

现实是,一方面监管部门称自己权力太小,吵着嚷着要扩权,直至获得准司法权;另一方面不见他们查出市场操纵大案,连小案都没有。

图2-4　2007年6月25日,航天长峰庄家
制造骗线拉高出货

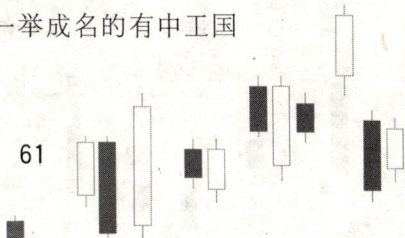

当然,监管部门、交易所也会处理几个跑单帮的大户,理由是他们反复挂单撤单,交易行为异常。有组织的对倒账户一个都没有查出,十分搞笑!

你如果经常看盘,会看到一些个股挂单和成交的数字蹊跷,如666、999、1888等,这是庄家的不同账户操盘手在发暗号。

人类已经进入互联网时代,但操盘手在盘中以数字密码互通信息仍是最高效、最隐蔽的办法。

到了抢庄争夺个股控制权时,不同庄家的操盘手还会以数字发出恐吓意思表达,如141414之类。

新股上市首日不设涨跌幅限制,但涨幅过大会被临时停牌,这是为了遏制新股炒作增加的规定。

围绕T+1的市场操纵更是常见于新股上市当日。一举成名的有中工国际等。

61

中工国际 2006 年 6 月 19 日上市,开盘价 17.11 元,最高冲至 50 元,收于 31.97 元。

之后该新股连续 6 个跌停,跌停打开后报收 17.34 元,加上交易成本,全部参与炒新资金均亏损。

以后,该股更是跌至 13.60 元。

中工国际发行后每股收益 0.37 元,以上市当日收盘价计,市盈率达 86 倍。

即使在价值投资理念日益式微的氛围中,参与其中的游资主力也是头脑高烧,而跟风散户更是鬼摸头了。

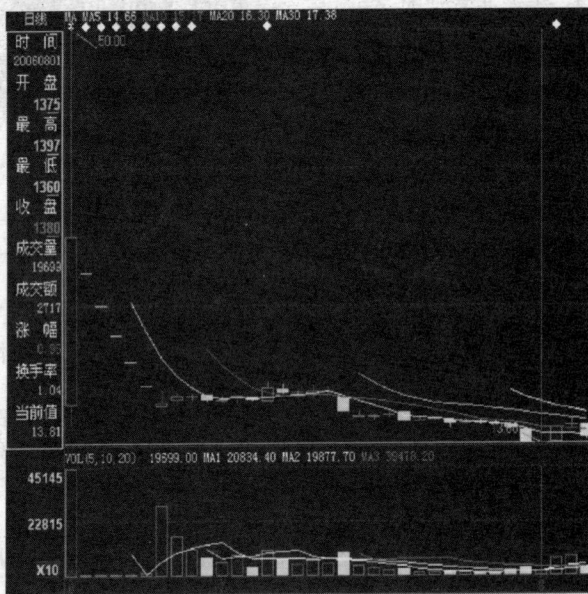

图 2-5　2006 年 6 月,中工国际上市后连续跌停

一般而论,涨跌停板限制并不能阻止股价走向它该去的位置。涨跌停板上的对倒、挂单与撤单倒是经常成为散户陷阱。

经常可以看到,在没有成交或者对倒迹象明显的情况下,涨跌停板上的封单数量瞬息万变,这些都是大资金在做手脚的表现。

"大智慧"新一代软件能显示封单的构成,但其照样会被大资金所利用,因为

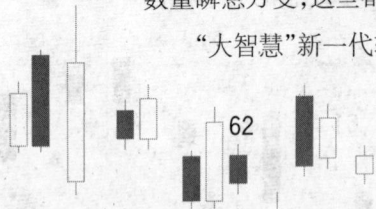

所谓的大笔封单是可以随时撤除的。今天大单封跌停，明天股价低开，你忙不迭卖出，低价筹码倒是落入了昨天封跌停的庄家囊中。

自然，权证投机性强同它实行 T＋0 交易规定以及不支付印花税、交易成本低有直接关系。

权证爆发往往是市场资金充沛而又没有做多对象时。

看不懂此点，一些道德敏感度很高的学者往往对指数到相对高位，即他们所谓泡沫很大时，资金还会炒作权证义愤填膺。

殊不知，正是因为资金觉得风险较大了，才会涌入当日可以出货的权证板块。

发现什么时候市场会开炒权证是一种经验与直觉。

2009 年 7 月 20 日晚，我同《上海证券报》一位老同事餐叙，突然觉得市场到了该炒权证的时间窗口了，老同事也有同感。

果然，第二天权证板块全面爆发，当日江铜 CWB1 最大涨幅超过 25％。

文玮玮："5·30"后好像权证也被大肆炒作。

袁幼鸣：是的。

"5·30"导致市场环境陡然失衡，这种时候权证往往被爆炒。

"5·30"提高印花税率当日即引爆市场投机之风，所达到的疯狂程度令人匪夷所思。

"5·30"当日，6 月 29 日即将到期成为废纸、一文不值的钾肥认沽权证即受到资金大肆追捧，最大涨幅达 427％。以后几天继续大涨。

不仅钾肥认沽权证如此，整个权证板块被爆炒。

6 月 12 日，权证板块交易量竟然高达 1000 多亿元，超过深市成交量。

到了钾肥认沽权证最后一个交易日变为废纸那天，市场还上演了一场劝慰、掩护参与豪赌者撤离、誓死不让"肥姑"归零的"义庄"大戏。

让人疑惑这个世界上真有人拿出巨额钞票砸人的脸！

封闭式基金因为不能按净值赎回，只能在二级市场交易持有份额，按照国人喜欢兑现的文化心理，其交易价与净值有个折价率。

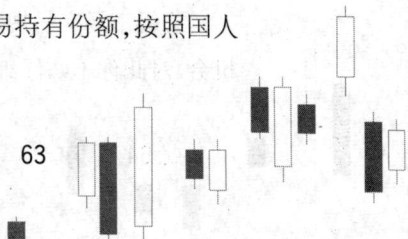

封闭式基金在一波行情初期和中期,通常跑输大盘,但到大盘到达一个阶段性高点时,避险资金会冲入有个安全垫的封基板块推高它。

"5·30"后封基板块也被爆炒,一些品种的折价率被消灭,甚至出现市价高于净值的奇观。

当时市场认为,出现这种现象其中一个原因是封闭式基金持有的全是蓝筹股,在"5·30"暴跌中跌幅不大,另一个原因是封基交易同权证一样不用交印花税。

不过,后一个原因完全是想当然,不能成立,因为,封闭式基金买卖股票时已经交了印花税,这笔支出作为成本在净值中已经扣除,买卖封基岂用再交税?

但当时市场硬是把封基交易不交印花税作为利好运用,让你一点脾气都没有。

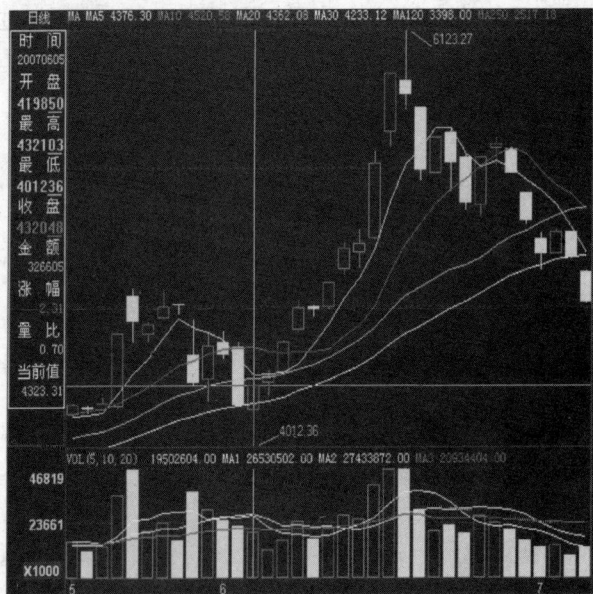

图2-6 2007年"5·30"大跌后封闭式基金板块的上冲过程

二级市场交易规定客观上在权证、封基以及ETF、LOF等品种中埋下了套利机会,对此你不妨仔细加以研究。

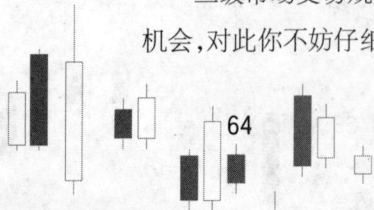

无利不起早：A股市场的市场文化与市场主体

造「系」的德隆为什么灰飞烟灭

「春蚕到死丝方尽」的庄家与股市「从犯现象」

流氓文化与小农文化是A股市场文化的主流

城头变幻大王旗——演进中的A股市场主力

戴着紧箍咒的公募基金

王益说：指定信息披露报纸也是股市利益主体

每日提要：

◎"德隆系"曾经占用银行贷款和变相吸收公共存款共计超过1000亿元,它的商业模式却是不赚钱的。如果不赚钱的德隆模式能存续,"抬会"与传销同样能够,因为它们共同建立在后续资金流入无穷大的假定之上。德隆在操纵新疆屯河、合金投资、湘火炬股票价格上共累计获利高达98亿元,这些钱的去向无账可查。先套取社会财富藏好,罪行暴露后再拿钱出来拯救承担责任的首领,德隆案显示,中国社会的利益博弈已进入不择手段的新阶段。

◎迄今为止,A股市场的一大奇观是,违规、违法、犯罪,只有首犯被追究责任,而从犯一般毫发未损。于是,一批"两高一低(高智商、高学历、低道德)"的人汇集在市场中,争当从犯并制造首犯。"从犯现象"是股市败德行为高发的重要推手。

◎A股市场文化的一大支流是小农文化。小农文化追求"吹糠见米"的短期利益,在股市的表现是每到一波行情中后段,散户被逼空发疯,入市争先恐后,新发基金份额供不应求。90%的散户热衷内幕信息,游资主力利用股民对内幕信息的渴求,到二、三线城市放风造谣,从而拉高出货,这十分常见。

◎小农文化发挥到极致会对"封神演义"信以为真。赵本山等东北人编出的《刘老根》讲一个城里富婆拿钱给一帮农民创业的故事,最后富婆董事长变小股东,农民反倒当起控股股东了。这相当于股票市场上,庄家在拉升过程中停下来,等散户同老婆打完架吸筹上车后再继续拉,纯属顶着太阳公开意淫! 搏击股市,既不能对小农文化嗤之以鼻,也不能彻底合流,只有与之若即若离,保持合理的张力,才能处于有利的博弈位置。

◎公募基金是浮在水面上的最大合法机构,同时是市场主体中的"弱势群体"。基金戴着紧箍咒,基金投资并非自由搏击手,只有有限自主权。当政府认为

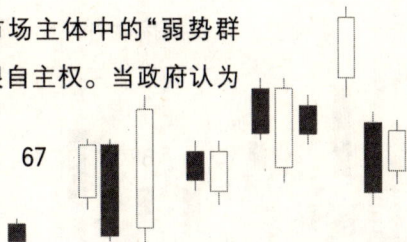

市场需要挤泡沫时，基金行为被"窗口指导"。熊市趋势一旦确立，基金不被追捧，其信心崩溃之快、之深超过散户。这个行业的一大特点是从业者太年轻、太幼稚、太教条。基金有所作为多数是在行情中段。大盘处于底部时，基金手中无钱，大盘到高位时，它们得看管理层脸色行事。

造"系"的德隆为什么灰飞烟灭

袁幼鸣： 我想给你讲讲已经进入股票市场历史垃圾箱的一些著名人物与事件，你有兴趣吗？

文玮玮： 有兴趣。不管主观上是否有意识，散户是市场主力的追随者和猎取对象。了解一个阶段的著名人物的做法很有意义。

你说中国资本市场消灭了太多枭雄，名噪一时的"德隆系"一定算其中之一。

我很想了解德隆究竟是因为什么原因灰飞烟灭的。

袁幼鸣： "德隆系"的"三架马车"新疆屯河、合金投资、湘火炬曾经是涨幅惊人、特立独行的著名庄股。

一些吹鼓手在"德隆系"崩盘、掌门人唐万新被刑拘前夕，仍有组织地造势，称唐氏兄弟为"善庄"。聪明一点的吹鼓手则以"傻庄"冠之，摆出一副持平而论的腔调。

这些都是出卖良心的说辞。

称唐氏兄弟为"傻庄"理由是，他们可以在"三架马车"上出货，不维持它们的股价。

这种说法违背常识，因为明庄坐到最后，绝大部分筹码拿在庄家自己手中，除非找到接盘者换庄，否则是出不了货的。

而且，"三架马车"是德隆系的门面。德隆系在银行的贷款加上通过旗下6家

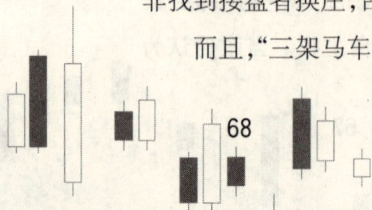

金融机构变相吸收公共存款共计超过 1000 亿元，如果他们主动在"三架马车"上出货，股价一现跳水，公私两方面债主盈门，无异主动把头伸进绞索。

所以，德隆只能拼老命撑到资金链断裂，无力维持"三架马车"股价那天。

在这之前，知道德隆内幕、看牌赌博的老鼠仓出逃把仓位交给了德隆。

也就是说，德隆最后用尽手段骗取的社会公众资金为老鼠仓买了单。

"三架马车"在 2004 年 4 月崩盘，拉开了"德隆系"覆灭大幕。

"德隆系"土崩标志着一批资本市场枭雄的造"系"游戏玩到了尽头。在一定意义上，可谓一个时代的终结。

所谓"系"，狭义上讲，指一家民营控股公司实际控制多家上市公司。

20 世纪 90 年代后期和新世纪前几年是造"系"的黄金时期。

民营控股公司通过产权交易或司法渠道获得一些烂公司的非流通股从而控制它们，这一期间，民营控股公司入主破烂券商或设立非银行金融机构也比较方便。

这两个方面平台的取得为枭雄造"系"打开了空间。

主流经济学家对以德隆为代表的骗局酿成负有责任。那几年，正是主流经济学家话语权如日中天时段，他们在一个不承认彼岸世界的社会，罔顾人性之恶，以最浅表最简约的博弈论假设为依据，头脑简单地一味鼓吹企业与企业家的正面作用，客观上为枭雄造系创造了舆论环境。

德隆是造系一族老大，为造"系"贡献了"金融与产业相互支撑、互为犄角"总诀。

你可以说，这没有什么不对啊，李嘉诚也是这样做的啊！

李嘉诚，包括内地郭广昌等少数成功者，与失败枭雄的根本区别在于，他们把产业一头看得较重，把实业经营得较好。金融一头的"资本运作"有支点，且是量力而行的。

德隆也高调塑造自己擅长实业的社会形象，但它在三五年间于全国范围内横扫数十个行业，事实证明，它的实业投资收益无法支持融资成本，是一种癫狂。

金融一头，不管唐万新主观上是否也想过刹车，但德隆模式一旦开头，便患上

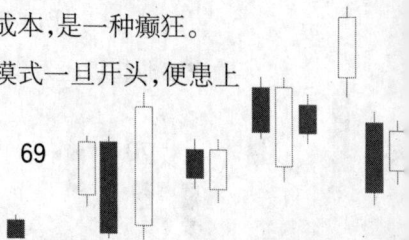

了无法遏制的资金饥渴症,其唯一能做的就是圈钱、圈钱、再圈钱!

德隆的手法包括多多益善地占有银行信贷,多多益善地高息借贷地下金融资金,无所不用其极地占用"系"内上市公司现金、质押上市公司股票、上市公司连环互保借款,无所不用其极地指使旗下"金融平台"挪用客户资产、违规进行国债回购等。

只要一见到钱影子,怪兽德隆就要猛扑上去,千方百计占有。

简言之,在"金融与产业相互支撑、互为犄角"纲领展开后,德隆是入不敷出的,且在玩挖肉补疮游戏。它由盘根错节的"资金链"支持着,脆弱得像一根苇草。

的确,最终导致德隆覆灭的是来自银行业监管部门的"窗口指导"。银行业监管部门下令商业银行不再向德隆提供新贷款。

一些吹鼓手抓住这一点不放,称唐万新壮志未酬身先亡,"可惜他的产业整合理论受制国内现实"。

事实上,德隆作为一个法人机构要避免破产,唯一的可能是有人高价购买它的产业投资,并且这种可能还建立在它的那些被债主申请诉讼保全的项目能拿回的基础上。

枭雄们圈钱的响亮口号之一是做大民族产业。私底下,德隆是做过将产业项目出售给跨国公司的努力,但没有收效。

我认为,如果这方面有什么意向、草案达成,发改委、商务部等部委也是会干涉的。

文玮玮:德隆这场戏最后是如何收场的?

袁幼鸣:眼看他起高楼,眼看他宴宾客,眼看他楼塌了!

2004 年 5 月,唐万新成功出逃海外,为其与政府博弈赢得了空间,回国投案时,在首都机场受到央行金融稳定局局长"迎接"。

中国没有控辩交易制度,但德隆案中"交易"迹象显著。

2006 年 1 月 19 日,武汉市中级人民法院开庭审理德隆大案,检方未以重罪金融诈骗罪起诉唐万新等 7 人,而以非法吸收公众存款、操纵证券交易价格、挪用资

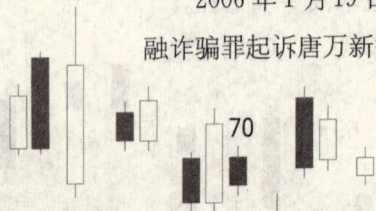

金三项罪名起诉。

起诉书记载，"德隆系"控制的 6 家金融机构从 2001 年 6 月 5 日到 2004 年 8 月 31 日，共变相吸收公共存款 450.02 亿元，其中未兑付资金余额 172.18 亿元。

这仅是德隆留给社会的部分账单！

我曾说过，如果不赚钱的德隆模式能存续，"抬会"与传销同样能够，因为它们共同建立在后继资金注入无穷大的假定之上。

当时，围绕德隆问题，"高人"指点迹象明显，为德隆及唐万新评功叫好的舆论此起彼伏。其中一条是"唐万新没有把一分钱放入口袋"。

这是蓄意混淆视听、误导舆论。

德隆玩完了，唐万新最后被判入狱 8 年，唐氏家族及"德隆系"骨干却发了横财。

德隆套取社会资金后一直用高额回扣"激励"组织内部成员。德隆土崩后，"腰缠十万贯，骑鹤下扬州"的人有一大批。

更明显的事实是，武汉检方起诉书称，德隆在操纵新疆屯河、合金投资、湘火炬股票价格上累计获利高达 98 亿元，这些钱的去向无账可查。

另案受审的"德隆系"骨干王宏称，炒股易于控制利润的再分配、用个人名义炒股不易被发现交易资金的流向，无论是操作还是获利分配都很快等。

唐万新受审前，国内主要门户网站竟然挂出专题标题"拯救唐万新"。见此情景我大吃一惊，怀疑存在一个有组织、有策划、有步骤的行动计划，网站编辑毛手毛脚把它的"总纲"挂了出来。

先套取社会财富藏好，罪行暴露后再拿钱出来拯救承担责任的首领。观察德隆案大戏，我认定中国社会的利益博弈已进入不择手段的新阶段，在保护个人财产不受侵犯的意义上，已不容一丝麻痹大意。

"春蚕到死丝方尽"的庄家与股市"从犯现象"

文玮玮：我回忆起来了，到后期，德隆通过信托产品直接诈骗老百姓，甚至酿

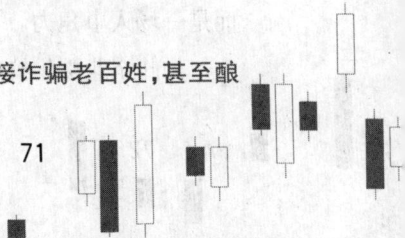

成过群体性事件。

德隆案显露出人性的恶。无论是洛克菲勒还是索罗斯,最终都是要面对他们的上帝的。

德隆掌门人与同路人没有这个约束。这或许是中国资本市场败德行为高发的原因之一。

袁幼鸣: 你说得很好。

中国资本市场诸多现象有制度成因,也有文化原因。看待资本市场的问题切忌简单化,相反,资本市场集中释放人性,倒是我们观察民族文化特殊性的场所。

马克思·韦伯阐述了新教伦理与资本主义精神的关系。中国没有新教伦理资源,传统文化的"仁义礼智信"能为资本主义契约提供资源吗?传统文化已经丢失,就算实现了现代转换,单一的内在超越能支撑资本主义关系吗?

这些都是值得思考的问题。

我再以"德隆系"和曾经存在的庄家支撑系统为例,给你讲讲A股市场特有的"从犯现象"。

迄今为止,A股市场的一大奇观是,违规、违法、犯罪,只有首犯被追究责任,而从犯一般毫发未损。于是,一批"两高一低(高智商、高学历、低道德)"的人汇集在市场中,争当从犯并制造首犯。

唐万新自然是首犯,一度颇为风光,连其喜欢穿布鞋也为人津津乐道,颇像小朝廷内称孤道寡者。

德隆一度人才济济,但跟随唐氏的人基于自身利益,合力推动公司向被动的金融控股企业方向发展。

在德隆,上项目意味着发现项目并负责运作的人的利益,项目成为维持人气的载体。唐万新被推着走,这是德隆产业投资过滥的原因之一。

德隆内部派性严重,以利益为纽带分为几近公开的两派。

一个项目最后是否通过投资委员会审议,并非主要依靠对项目质量的论证,而是一场人事角力。

如此企业文化搞出一批烂项目并不令人奇怪。

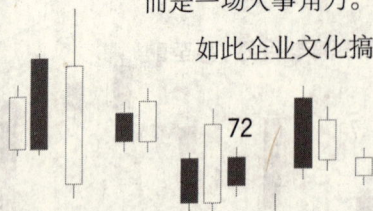

20 世纪 90 年代后期开始，A 股市场曾任由一种庄家"支撑体系"胡作非为，直至 2003 年方因大势不支持而式微。

庄家"支撑体系"以证券公司营业部为核心环节和运作载体，是一种由策划组织者、资金供应者、资金捎客、操盘手组成的高度市场化组织形式。

证券营业部向庄家介绍资金来源，为庄家与资金供应者提供格式化"融资协议书"，并为融资协议提供"监管"服务，向庄家们提供或者出售身份证和股东账户卡，一条龙服务中甚至包括为庄家们毁灭坐庄证据。

庄家"支撑体系"可以为一个前理发员或水电工"堆花"出几十亿坐庄资金。庄家一时为人追捧，但也由他们承担抛头露面的首犯责任。

作为德隆"三架马车"崩盘的历史先声，2003 年是庄股成批垮台的一年。

4 月，世纪中天爆仓，股价由 21 元以上一路跌停至 6 元左右。

5 月 15 日开始，正虹科技连开 9 个跌停板。

6 月，"农凯系"出事，"百科系"操纵股市案也爆发，庄家蒸发。

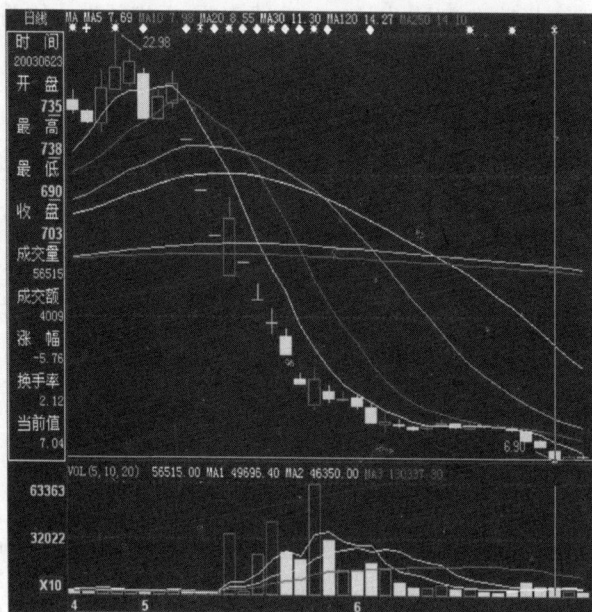

图 3-1　2003 年 5 月开始正虹科技爆仓连续跌停

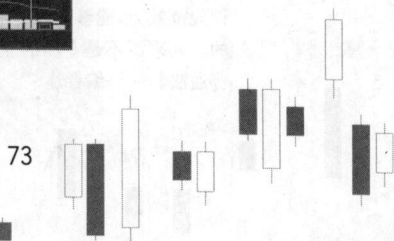

9 月,昌九生化由每股 16 元跌至 6 元左右。

11 月,啤酒花由每股 16 元"自由落体"至 4 元;当月,桂林旅游再演高台跳水。

庄家是 A 股市场的一种"市场需求",一场"春蚕到死丝方尽"的另类表演。多数庄家下场是悲剧性的,要么人间蒸发,要么被逮受审。

但是,"支撑体系"的结局却和庄家迥然不同,整个"支撑体系"利益均沾,有资格建老鼠仓者更是赚得钵满盆满,更不用受到惩处。

2002 年庭审更早东窗事发的庄家"吕梁案",牵涉到提供坐庄支持的证券营业部 125 个。令人啧啧称奇的是,竟然无一营业部人员被惩戒。

如此宽松的环境自然鼓励"两高一低"人群争当从犯。

在我看来,A 股市场的"从犯现象"还将存在很长时间,只不过是形式有所变异。"从犯现象"是股市败德行为高发的重要推手。

中国现代司法制度借鉴大陆法系,施行成文法,中国文化强调"没有规矩不成方圆"。

在惩治资本市场欺诈方面,发达市场实践表明,重视体现法的精神、更具创造性的判例法①更有效力。

《中华人民共和国刑法》对古已有之的暴力犯罪处罚严厉,比如明晃晃抢劫,但对比较复杂的智力型犯罪则显得较为放纵,除非这种犯罪直接指向国库和银行。

中国人认定"杀人偿命"天经地义,哪怕是过失杀人,苦主亲属也会喋喋不休,但在美国,除非一级谋杀、连环杀人,资本市场大骗子罪名成立的刑期远高于杀人犯。

如果按照美国标准逮捕 A 股市场罪犯,估计国内某些行业将无法正常开门营业。

---

① 判例法:是指基于法院的判决而形成的具有法律效力的判定,这种判定对以后的判决具有法律规范效力,能够作为法院判案的法律依据。判例法是相对于大陆法系国家的成文法或制定法而言的。其来源不是专门的立法机构,而是法官对案件的审理结果,是司法者创造的,因此又称法官法或普通法。——编者注

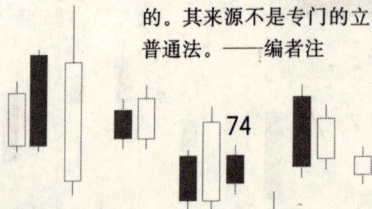

流氓文化与小农文化是 A 股市场文化的主流

文玮玮：按照行为金融学的观点，股市行为需要在人的心理层面加以解释。股市文化是市场参与者价值观念与认知结构的体现。

有关部门说行政干预遏制投机的目的之一是建立健康的股市文化，你能否描述一下现行 A 股市场文化的主流？

它涉及对市场主体行为的认识，很重要。

袁幼鸣：在我看来，A 股市场文化的主流是流氓文化加小农文化。

所谓流氓是指一种没有精神归宿、丧失身份认同、缺乏合法性的存在。

流氓是庸俗的现实主义者且强词夺理，流氓心理结构中没有彼岸世界，不怕身后洪水滔天。

网上流传一封高级贪官写给儿子的信，教导他想当官的儿子"为官原则"，有这样的内容：

> 我们的社会无论外表怎样变化，其实质都是农民社会。谁迎合了农民谁就会成功。我们周围的人无论外表是什么，骨子里都是农民。农民的特点是目光短浅，注重眼前利益。所以你做事的方式方法必须具有农民特点，要搞短期效益，要鼠目寸光。一旦你把眼光放远，你就不属于这个群体了，后果可想而知。要多学习封建的那一套，比如拜个把兄弟什么的，这都不过分。

我以为此公实在有才，一举总结出了中国社会诸多现象的文化心理成因，包括股市行为。

A 股市场文化的另一大支流就是小农文化。

我们可以列举许多理由理解、同情股市散户，包括理解、同情我们自己，但这不妨碍我们认清股市市场主体，尤其是散户的劣根性。

发达市场经济国家的投资者知道何谓风险管理，A 股市场的散户对"风险是什么"基本是没有认知的。

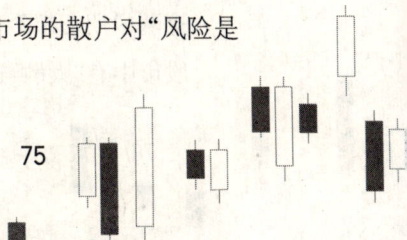

75

这并不是说股市散户胆子大不怕亏钱,相反,他们是天生的风险厌恶者,一门心思想稳赚不赔。

如果你到农村去推广一项农业新技术,就是说得嘴皮冒泡,也不会有几个先吃螃蟹者响应。

等到这项技术的经济效益显现了,也就是所谓的"看得见"了,才会群起采用。这时,运用该技术生产产品的利润率通常已趋于平均,但小农就是死抱"吹糠见米"的理念不放。

延伸到股市,小农文化的一个表现是每到一波行情中后段,散户被逼空发疯,入市争先恐后,新发基金份额供不应求。

如果你深入中西部地区的证券营业部,你会发现90%以上的人热衷内幕消息。

这是十分蹊跷的现象,一个远离上市公司和交易所,连家像样的证券公司都没有的二、三线城市,怎么可能获得上市公司和主力行动的内幕消息呢?但散户们就是深信不疑。

很多时候,连省会城市的全部营业部都会疯传某主力将会把某只股票拉到多少元。

游资主力利用股民对内幕信息的渴求,到二、三线城市放风造谣,加上在盘中来几下大单对倒,造放量大涨之势拉高出货,这种现象十分常见。

在中西部地区的证券营业部,你说自己判断某股要涨,听者没有什么兴趣,你编造一位任基金公司经理的朋友说要拉升某股票,周围的人立马肃然起敬。

2009年3月初,分别有两位中西部朋友要我推荐个股,我向他们推荐西山煤电,理由是它是机构建仓、加仓对象。

同一位朋友通电话是座机对座机,通话清晰,他没有买进。

同另一位朋友通话是手机对手机,通话不太清晰,他把我的意思理解为有内幕消息机构要建仓,立即大买特买,之后在40元整数出货赚了超过2倍。

这两位朋友都不是"小散",而是有上千万资金的"大散"。

股市中有"大散"连百分比都不懂,硬说低价股涨得比高价股快,告诉他们涨

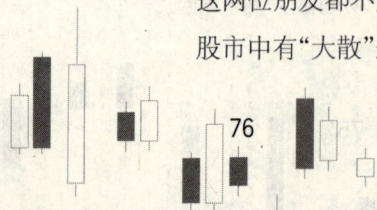

停板都是10％，他们一头雾水，这样的人并非个别。

有些人连基本的交易制度都不懂。每当权证进入"末日轮"价值归零时，总会有一批持有者大惊失色，不知原因何在。

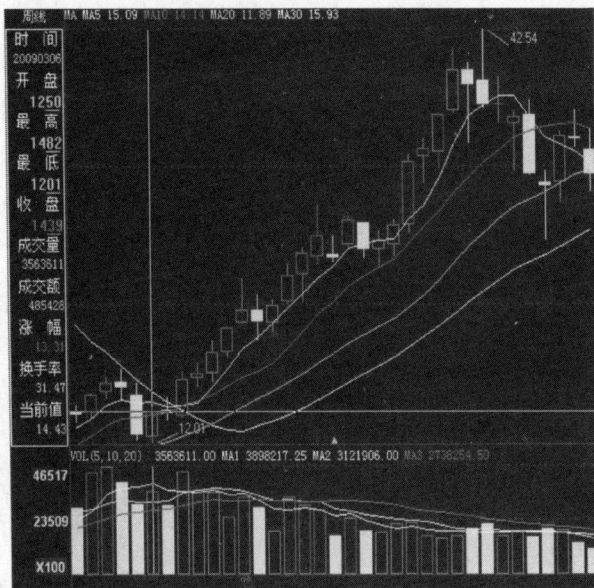

图3-2　2009年3月起机构建仓、加仓推升西山煤电大涨周线图

2009年8月18日是中远CWB1最后一个交易日，该认股权证已经成为废纸，但仍以0.957元的惊人价格收盘。

按照中远CWB1的设计，权证持有人可以在8月19日到25日以19.26元的价格按1：1.01的比例认购中远航运正股。

中远航运18日收盘价为11.71元，即便中远航运在5个行权交易日内连续涨停，也只能达到18.86元。

不可思议的是，18日那天竟然有人动用150万元买入中远CWB1，可谓"钱多人傻"的典型注脚。

针对这类现象，一些好心人呼吁对比较复杂的交易品种设置"准入资格"，比如在权证交易开户时，先进行相关知识考试，考及格再办手续。

一听到资本市场要设"准入资格",总会有人跳出来说提议者搞歧视,排斥穷人、文化程度低的人。

殊不知,美国的一些信托产品只有年收入 50 万美元以上的人才能投资,投资前必须提供税单。

在平等意识深入骨髓的美国,反倒没有人对投资门槛说三道四。

农民目光短浅,注重眼前利益,这样的特点发挥到极致,会对"封神演义"信以为真。

在我认识的人中,就有好几位西部小城市散户花重金从骗子手中买"拉升信息"。

骗子打着券商旗号,用的道具是一部上海区号开头的小灵通电话和一张标明有网站许可证编号的网页。

他们汇款后发现不对劲向我咨询,我说买"拉升信息"同买"中状元"是一回事情。

他们要我帮忙查查卖信息的公司是否真存在,我说不必查了,马上报案吧,并立即把上海证监局电话告诉他们。

我在办公桌的不干胶贴纸上用信号笔写了证监局举报电话号码,以备不时之需。

东北农村我不熟悉。据说赵本山可以代表东北农民,如果真是这样,问题就大到姥姥家去了。

由赵本山带领的一伙东北人编出的《刘老根》讲述了一个城里富婆拿钱给一帮农民创业的故事。

农民不干正事,一天到晚男女争风、父子萧墙、家长里短、无事生非,最后富婆董事长变成小股东,赵本山扮演的农民反倒当起控股股东了。

人世间有这样的美事吗?纯属顶着太阳公开意淫。

这相当于股票市场上,庄家在拉升过程中停下来,等散户同老婆打完架吸筹上车后再继续拉。

《刘老根》热播,出有续集,可见举国受众心理是什么模样。

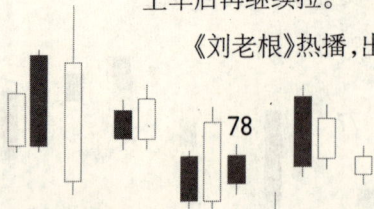

据说沈阳市还有个刘老根大舞台戳在黄金地段，是当地社会主义精神文明与东北主流民间文化有机结合的标志性建筑。

文玮玮：上海的散户好像成熟一些，他们毕竟总体上入市时间长，见过世面，对市场经济和资本市场的理解要深刻一些。

袁幼鸣：上海"小市民"与小农同样没有本质区别，相反更热衷占人便宜，死抱蝇头小利不放，翻脸无情。

因为好几位朋友给我讲过同样的故事，我把它们称为"柚子现象"。

这些朋友都是新上海人、高学历专业人士，被单位里本地同事"铆牢"，请去给孩子做英语、数学、语文等学科家教，钱自然是不付的，管饭并有水果吃，这些人家像开过会一样，水果都以价廉但体积大的柚子为主。

可笑的是，家教结束后，这些占了便宜的小市民无一例外同我的朋友们疏远了，关系反而怪怪的，因为占了便宜怕还。

他们的孩子上大学或重点中学后的情况更是绝口不提。

最极端的一例为，一个朋友给一家人的孩子每周一次上了整整一年课，帮助学生高考英语考了接近满分。后来这家人有房招租，朋友正好要租房，上门提出以市价租赁，被一口回绝。

小市民之所以拒绝，无非是怕以后租赁市价上涨的时候不方便开口。

小市民算计心理反映到股市投资行为上就是精算小账。

如果深入上海证券营业部，你会听到把一项利好政策带来的可入市增量资金算得很细的说法，散户展开表现自己精明的计算比赛。

他们算得倒是挺精，却不知道股市有杠杆效应，且很多时候杠杆效应只有发挥出来才看得见。

上海中年散户一般都懂点技术图形和指标，一些人属于笃信技术图形与指标反映全部市场信息的技术派。

笃信技术其实是因为头脑不够用，于是把股票定价和大盘趋势边际条件简化。

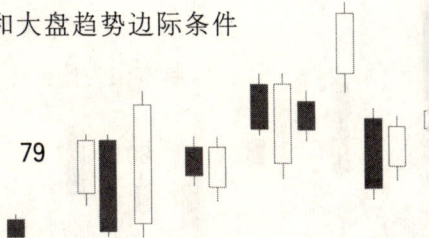

在A股市场这个非均衡时间大大多于发达市场的特殊市场,技术派注定难以赚到大钱。

当然,如果你对技术派这样说,他们会严重不服与不爽。

进入21世纪后,上海小市民非常失落,牢骚满腹,心态一塌糊涂。

以前批评上海人几句,他们骨子里正优越着、自豪着,懒得搭理你,现在再批评,他们会在网络上闹起来。

周立波的"海派清口"是上海中年人心态的一种体现。

周立波对政治、经济、文化现象的解释庸俗、肤浅,却受到上海中年人群无厘头热捧。

周立波讥讽股评家,因为他们东说西说说不准。

要求分析师说准而不是综合他们的看法,本身正是上海小市民所鄙视的没有见过世面的"乡巴子"认知。

文玮玮:既然小农文化是股市的主流文化,该与它形成一种什么样的关系呢?

袁幼鸣:需要拿捏好分寸。

讨论股市文化,目的不是为了文化批判,而是要与它若即若离,保持合理的张力,让自己处于有利的博弈位置。

赵本山把白日梦忽悠成电视剧,合乎编歌编剧的一般规律。但在现实生活中,他头脑清醒、行为狡诈,反其道而行之。

赵本山整合东北二人转人力资源,用的是把小有名气艺人收为徒弟、建立人身依附关系的做法。

小沈阳在2009年春晚上装扮"娘娘腔",一炮打响,众目睽睽下给师傅磕头谢恩,地点就在社会主义精神文明重镇中央电视台演播厅后台。

海上闻人杜月笙20世纪30年代改革黑社会,把磕头仪式改为鞠躬,以后建立恒社,更是废除青帮辈分排行,以社团形式组织。

赵本山为什么在21世纪复辟磕头仪式,二人转艺人磕头能建立怎样的"心理

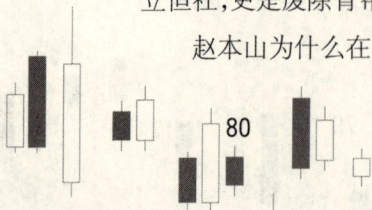

契约"，对组织行为与集体行动有什么影响，值得琢磨。

在市场博弈上，若与股市小农文化完全合流，将成为有组织大资金猎取对象；与小农文化离得过远，对此总是嗤之以鼻，同样不可取。

全国城乡小农是股市最大桩脚，他们的集体无意识是市场内在逻辑的重要部分。

在市场的某些阶段，主力会聚集小农形成合力，小农一旦万泉成河，照样力大无比。

所谓"散户把主力洗出去"的情况也是有的，只是比较少。

2007 年春季，游资主力承运而起，领导举国小农搞千股千庄、鸡犬升天，合法机构除了咒骂与举报，一点办法都没有，基金、QFII 经理们失落得无以复加。

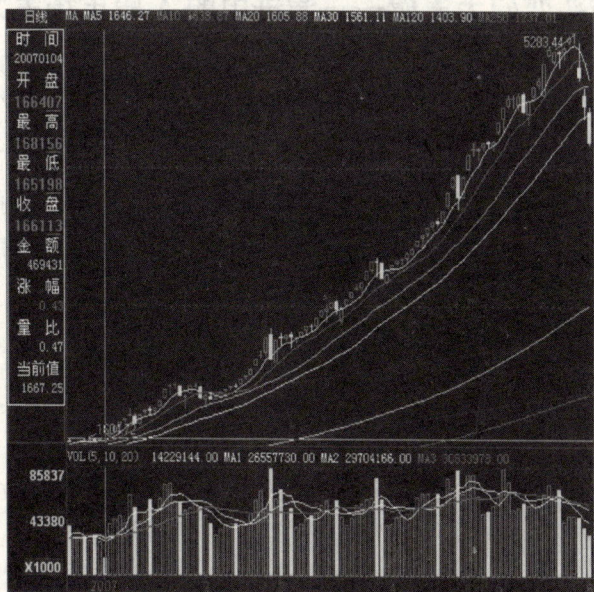

图 3-3 2007 年春季低价股板块暴涨走势

有基金公司投资总监曾遭老家散户讥讽，散户反过来向投资总监推荐个股一只。

总监严重不爽，阴阳怪气地把事情写入博客之中。

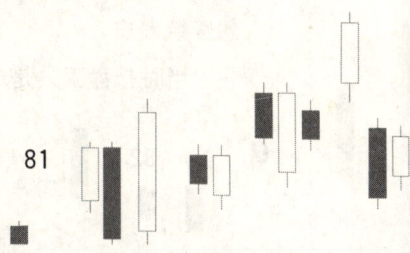

81

2007年春季许多人认定局面将很快扭转，但散户行情高歌猛进，直至"5·30"。

遭"5·30"严打后，举国小农转而投奔基金，市场风格随即转变。

待到秋天基金被管制后，游资主力再次聚集小农，撞墙式对冲蓝筹股惯性大跌。

如果2007年随小农大部队行动，并保持清醒，在集体癫狂到达高潮时出货，会有巨大收益。

何况人无法拉着自己的头发离开地球，小农文化基因照样流淌在你我的血液之中。

城头变幻大王旗——演进中的A股市场主力

袁幼鸣：我们接着谈股市市场主体方面内容，你对什么感兴趣？

文玮玮：现在股市的合法主力有公募基金、社保、保险资金、券商自营、QFII、国有企业财务公司、专户理财与集合理财以及阳光私募等，另有规模庞大的不见光的游资主力。

这样的格局形成应该有一个演进过程。

袁幼鸣：你对历史感兴趣。历史视角的确很有价值。

我就一路简要介绍一下吧。

股市最早的主力是个人大户，最早的市场操纵者出现在改革开放特区深圳。

来自深圳的大户在上海市场演示了第一场收集筹码、拉升股价、获利了结大戏。

大户及大户联合舰队曾有昙花一现的风光，那时的沪上未婚女子十有七八梦想嫁给大户。

当时报盘工具是电话，大户一般在大户室拥有多部电话。

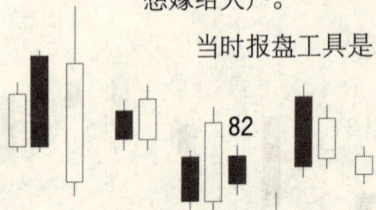

超级大户在宽敞的大户室内踱步，一副深思熟虑、运筹帷幄的样子，像前苏联老电影中领导卫国战争的元帅，漂亮、机灵的营业部小姐手捧电话亦步亦趋。

新兴的证券公司一面给大户提供贴肉 VIP 服务，一面阴谋消灭他们。

券商消灭大户用的招数很简单，就是诱惑他们搞"透支交易"，即你有 1000 万元筹码，以筹码为质押物借 1000 万元给你买股票，之后打压你的股票至市值缩水一半，把你的筹码依约平仓，你就一无所有了。

这样的杀戮是完全不对等的，因为当时没有银行托管一说，券商可以肆意动用客户保证金，占尽优势，消灭大户只需择机而已。

券商把大户扒成"光猪"干净利落。

大户从营业部滚蛋，往往还会倒欠券商一笔钱，以后只能缩头，绕着营业部走，连露一下脸都不敢。

现在管理层时不时提起要择机推出的一些创新举措，其实历史上早已搞过。

所谓融资融券就是以股票或资金为质押物的"透支交易"，金融期货方面则有过国债期货交易，它酿成了著名的"3·27"国债期货事件。

上海万国证券是券商时代的第一批市场明星，名噪一时。

在"3·27"国债期货事件中，万国证券在放大 40 倍的交易制度下，作为空方与财政部为背景的中经开公司豪赌，一举找死。

管姓总经理一度颐指气使、不可一世，竟敢与财政部对赌，"3·27"国债期货事件后进提篮桥监狱劳动改造，编辑监狱报。据说出狱后信佛，一副慈眉善眼、浅吟低唱的样子。

为什么管理层只说不练，不敢轻易开启金融创新，因为谁也说不清一旦放出有杠杆作用的交易品种，市场主力赌性大发，铆足劲你死我活地对搏起来，会掀起多么巨大的惊涛骇浪。

文玮玮：等等。

国资公司高管为公家打工，赚钱归公，为什么会赌性大发？

袁幼鸣：问得好！

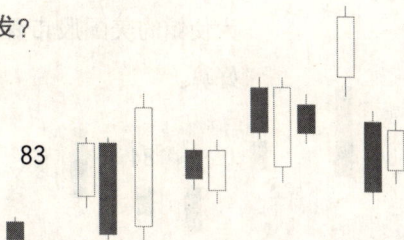

具有国资背景的市场主力为什么会拼死相搏,原因无它,有自己及关系户的老鼠仓的身家性命压在盘中,非赢不可。

文玮玮:明白了。

袁幼鸣:我继续介绍市场主力沿革。

直至 2000 年前,券商一直是官方既要不断加以整治又不得不用作工具的合法市场主力。

20 世纪 90 年代券商的股东很杂乱,有银行、地方财政、信托公司、企事业单位等,老券商股本多数来自国资,基本上都形成了所有者缺位或无约束的"内部人控制"格局。

券商经常处于全行业资不抵债状态,除了股市牛短熊长、手续费收入极不稳定,以及税负畸高等客观原因外,券商自有诸多顽症。

券商自身顽症包括化公为私方便,高管人员胆子大,乱投资,只管搞肥自己而不顾风险酿成,致使公司资产质量恶劣;自营业务老鼠仓盛行,经常是坐庄的股票价格抬上去了,但公司赚不到钱,反倒成了"举杠铃"者,曾恶劣到有董事长亲自操盘、租船在长江中"打"股票的地步;一有利润就敢大分特分,特别是牛市手续费收入大增时,等等。

券商缺钱怎么办?他们对挪用客户保证金、挪用客户委托管理资产、挪用客户托管债券"三项挪用"老吃老做、习以为常。

到股权分置改革前,证监会一直投鼠忌器,无法重手整治大型证券公司。

因为手中没有平准基金,整个 20 世纪 90 年代,在需要"救市"时,证监会只能让券商入市托盘、"举杠铃"。

券商自然会夸大所耗弹药。证监会与券商的关系堪称一笔剪不断、理还乱的糊涂账。

1999 年的"5·19"行情是政府级别的,资金充沛,由银行提供,与"误炸"我大使馆的美国股市保持一致,主打网络股,上涨空间巨大,券商获利后账比较好算。

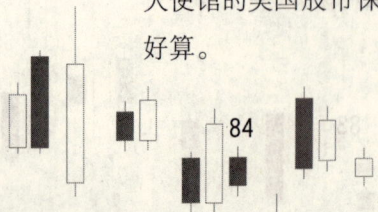

另有不少行动属于部门级别，如某些敏感日子要让大盘止跌收阳，由券商自筹资金入场承接乘机出逃的汹涌抛盘，纯属"举杠铃"。

股改启动后，证券公司经历全行业大规模重组，自营风格趋于保守，已非第一梯队市场主力。

社保、央企、发达地区骨干国有企业资金入市改变了市场格局。

管理层大力扶持公募基金，在伴随股改的大牛市中，公募基金更是一举壮大。

购买公募基金份额属于一种纯粹信托行为。

多数私募基金同公募基金的区别是，私募要拿出资金与客户资金混合操作，所以，一些私募的操作比公募更保守，同 QFII 相近。

在 2007 年上证指数到 4000 点时，就有私募基金管理人宣布解散，事实证明他们是对的。

2003 年逆势坐庄的傻大款和依附在营业部"支撑系统"上的假大款死了一

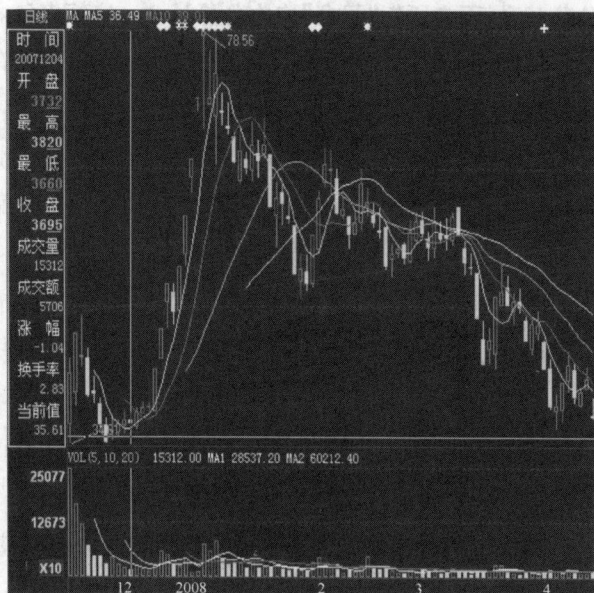

图 3-4　2007 年 12 月，害群之马爆炒全聚德

批，而作为一股市场力量，坐庄的民间资金生生不息。

股改后的市场状况给了有组织的民间资金更广阔的活动空间。

以前社会资金牟取暴利的办法不多，很多时候只能选择坐庄个股，现在则可以时而再作冯妇，吸筹拉升老庄股；时而变身游资敢死队，与合法主力共舞，参与炒作二线蓝筹与大蓝筹。

对于有组织社会资金而言，股改后迎来了黄金时代，它们的规模将继续扩大。除非它们利令智昏犯严重政治不正确错误，招致监管部门追寇入穴式严厉镇压。至今，有组织社会资金多数头脑清醒且越来越聪明。

自然，林子大了什么鸟都有，少部分人时不时蛮干一把，比如爆炒全聚德、杭萧钢构。一有这种情况，市场舆论一致口诛笔伐，痛斥害群之马。

戴着紧箍咒的公募基金

文玮玮：公募基金（下文所指"基金"均为公募基金——编者注。）是浮在水面上的最大主力，处于市场博弈的中心位置。握有资金数量庞大，却有人说它属于"弱势群体"。它是机构又被称为"散户化的机构"。

是否能归纳出一些基金博弈行为与围绕基金展开的博弈行为的线索？

袁幼鸣：管理层扶持基金业发展动因之一是通过基金把分散的社会资金组织起来。

资金分散不好管理，有组织才好管理，包括利用基金干预大盘指数。

进入2000年以后，券商已一贫如洗，管理层可以动用的资金力量唯有基金。

2005年6月股改启动期间，上证指数跌破千点，当时曾召开会议要求基金护盘，原话为"基金要在市场关键时期发挥重要作用"。

基金是基金份额持有人的基金，《中华人民共和国基金法》规定基金管理人承担信托责任、为委托人追求最大利益。

但这样的规定语焉不详，在中国特殊的市场环境中存在很大歧义。管理

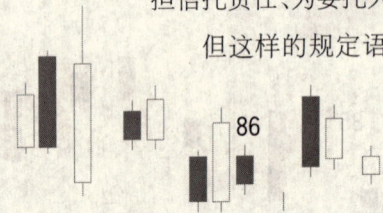

层可以说，基金的行为不是在为委托人追求长远利益、最大利益，需要加以纠正。

行政化潮流中，基金业和商业银行一样，会被行政命令"窗口指导"。

基金投资只有有限自主权，当政府认为市场需要挤泡沫时，基金被训令"只能卖出不能买入"。

对基金的监控严密到基金经理一有操作，来自监管部门的电话就会响起。

基金被戴上紧箍咒有个过程。

出于对散户追随社会资金的反感，"5·30"后，管理层决定把散户资金引导到基金中去。

央行一位副行长曾经公然在上海号召散户购买基金，嘴里没有明说，意思是你们自己就不要瞎搞了，买基金吧。

基金规模骤大后，从2007年7月下旬开始充当"带头大哥"，板块轮炒推高指数，最终触怒当局。

在2007年10月至2008年6月那段时间，基金被管理层严厉控制。

2007年是游资主力与基金各领风骚三五月的一年。两者此消彼长。

10月后，基金重仓股暴跌，之后题材股重新崛起，两次引领大盘从5000点以下展开反弹。

但决策层认为泡沫远未挤干净，基金被管制不得参与做多，相反一路出货。加上美国次贷危机显性化、中国平安趁火打劫提出超级大融资方案等因素，市场最终步入大熊市。

熊市趋势一旦确立，基金不被追捧，其信心崩溃之快、之深超过散户，此时基金公司价值投资理念发作，与发达市场蓝筹公司相比，基金经理觉得国内上市公司统统不值钱。这与基金公司高管学历高、海归多，有所谓的国际视野有关。

这个行业的一大特点是从业者太年轻、太幼稚、太教条。

就投资者动机而论，在发达市场，散户承认自己在信息、技术等方面处于弱势，于是认购基金份额、委托专家理财。

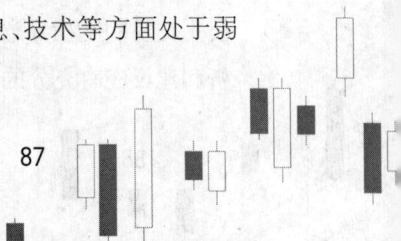

在国内市场,有不少人是基于投机目的申购基金的,阶段性挂靠大船性质显著,加之市场暴涨暴跌,政府"有形之手"频出,基金的规模变化很大。

基金募集有建仓时间与比例合约,在大起大落的 A 股市场,它们的一大毛病是被动。

基金经理并非不思抄底逃顶。无疑,如果与央企财务公司的操盘手比,他们天然不具备方便、灵活特点。

其他合法机构随时都可以满仓与空仓,基金做不到。

在被管理层套上紧箍咒后,基金有所作为将主要出现在一波行情中段。

市场低迷时,基民赎回,新基金份额无人问津,基金公司手中没有钱,一旦大盘涨到相对高位时,它们又得看管理层眼色行事。

有少部分基金公司比较另类,而作为迫使基金公司高管就范的办法,管理层不止一次动用人事手段,逼迫不听招呼的公司高管引咎辞职。

这些高手往往自立门户,或者为社会资金当操盘手。基金经理中的高手被迫辞职与主动辞职扩大了游资的人力资本,令它们实力大张,在与基金的对搏中渐趋游刃有余。

多数基金以组合形式持仓业绩明确的蓝筹公司和题材内容可以预期的重组公司,被动减仓后,有钱时往往再买回来。

基金持仓组合内板块与个股涨高后将调仓,换入所谓的低估值板块,形成一种行业性一致行动。

基金一偏离蓝筹目标,舆论便一片哗然。

别有用心的人就是要把它们限制在蓝筹股范围内。有的利益主体狂性大发,甚至到了一旦基金重仓的蓝筹股上涨,便舆论造势,高喊市场不健康的程度。

直接监管部门也不愿基金参与所谓的投机炒作,给自己找麻烦、添压力。

作为一项给基金戴紧箍咒的措施,2008 年 3 月出台《证券投资基金管理公司公平交易制度指导意见》,对基金操作自主权进行苛刻限制,内容有"任何投资分析和建议应有充分的事实和数据支持"、"公司管理的投资风格相似的不同投资组

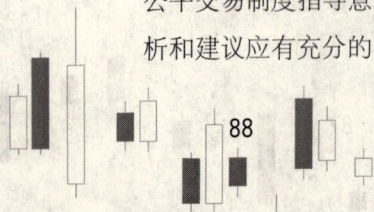

合之间的业绩表现差异超过 5％,公司就应在此监察稽核季度报告和年度报告中做专项分析"等。

文玮玮:基金的投资行为其实是很被动的。

袁幼鸣:基金不是自由搏击手。有的时候,即使看到赚钱机会,基金公司也展不开手脚。

针对基金的弱点,一些市场老手称自己是"杀基专业户"。

围绕基金展开的博弈行为有通过观察管理层管制基金的收与放发现政策意图,利用基金减仓需要维持大盘高位横盘抢先逃顶,于行情初期潜伏到基金将建仓品种坐轿子,参与基金主导的板块轮动,在基金重仓股中高抛低吸做差价,利用基金持仓稳定或季末年末需做市值拉升基金重仓股等。

市场中不服基金等合法机构能力的大有人在。

2009 年年中,时逢新股发行开闸,在上海电视台财经频道一档节目中,女主持人多次提及新股上市首日就看机构是否参与云云,惹恼了座中一位嘉宾,这位好汉专事拉杆子组织社会资金炒新股,大着嗓门把迷信机构的女主持人教训了一通,连美国大机构雷曼兄弟关门打烊、花旗银行苟延残喘都捎带进去,听得我差点笑岔气。

王益说:指定信息披露报纸也是股市利益主体

文玮玮:如果我们站在既得利益角度看待股市,将发现与之相关市场主体有哪些呢?

袁幼鸣:这是一个很重要的视角。

股市相关主体呈现一个金字塔结构。最上层是决策层,下面是多个政府部门构成的管理层。

千万别以为管理层就证监会一个部门,央行、财政部、发改委、国资委、银监会、保监会乃至国防科工委、工信部、电监会都属于管理层。地方政府也可视为管

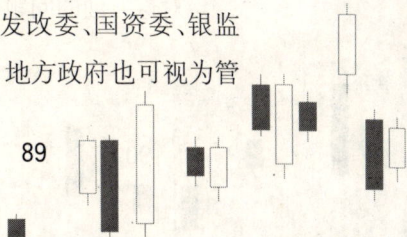

理层的一部分。

再下面才是上市公司、中介机构、投资者等形形色色市场主体。

我第一次听到"股市利益主体"一词是 20 世纪 90 年代末期在《上海证券报》工作期间，出自今天已锒铛入狱的音乐爱好者、时任证监会副主席的王益口中。

据说王益莅临北大光华管理学院的音乐会，有人哽咽。王副主席到报社视察，我们没有哽咽，报以长时间热烈掌声。

他对采编人员讲话，说"指定信息披露报纸也是股市利益主体"，并重复一遍，当时我感觉"醍醐灌顶"。

作为 60 后，我于 20 世纪 80 年代接受大学教育，因为所从事职业铜臭，为一些搞文化、文学的人文知识分子腹诽，且时不时无缘无故被议论一把。但我自我感觉还是有点理想主义色彩的。

我一直把传媒视为提供真相的工具，当听到证券专业传媒不仅是传媒，也是股市利益主体时，颇感颠覆。

从那以后，我开始以既得利益者视角观察所有股市相关者的行为，但由于头脑中多少有点理想主义残余，有时候做得不是很彻底。

利益视角很有效，任何时候，一旦我们想清楚，一个阶段大盘上涨或下跌与谁的利益符合与不符合，谁又是握有资源的人、可能干涉的人，就有可能准确预测出大盘的中长期趋势。

管理层成员之间展开部门利益博弈是市场常态。既不能小看部门主张的影响，也不能夸大部门主张的作用，比如看到国资委系统本能地反对股改送股，就以为股改进行不下去。国资委最后还得听上面的。

管理层成员基于自身利益向上游说，说辞为上面一层接受才能化为一个阶段全局性的有效政策，如此而已。

以后我会告诉你如何从公开传媒信息中获得决策层意志。

对这方面的问题，以后我会加以分析。

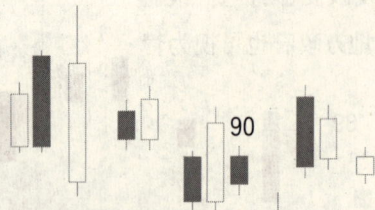

第四日

破除估值迷信：流动性为王、趋势大于估值、板块大于个股

用作洗脑工具的价值投资理念

A股市场其实是一个多层次资本市场

同阶段性主流投资与投机理念共舞

飘浮不定的入市资金——流动着的流动性

板块大于个股：板块轮动是A股市场显著特征

技术指标对散户逃顶最有帮助

被土庄家操纵的 2009 年湖南卫视『快乐女声』比赛

4

每日提要：

◎ 即使在发达经济体的成熟市场,价值投资理念也仅适用于主板部分公司。大多数 A 股公司有内在价值却无法放入价值投资框架估值。中国不存在多层次资本市场,沪深股市事实上混合着私募融资、风险投资、低门槛创业(高科技)板、主板等多层次资本市场的功能及其变种。A 股市场存有大量类似先已上市,后来才得到一座矿山,刚开采甚至尚在规划开采的公司。但不能说一家拥有铜矿只是尚未开采的公司没有价值。

◎ QFII 革命 A 股市场曾经盛行的跟庄胡炒歪风邪气有功,它们勾结基金宣讲的价值投资理念本身无大漏洞。但,令人厌恶的是它们基于自身利益,严重脱离 A 股市场实际,把价值投资意识形态化,用作对投资者进行洗脑的工具、攻击其他价值评估视角与方法的武器,造成了极大的思想混乱;与此同时,OFII 经理们说一套做一套。

◎ 市场主力竭尽所能争夺 A 股市场的主流投资与投机理念操纵权。参与市场博弈,与其抱定一种投资理念,不如同一个阶段的主流投资与投机理念共舞。不妨动态看待价值投资,关注它的市场号召力,把它理解为一面猎猎生风的炒作大旗。在合法机构主导市场阶段,积极参与蓝筹股炒作。

◎ 多种原因令 A 股市场入市资金漂浮不定。巨量"社会闲散资金"和畸高储蓄大举出入令市场大起大落。政府既要利用股市功能,又要在不能接受的点位加以打压。熊市以政府喊话、让利、注资结束,牛市由政府油锤灌顶终结,股市在"诱多—暴涨—打压—崩盘—救市"中循环往复,这也是在所难免的。

◎A 股市场的客观现实是流动性为王、趋势大于估值、板块大于个股。迄今为止,A 股市场趋势性上涨的显著特征是板块轮动,而非个股价格向价值回归。在 A 股市场持股,最佳方式是阶段性持股而非长期持股,并且得换着板块持股,如

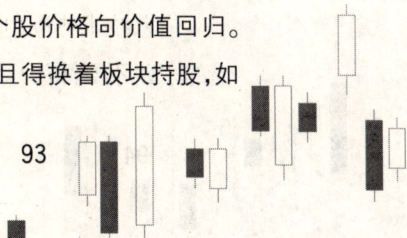

若长期持股则要持有强势板块的龙头股。

◎技术指标在提示散户从市场癫狂中退出方面最有价值。K线组合的高位跳空缺口、高位十字星、高位吊颈线等，均是在向散户发出先于主力获利了结的信号。它们是有组织大资金撤退前不得不露出的狐狸尾巴，是大鱼吃小鱼的A股市场中散户们为数不多的朋友。

用作洗脑工具的价值投资理念

袁幼鸣：今天，我们谈一个很重要的问题，破除对上市公司价值的估值迷信。在这个方面，你有什么感受或困惑？

文玮玮：我的一些朋友的确认同价值投资理念，花不少时间收集上市公司的研究报告，寻找价值被低估的股票。

但实践下来，他们发现持有这些股票，大盘低位时买入未必跑得赢指数，大盘高位时买入，一旦出现调整，照样跟随大盘下跌。

他们不敢买没有业绩支撑的股票，觉得连睡觉都不踏实。

不给人提供安全感的绩差股反倒涨起来很猛，价值投资在A股市场似乎有点水土不服。让人感到两难。

袁幼鸣：如果把上市公司股票"价值"锁定在稳定的现金收益上，即使在发达经济体的成熟市场，价值投资理念也仅仅适用主板的一部分公司。

入围标准普尔的制造业公司和类似微软这样的成熟的服务业公司可以估值，符合价值投资理念。

信息技术热潮中，巴菲特没有买微软股票，国内一些人对巴菲特称自己看不懂的东西不买津津乐道，却不追问一下巴菲特为什么看不懂，是巴菲特没有认识

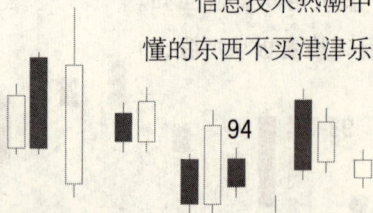

到信息技术的商业价值吗？

不是！是因为搞信息技术的公司太多了，巴菲特无法确定哪些公司最终能够生存与发展。

美国高科技公司死掉不少，退市清零是常事。美国芝麻绿豆的事都有人举着个牌子抗议，只要没有财务欺诈，上市公司垮台不见人游行示威。

人性是相通的。虽然美国人有宗教管着，照样盼着一夜暴富。

如何才能一觉醒来就成为大富翁呢？买彩票中头奖是个办法，下注压中尚处起步阶段的微软公司是性质一样的办法。

经过一些人蓄意误导与以讹传讹，国内股民误以为美国人都是搞价值投资的，都是长期持股的。

事实上，美国也有短线客且人数众多，国内所用的短线技术指标多数是美国人发明的。美国人敢于投资不确定性极大的产业与公司，否则无法解释风险投资在美国不差钱。

《财富》杂志上的故事说，美国生物制药公司的最佳股东组合是一个前沿科学家加一个投资银行家，投资银行家负责筹款，口才要好到在私人俱乐部一登台演讲，当场就有人写支票砸钱。

A股市场很长一段时间玩的是有庄则灵。

庄家与上市公司勾结操纵股价，有的庄家直接控制上市公司，上市公司发布的财务信息没人信以为真，佯装相信也是为了跟庄捞一把。

2001年2月人间蒸发的超级庄家吕梁曾经达到控制上市公司、操纵二级市场股价、制造舆论环境"三位一体"的境界。

20世纪90年代后期，吕梁以"K先生"名义在公开媒体发表"讲政治、做大势"系列歪理邪说，粉丝们轰然叫好。

这样的主流市场心态被革命、被扭转，QFII功不可没。

在2003年QFII进入A股市场前，国内也有人呼吁价值投资，1999年夏天我曾在一个证券业论坛听深圳某小型券商研究所负责人大谈中兴通讯的成长性，当时觉得莫名其妙，因为论坛主题不是这方面。后来我明白过来，这位券商研究所

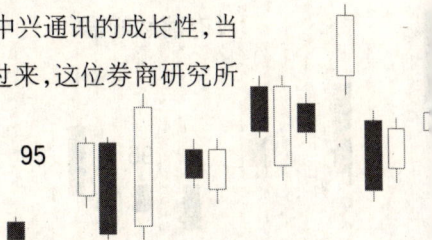

负责人的目的是宣讲与倡导价值投资理念。

2000年有"海归"拿美国的风险投资在浦东办财经咨询公司,组织研究员撰写后来大家习以为常的标准格式的行业与上市公司研究报告,向基金公司和券商推销。

当时的机构几乎无人问津,该公司在钱烧光之前改行为财经公关公司,当起了"管道工",迎合国情"改邪归正"比较及时才没有关门打烊。

是QFII真正在A股市场树起价值投资大旗的。

2003年7月9日,在北京东方君悦大酒店,来自国内外40多家媒体的记者见证了QFII在A股市场第一单指令的发出。

这天上午,瑞士银行中国证券部主管用结结巴巴的普通话电话通知申银万国证券,买入蓝筹公司宝钢股份、上港集箱、外运发展、中兴通讯。

在证监会大力扶持下,2003年同时是公募基金跨越式发展的一年。

以后,QFII与基金联手用资金扎堆推升蓝筹股,以赚钱效应教育习惯于"吹糠见米"的广大散户。

巧合的是,2003年土庄家们大批因资金链断裂垮台,信奉有庄则灵的跟庄者死则惨死、伤则重伤。市场主力此消彼长。

我当时也是价值投资吹鼓手,做2003年年终总结时,连撰两文《该是信奉沃伦·巴菲特的时候了》《挥挥手,告别股市博傻时代》。文章写得情真意切,现在再读有点脸红,倒不是因为观点有什么大问题,而是把新兴机构写得几近德艺双馨,事实证明它们照样是吃人的老虎。

QFII革命A股市场跟庄胡炒的歪风邪气有功。就内容论内容,QFII伙同基金宣讲的价值投资方式方法没有什么大漏洞。

问题出在他们基于自身利益,严重脱离A股市场实际,把价值投资教条化、意识形态化,用作对投资者进行洗脑的工具、攻击其他价值评估视角与方法的武器,千方百计形成价值投资理念独尊格局,令广大散户中毒甚深,至今一些人没有翻然醒悟。

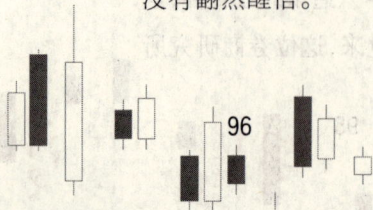

文玮玮：有这么严重吗？是不是言过其实了？

袁幼鸣：你这样说，是因为你对价值投资模型了解不深，且没有接触到它害人的实例。

投资品价格本身是一种货币现象。价值投资核心是为各个行业设置不同市盈率标准。这本身十分可疑。

在设置市盈率标准后，以市盈率、公司预期利润增长率等指标计算出一个数字，考虑市净率等因素做加减，得出一个公司的估值。

股价低于估值就是低估，高于估值就是高估。价值投资信奉者笃信股票价格一定会向计算得出的估值数字靠近，所谓的价值回归。

对价值投资的最大冲击来自流动性变化。2008 年全球性金融危机证明那些谆谆教诲投资者死抱价值投资理念的人既可笑更可恶。

一旦流动性枯寂，没钱了，值钱的东西也不值钱了。流动性充沛了，钱多了，不值钱的也值钱了。

在流动性变化的环境中，认定今天 10 元钱买进的股票是便宜的，过多少年后它一定该涨到什么价格，这根本不能成立。

计算估值建立在对上市公司信息的深入掌握以及对行业前景与公司营收准确预测基础上，需要解决信息不对称难题。

国内市场的一大特点是，即使上市公司高管对前往调研者知无不言、言无不尽，说的全是实话，无一句假话，调研者也未必能获得满足基本要求的信息。只有少部分 A 股公司能放入公式计算出估值。

在股票操作上，基金、QFII 等合法机构抱团取暖在股改前的熊市中推升出一些牛股，证明价值投资在实战中威而刚，一些散户深信不疑。说到底，上海机场等熊市牛股是资金催生的。

按照价值投资标准，另有一批公司同样有价值，但基金、QFII 没有集中持有它们，它们的股价也就大幅低于估值、没有向价值回归了。

姑且不论 A 股市场特殊的操作行为，大多数 A 股公司有内在价值却无法放在价值投资框架下估值，且它在发达市场也仅适用于一部分公司的事实表明，"中

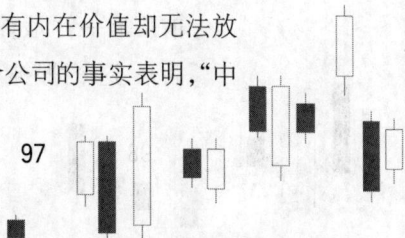

巴(中国巴菲特)"的言辞蛊惑不可轻信。

今天我主张动态看待价值投资,关注它的市场号召力,更倾向于把它理解为一种"集体行动的逻辑",一面猎猎生风的炒作大旗。

尤其是在合法机构拿出资金主导市场阶段,大家尽可以大张旗鼓打着价值低估的旗号,跟随机构炒作一波蓝筹行情。

在 2009 年 8 月 4 日开始的大盘调整中,最有估值优势的银行板块跌得惨不忍睹,第 N 次残酷地教育了价值投资理念中毒者。

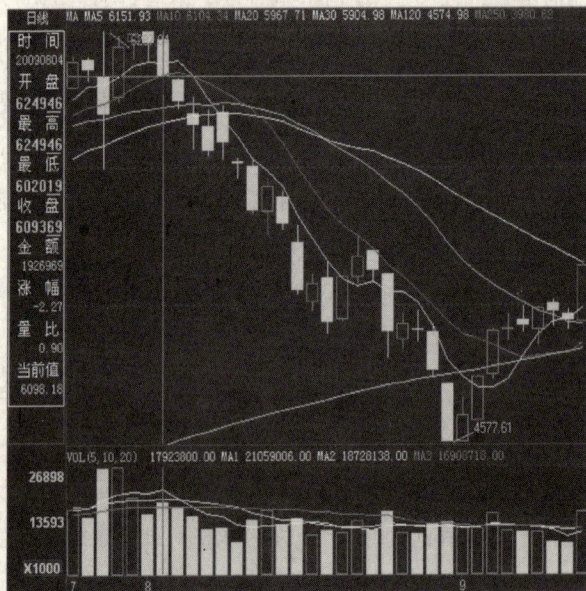

图 4-1　2009 年 8 月 4 日开始,银行板块指数暴跌

如果一个人的心理结构与价值投资理念契合,搞价值投资才舒服,那就把资金放入"价值"可以清楚算出的贵州茅台、东阿阿胶等少数几个品种——不好意思,对价值投资者不能称品种和筹码,应该改称股票。

判断大盘会暴跌时卖出它们,大盘一旦走稳重新买入。

前几年一个"股神"就是这样干的,连波段都不做,一路持有。

后来,这个"股神"没声音了,因为机构抱团推升老牌绩优股的做法暂告段落。

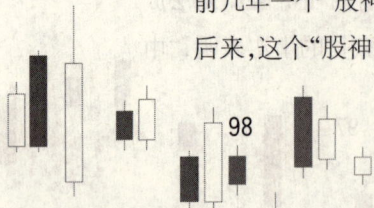

不过,它们照样抱团推升股价达到令人惊恐的高度,只是另有品种,不属于"股神"能看得懂的范围。

A 股市场其实是一个多层次资本市场

文玮玮:本币升值与技术革命会令一个经济体的股市进入泡沫周期,价值投资理念被挑战。

价值投资者,起码发达市场的价值投资者承认股票内在价值难以计算,需要通过对公司的充分了解,尽可能多地获得信息。出于规避风险需要,应该偏爱那些能持续产生稳定现金流的公司。

信奉价值投资的人并不死板,也有灵机一动的时候。

有美国旅游者在上海看见百事可乐饮料器遍布大街小巷,觉得公司进入中国这个人口最多的国家将引起基本面突变,于是买进股票分享了公司业绩增长。

说大多数 A 股公司有内在价值却无法用价值投资框架估值是不是太夸张了?

袁幼鸣:从人的头脑中构造出的任何认知体系都有其边界,面对质疑与无法解释的现象,认知体系本能地要扩大自己的边界。

说主流经济学家把持的主流经济学不讲道德,他们会跟你急,说"我们主张把公序良俗纳入游戏规则啊"。但他们骨子里永远是效率优先的人,否则就不是经济学家了。

价值投资体系不断自我修补,尽可能扩大解释边界,但有一点它是不会放弃的,就是目标公司一定要赚真金白银,要有稳定的现金流。

这一点正是大多数 A 股公司做不到的。

赢利能力排名前 10 位的 A 股公司赚取的利润占 1600 家公司全部利润的70%。大多数 A 股公司的现金流不达标,价值投资吹鼓手称它们统统是垃圾股。

读过价值投资书籍的新股民看着没有现金流的公司挺害怕,但这些公司却又是有内在价值的。

我们家的股票账户中曾持有陆家嘴。按价值投资标准,我们不能持有这样的

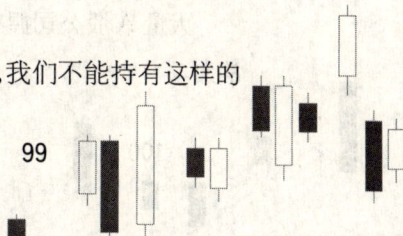

品种。

它的现金流完全不能支持股价，即使在熊市时，它的股价大幅下跌后。

陆家嘴是以商业地产经营为主业的公司，它是上海若干甲级商务楼宇的业主，陆家嘴的股东很大比重间接投资商务楼宇。那么，对陆家嘴这类公司就按市净率估值吧！

一些研究报告就是这样做的，但缺乏说服力。按市净率估值，陆家嘴的股价同样让人望而生畏。

家中账户为什么敢持有陆家嘴呢？理由有四个：

首先，国内会计制度有大问题，如果把陆家嘴的全部资产变现，得到的数字远远高出财务报表上的数字。

其次，陆家嘴的土地与楼宇有可以预期的升值空间。

第三，陆家嘴是上海国资控股公司，它可能承接上海地方政府注入国有资产。

第四，陆家嘴可能被政府指派参与一些重大项目的垄断经营。陆家嘴是题材股，有值得期待的题材。

再以商业地产股张江高科为例，其2009年中期财报称，每股净资产为3.45元，这是按现行会计制度算出的，但市场比较一致地认为，张江高科实际每股净资产在17元以上。

这也是张江高科高管层敢于在其价格在19元以上时通过二级市场买入持有的原因。

张江高科2008年4月后长期在每股19元以下徘徊，是所谓的高管被套股。

价值投资要求充分了解目标公司，上市公司高管无疑最了解公司内情，如果张江高科净资产真的只有3.45元，它的高管层未必敢以超过净资产5倍的价格买入股票。

大量A股公司握有生产要素，中国经济总量持续增长，要素市场价格变动非常大。

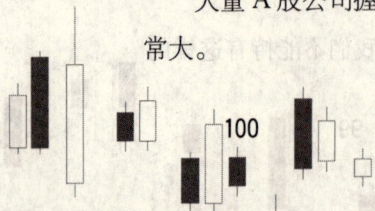

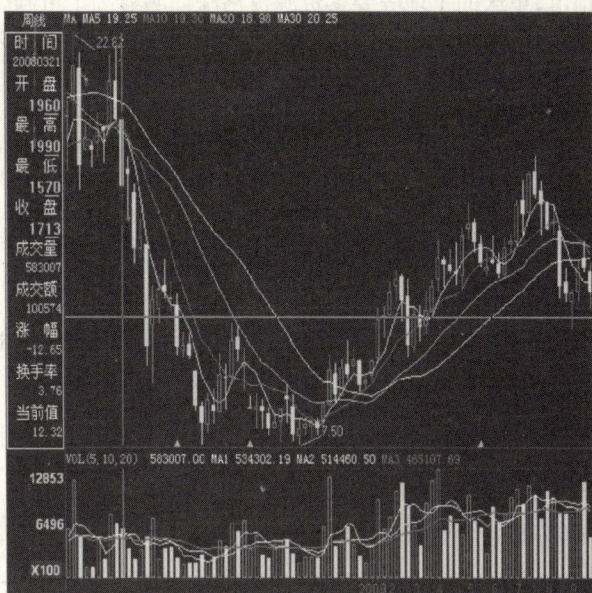

图 4 - 2 张江高科 2008 年 3 月至 2009 年 8 月周线图

如果说要素价值仍然是可以动态估值的，那么中国企业尤其是国资控股企业的一个特点又是，很多公司资产较高比例处于隐蔽状态，甚至其高管都不知部分资产的产权归属。

例如，陆家嘴与上海国资公司锦江集团下属的一个子企业对浦东黄金地段世纪大道 A 块价值数十亿元的土地存在争议，两家人都说国资管理部门把地皮划拨给了自己，都拿得出产权证。这样的事最终得由政府裁决。

中国通过行政力量既搞产业发展刺激，又搞区域经济刺激，同样令上市公司价值处于变动之中。

政府一出台区域经济刺激政策，该地区便红旗招展、锣鼓喧天、人山人海，绝非虚构嘉年华，因为经济刺激政策中包含着财政税收、项目审批等多个方面的放权让利。

行政区划变动也会令相关上市公司价值发生重大变化。直辖市重庆成立，就让重庆板块受益巨大。

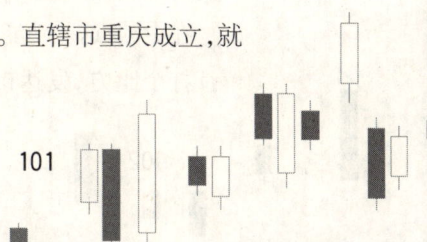

101

因为是直辖市，重庆的土地等要素资源价格涨幅明显高于可同比地区。

你在 2007 年 5 月那天灵光一动，一觉醒来决定立即飞回老家重庆买房子，可谓干了件漂亮事情。

重庆买房一个多月后房价直线上涨 70％，我曾对你说，你择时准确，重庆直辖效应发酵到井喷点了。

上海市南汇区并入浦东新区，原来低价在南汇拿地的上市公司就得了大红包，例如上海房地产地头蛇中华企业。

一块工业用地的行政区划是否调整，其价值也会不同。一旦该地块被纳入经济开发区，在该地块上从事生产享受税收优惠，该地块自然会增值。

概言之，政府行政力量令 A 股公司内在价值存在不确定性，不是机构通过调研就能够预测的。

当然，一些研究报告会追踪这类原因引起的上市公司价值变化，但此时二级市场股价已经有所反映，属于马后炮性质的居多，不过是给一个事后解释而已。

以上理由还不是多数 A 股公司无法以价值投资框架估值的根本原因。按官方说法，A 股市场具有"新兴加转轨"性质。

文玮玮：对市场的性质认定是很重要的事。"新兴加转轨"的内涵是什么，能简要归纳吗？

袁幼鸣：一句话说透 A 股市场与发达经济体市场的区别，它的"新兴加转轨"特征，那就是由于种种历史和现实原因使然，A 股市场事实上混合着一个多层次资本市场的功能。

发达经济体市场经过长期发展，是将私募融资、风险投资、低门槛创业（高科技）板、主板严格区分的，在发达市场，公司主营业务达不到现金流要求不能上主板。

在中国，这些功能及变种都熙熙攘攘拥挤在上海与深圳两个股票市场中。

打个比方，发达市场主板公司是开采一座矿山三年后才上市的，而 A 股

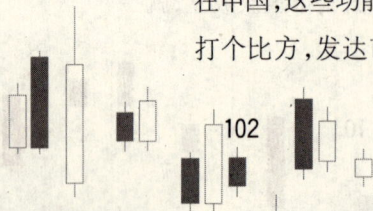

市场则是有大量公司已上市，之后才得到一座矿山，刚开采甚至尚在规划
开采。

所以，大量 A 股公司无法按价值投资框架估值，但又无法说它们没有
价值。

能说一家拥有铜矿但尚未开采的公司没有价值吗？

在中国，建立多层次资本市场是一句让人耳朵听出茧子的陈旧口号，实际行
动却是破坏各地出现的多层次资本市场雏形。

当然，地方性市场有搞得乌烟瘴气的问题，但采取的措施不是规范它们而是
统统消灭，这样，多层次资本市场从何而来呢？

国内曾经有民间交易未上市股份公司股票的自发市场，如成都红庙子市场。
国内也有地方性柜台交易市场或报价系统，但它们都以各种理由被取缔。最后，
直接投融资和股权交易活动几乎全部集中到沪深股票市场。

上市公司退市制度事实上缺位，政府政策鼓励有意控股上市公司的场外资源
注入资产重组破烂公司。

由于变数极大的资产重组活动广泛存在，A 股市场的许多事情是不可思
议的。

一家不死不活公司的股价可能低于一家负债累累公司的股价，这样的"反市
盈率"现象是有道理的，因为负资产公司更接近被重组。

没有司法纠纷当然也没有什么资产的净壳公司最受欢迎、奇货可居，市值高
达数十亿元十分正常。

血统论在股市十分流行，成为抓黑马的一大思路。

一家破烂公司有个握有优质资产的实际控制人类似有个好爸爸，在同类股票
中会有溢价，因为存在控制人注入优质资产预期。

地方政府对所控股上市公司进行大规模资产重组不时进行，且并非一劳永
逸，可能三五年搞一次，资产注入、吸收合并、腾笼换鸟等做法，花样百出且推陈
出新。

政府的制度供应让大量 A 股公司脱离价值投资体系，市场博弈者何必中毒

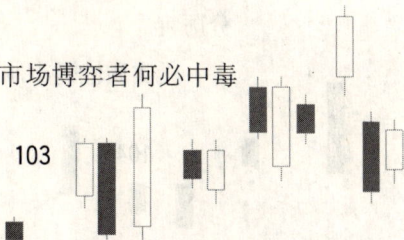

抱残守缺呢?

当然,壳资源待价而沽与重组游戏是只能做而不能大张旗鼓宣讲的。

没有一个官员会站出来讲清股市真相,相反,所有人都会说自己认同价值投资理念,并鼓动大家长期持有蓝筹股,最好把钱交给基金、券商等机构专家理财,为市场稳定作出聚沙成塔的贡献。

有"半罐水"经济学家冒冒失失研究股市,一统计高价 ST 公司的年报业绩与当下股价,立即吓晕,撰文狂呼市场怎么会如此投机。

"半罐水"经济学家统计软件倒是玩得熟悉,却连大智慧软件 F10 都不会读,所采样本中一半公司已经完成重组或正在重组,此 ST 已非彼 ST,其余的则有明确的重组预期。

同阶段性主流投资与投机理念共舞

文玮玮:看来,参与市场博弈的确需要摆脱市盈率估值思维束缚,虽然这让人心里有点七上八下。

袁幼鸣:参与市场博弈,与其抱定一种投资理念,不如同一个阶段的主流投资与投机理念共舞。

我曾定义股市"市场逻辑":

所谓股市"市场逻辑",究其本质,由资本市场固有的"交易预期、配置资源"功能所决定。它是市场定价体系、主流投资与投机理念、资金运作流向、信息作用方式等方面市场内部关系的总和。长远地看,其由有关股市的全部制度安排所框定,日常存续中也具有开放性,但一经形成,又作为相对独立和滞后的事物,直接规定着市场形态。

主流投资与投机理念对股价影响举足轻重。

A股市场的主流投资与投机理念是演进的,各方力量对它的操纵权争夺得十分厉害。

无实质性退市制度与鼓励重组令部分散户不惧怕绩差股。贪婪本性让基金、

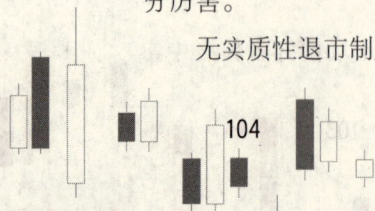

QFII等合法机构利令智昏,反戈一击抢劫追随者的钱包,动摇了另一部分价值投资信奉者的价值投资理念。

文玮玮：能举例说明吗?

袁幼鸣：2006年秋天机构发动的"二八行情"、"一九行情"伤透了价值投资理念追随者的心,股市主流投资与投机理念由此再一次发生巨变。

当时机构纷纷从原持仓品种中退出,集中力量猛推大盘蓝筹股。结果,上证指数上涨200点,跟随机构进入二、三线蓝筹股的散户反倒市值缩水20％。

一部分散户从此把机构视为博弈对象,不再甘当追随者。

作为对"一九行情"、"二八行情"的报复,进入2007年,"倒二八行情"、"倒一九行情"频繁上演。

2007年上半年,散户踢开机构闹革命,视五类主要机构为"黑五类",凡机构重仓股票一律不参与,相反青睐前十大流通股东全是自然人的品种。

2006年秋天以后,合法机构均热衷波段操作、调仓频繁、震仓猛烈、行为恶庄化。机构不仅同游资、散户博弈,机构间恶性博弈也愈演愈烈。机构的表现已经同价值投资理念背道而驰、南辕北辙。

文玮玮：难怪散户会跟着游资跑。合法机构自己要负很大责任。既然他们自己率先投机,就没有资格指责散户投机。

袁幼鸣：金玉其外,败絮其中。

做一套说一套,话语层面上,争夺主流投资与投机理念控制权,基金、QFII还是要倡导价值投资的。

2007年上半年,机构和社会资金各行其是、尖锐对立。机构占据舆论高地,指责游资主力领导散户穷凶极恶投机,QFII的经济学家甚至成群结伙,直接以几近赌咒的口气发泄怨恨。

在A股市场,令QFII经理们头疼不已的大难题是,境外投资者委托专家理财,要他们拿出价值投资依据。

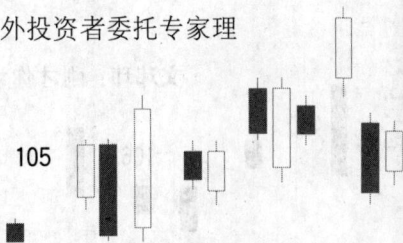

105

以外籍华人为主的 QFII 经理们没有能力以市盈率以外的语言介绍中国内地市场投资价值,在市盈率高企投资者赎回后,QFII 经济学家条件反射般唱空,企望市场暴跌,再次抄底。

有资深市场人士曾做过实验,通过翻译向老外讲解 A 股市场资产重组游戏的起源与实例,听者兴趣盎然,眼睛贼亮。

QFII 经理们多数是出生于回归前的香港特区或者是中国内地到欧美国家的第一代移民,他们在北京、上海、深圳趾高气昂,面对欧美主流社会时却没有自信,只敢向外国基民讲大路话,不敢讲标新立异的话。

文玮玮:这倒是吃洋饭的人惯有毛病。

袁幼鸣:是啊。

其实,欧美人的祖先敢于为哥伦布航海之类的高风险活动凑份子搞风险投资,他们是不排斥 A 股市场资产重组暴利游戏的,起码部分欧美人不排斥。

打着成长类幌子,QFII 经理们也会把一些重组股放入股票池中,但不敢把它们的比重搞大到需要向外国基民交待的程度。

QFII 经济学家大谈价值投资理念,听者将其奉为神明的时期在 2007 年年初已经结束。他们心知肚明,再喋喋不休,只会引起哄笑与痛斥。

在"5·30"前最后一次歇斯底里集体发作后,QFII 经济学家的声音已经逐渐微软。

但 QFII 经济学家仍有潜势力残余。一些主流经济学家与所谓高端财经媒体的高管层是 QFII 的社会基础。

这些不懂装懂的人见散户胆敢自己打理账户,不向机构交管理费,勃然大怒,指称散户直接入市如同"全民大炼钢铁",把话说进靠收管理费过阔日子的人心坎里去了。

飘浮不定的入市资金——流动着的流动性

文玮玮:刚才你说机构不再抱团推升老牌绩优股后,又抱团推升股价达到令

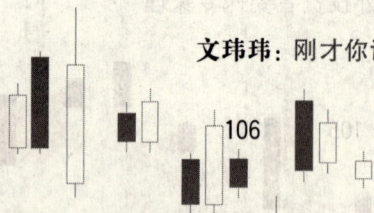

人惊恐的高度,具有代表性的股票是哪家?

袁劲鸣:中国船舶、锡业股份等。

以锡业股份为例,2007 年年初股价不到 9 元,到 10 月 8 日时最高价达 102 元,上涨超过 10 倍,是机构张三买一点、李四买一点这样买上去的。

2007 年第三季度,它是基金加仓第一股,6 月 1 日当日收盘价 32 元,以后 4 个月,机构硬生生把它推升了 300%以上。

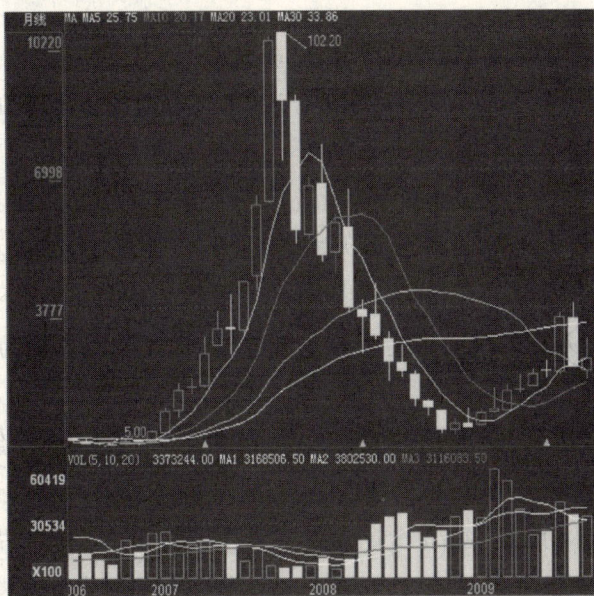

图 4-3　以 2007 年 10 月为中心的锡业股份月线图

2007 年有色金属板块大热,锡业股份是世界锡业龙头,机构找理由东给它个溢价西给它个溢价,自己说服自己一路把它推上去了。

2007 年 10 月 8 日当天有机构率先出货,股价逐波下泻,到 2008 年 11 月,锡业股份跌回到 10 元以下。

文玮玮:太疯狂了。即使受金融海啸影响,业绩下滑甚至亏损,一家世界级龙头公司股价也不该跌成这样,远远超过大盘跌幅。

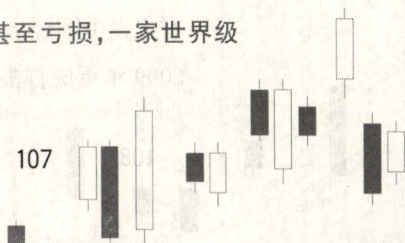

机构狂买,股价大涨;机构狂卖,股价暴跌。看来,资金真的是股价的命根子。

我搜索了一下流动性与 A 股市场关系的学术论文,没有看到什么有价值的实证研究报告。

袁幼鸣: 遇到一个问题,有搜索一番相关学术文献的习惯很好。

虽然国内学术界总体水平不高,个别人提供有价值报告的可能性还是存在的。

不过,收集研究国内流动性状况与 A 股市场走势关系论文,你不会有大的收获。因为研究条件不具备,即使有人研究,也提供不出有说服力的实证报告。

比如,我们已经看到如果货币供应量异常,股票市场会如何表现。2008 年前三个季度狂收货币,股市大跌,之后大规模释放货币,市场涨了起来。

最需要研究的是,货币供应总量没有大起大落时,在什么状况下,因为什么原因,流动性会涌入股市,大量资金买入股票,推升市值;何时,又因为什么原因,资金会出逃。

与 A 股市场比,发达经济体的股市堪称单纯。它们的入市资金主要受货币投放量影响。

发达经济体的合法经济成分比较高,对地下经济的总量也可估计。比如,德国现金交易比例极低,通过银行转账系统,就能透明地了解货币需求。

如此,当局对货币投放量进行调整,比较符合现实需求,能够让流动性处于较为均衡状态。

但中国的情况奇特,一方面政府试图无微不至地洞察全部经济活动;另一方面,政府除了通过增值税管理环节对制造业情况有大致了解外,对消费者服务业的了解非常有限,对所存在的庞大的通过现金交易的灰色经济和地下经济更是基本无知。

有人说中国经济总量的 40% 在银行体系账簿上没有痕迹。

2009 年重庆打击黑社会,官方称重庆黑道年放高利贷规模超过 300 亿,黑老

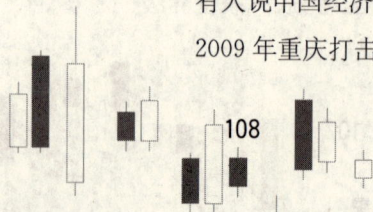

大被抓,借印子钱的人通通不用还,对地方政府感激涕零可想而知。

重庆黑社会有成网络的地下金融业务,同澳门赌场建立有良好的互信关系,可以电话担保内地赌客在澳门赌场拿到大笔筹码。

不仅灰色经济和地下经济规模大,沉淀的黑钱多,而且中国储蓄率畸高,这两个渠道中存在的巨量 M0(流通中现金)随时可以进出股市。此外,还有通过地下管道进进出出的国际热钱。

这些因素构成了 A 股市场流动性的一个特殊背景——流动性是流动着的。

长期以来,对于经济社会种种毛病导致的"社会闲散资金"巨量堆积,学者型官员高度警惕,视流动着的流动性为老虎,担心它们冲击到什么地方就在什么地方制造泡沫。

股市设立前,"社会闲散资金"照样会突然爆炒某个东西。20 世纪 80 年代,社会层面刚有点闲散资金,就在东北爆炒过君子兰。

后来,政府有意识把"社会闲散资金"往股市中引导,抽其血为企业直接融资服务,但在它们狂性发作催生出"疯牛"时,政府也会翻脸无情乱棍"杀牛"。

一些市场人士作揖鞠躬五次三番敬请政府允许市场自己牛熊转换一次,实验一下这样做究竟有什么危害,是不是比人为"杀牛"弊端小一些,但这是不可能的。

指数上涨到一定点位如过街老鼠,所有握有话语权的人都会厉声喊打,高层负责人走到哪里都会听到,无法无动于衷。

近年来,我经过反复思考,同样觉得在中国特殊国情和特殊市场环境中,允许股市自己牛熊转换,那么产生的财富掠夺与转移规模之大会令人不寒而栗。

有组织资金完全可能在"黑嘴"造势配合下,把锡业股份股价推升到 300 元,出货给散户,再利用真真假假的利空因素把它打回 10 元以下。他们在中国石油上已经小试牛刀。

政府既要利用股市功能,又要在不能接受的点位加以打压。熊市以政府喊

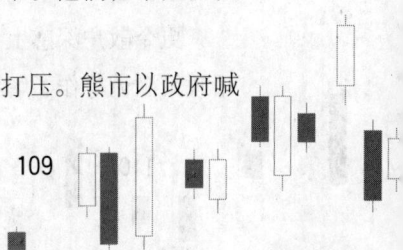

话、让利、注资结束,牛市由政府油锤灌顶终结,股票市场在"诱多—暴涨—打压—崩盘—救市"中循环往复在所难免。

政府希望股票市场慢慢地涨。有官员朋友曾对我表示不理解,股市为什么不能每年上涨15%至20%呢?这样天下太平、海晏河清,对谁都有好处。

我说股票市场主体没人会同意,弱势散户也不会同意。如果想通过管理做到"有计划、按比例"炒股,如同消灭人性。

A股市场二级市场参与者无人不惦记着暴利,因为举国小农没有暴利诱惑,是不会买一个电子符号,把真金白银交给不认识的人搞生产经营,自己当个无声无息小股东的。

文玮玮:A股公司红利分配做得很差。像五粮液这样的公司就是典型,有钱也不分。

袁幼鸣:是的。

上市公司即使有利润,也是镜中月水中花。

A股公司普遍习惯不分红,全部公司可分配红利总额常年不及被抽走的印花税总额,加上付给券商的手续费,二级市场主体投入资金的总效益一直是巨额负数且不断扩大。

这样的市况下,没有差价可以博取,唯有脑子进水的人才会入市。

2009年夏天有迹象显示,政府在寻找新的调控手法,但并不成功。

大规模发新股的同时大规模发行新基金,以散户的钱承接扩容压力。严查信贷资金违规入市让市场参与者说不出话来,最多只能腹诽,但银监会拟严格限制银行间相互持有的次级债计入附属资本,令许多老股民大为光火,因为此举将导致资本充足率不达标的银行类公司在资本市场大举再融资。

这就难怪,在8月4日开始的暴跌中,最具估值优势的银行股成为空头宣泄的对象。

更令散户深感上当吃亏的是,这一次政府倒是没有造势打压市场,反而就货币政策微调等作了解释,显出无意干预股市走势甚至口头上还吹点暖风的姿态。

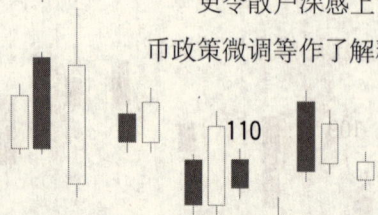

但是,社保、保险等官方背景机构不仅在 3000 点以上抛出股票,而且赎回所持有的基金份额,令不轻易逃顶的基金也参与杀跌。

2009 年夏天行政干预效果显示,政府本意可能是想以所谓市场化手段给股市降温,但巨幅暴跌证明,职能部门发力明显过头。

可以预计,在今后相当长的时间内,行政力量与流动着的流动性互不信任,相互博弈仍是 A 股市场的基本生态。

一些市场人士期望政府能够"恰到好处地调控市场",并为有关部门调控手段的微小进步高声叫好。他们的心情可以理解,但对他们所言"管理层越来越成熟"之类话不可轻信。

在经济社会诸多弊端不先行化解之前,"恰到好处地调控市场"没有地基,A 股市场的基本生态不会有实质性变化。

A 股市场的基本生态环境不提供价值投资的土壤,除非你有能力找到天威保变这样的 5 年上涨 25 倍的超级大牛股。天威保变这样的牛股为什么得以诞生,以后我再为你详解。

A 股市场的客观现实是流动性为王,趋势大于估值!

个股流动性是指买入该股股票的资金。再举一个个股流动性与股价关系的例子。

在股改大牛市中,我曾向一些朋友推荐中炬高新,认为它的内在价值被低估,在不差钱的氛围中,它被有组织资金相中是大概率事件。

朋友们买入中炬高新后,其股价在 2007 年 5 月 25 日摸高 11.20 元就停步了,以后大盘狂涨也从未创新高,熊市中最低跌至 2.61 元。

但在 2009 年春季行情中,令人大跌眼镜的一幕上演了。在上证指数达到 6124 点的 2007 年 10 月 16 日,中炬高新收盘价仅为 7.50 元;2009 年 5 月 7 日,上证指数报收 2597 点,中炬高新倒是冲高至 13.40 元!

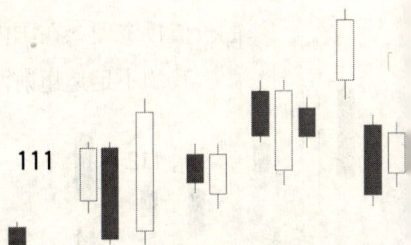

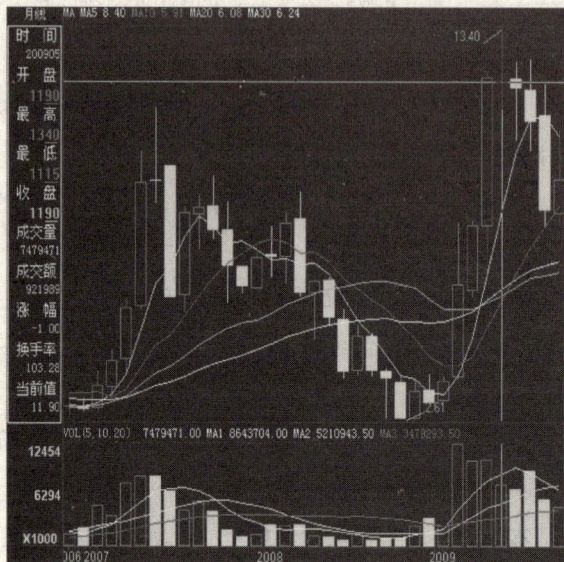

图4-4　中炬高新在2007年10月至2009年5月间与大盘背离走势月线图

文玮玮：两年时间不算短，这期间中炬高新基本面有变化吗？

袁幼鸣：没有什么大变化！

中炬高新大涨的原因是操作凶悍程度排名公募基金榜眼的北京某基金公司引领其他机构介入了它。

同一家公司，基本面基本没有变化，有没有资金介入股价表现差别就这么大！

价值投资信奉者会说，看看，是金子总会发光，你的朋友如果长期持有，死捏不放，虽然一段时间市值缩水，但最终不是战胜熊市了吗？

我更愿意相信，A股市场流动性为王，没有资金青睐，成色再足的金子都是破铜烂铁。

中炬高新是广东省中山市一家土地资源增值巨大且从事新能源产业投资的公司，它在2009年春季的夸张表现证明，以稳定现金流为主要指标估值上市公司的价值投资理念在国内合法机构中走向破产。

我的不足是超前两年看到了这一趋势。

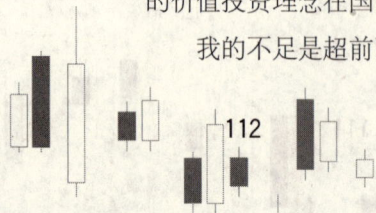

板块大于个股：板块轮动是 A 股市场显著特征

文玮玮：在价值投资理念影响下，一些朋友直接精选个股，对板块、概念因素基本上不考虑。而 A 股市场实际情况是，个股普涨的时候不多，绝大多数时候有领涨板块。

有的分析师甚至在个股普涨时提示风险说，涨得不健康，大盘趋势可能逆转。

袁幼鸣：分析师说得没错。

低位个股普涨可能是行情启动标志，高位个股普涨可能是各路有组织资金集体拉高出货所致，板块轮动领涨倒是表示有组织资金还有兴趣把行情做下去。

由于政府干预指数、流动性诡异、市场主体以博取差价为目的以及上市公司价值不确定等种种原因，迄今为止，A 股市场的显著特征是板块轮动，而非个股价格向价值回归。

板块轮动中，每一轮上涨存在强势板块，即使精选个股在涨势中持股不动，要获得超过大盘涨幅的收益，也必须考虑板块因素，所以，一头扎入所谓精选个股的做法脱离市场实际。

在 2009 年春季行情中，银行板块、煤炭板块同样价值低估，但选入煤炭股就比选入银行股收益高出数倍。

究其本质，板块效应的形成是有组织大资金在一波行情中谋求获得数倍于流通市值增幅收益的本能所致。

板块轮动才能有效搏傻。有组织资金吸筹、推升、拉升一个板块，吸引散户资金高位接盘，一个板块接一个板块地赚取差价，才能实现收益最大化。

如果所持个股的板块被拉高了，即使在大牛市中，也会经历较长时间沉寂，大盘上涨时不涨，甚至不涨反跌。

当然，强势板块也会沉寂，只是时间较短，跌幅不深而已。

所以，在 A 股市场持股，最佳方式是阶段性持股而非长期持股，并且换着板块持股，如果长期持股则要持有强势板块的龙头股。

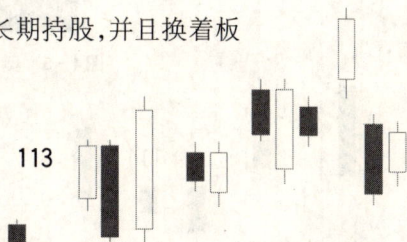

在这两个方面的意义上，板块都大于个股。

2009年3月初我向中西部的朋友推荐西山煤电，原因就是我认定它是强势板块中的龙头股。

读过价值投资书籍的新股民可能很难理解，同一个板块中鱼龙混杂，良莠不齐，怎么会形成共同趋势呢？

板块效应客观存在，无法回避，从板块轮动入手，新股民或许可以较快理解股票市场有组织资金及追随者行为的动因。

在板块轮动中，资金会对同一板块的个股区别对待，有龙头与非龙头之分，一线品种、二线品种、三线品种之分，等等。

到了板块炒作的某一阶段，会有二、三线品种补涨、板块分化之类的现象出现。

不仅行业板块轮动，股市概念股炒作也是一大景观。

例如，奥运概念股，大批业绩让人睡不着觉的北京及周边地区公司，包括远在广东的为奥运提供产品的公司被市场纳入同一概念爆炒，抱团上涨，天下一家，唱同一首歌。

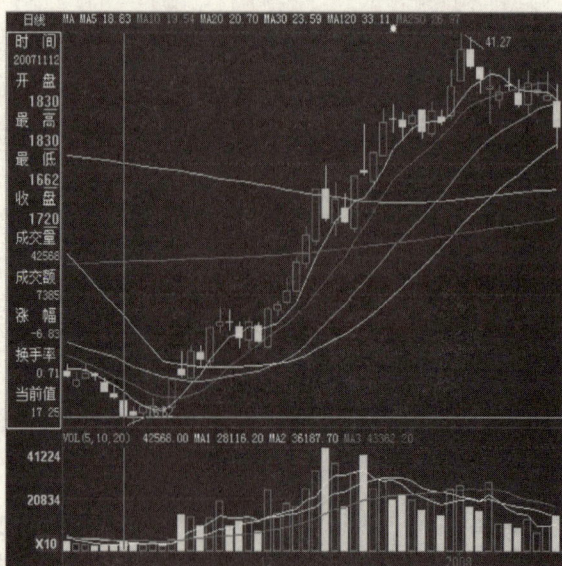

图4-5 奥运概念股龙头中体产业自2007年11月中旬开始疯狂上涨

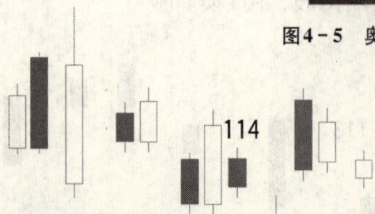

概念股炒作靠想象力讲故事。炒概念一般由有组织社会资金策动，一旦响应者人多势众，能量不可小视，可能形成结构性行情。

有些时候，对于空仓者而言，要参与博弈，唯一的选择就是加入到概念股趋势之中，别无选择。

技术指标对散户逃顶最有帮助

文玮玮：除了读价值投资的书外，有的朋友，特别是学理工科的朋友，还研究技术指标作为选股依据。

袁幼鸣：你的这些学理工科的朋友会对我对技术的态度不以为然。

我认为，来源于20世纪美国相对均衡的股票市场和期货市场，用统计学方法归纳出的一些技术指标，用于A股市场分析在很多时候无效，不能迷信。

但技术图形与指标并非没有价值。见仁见智，我运用它们的原则是，在低位时作为买入参考，比如出现均线缠绕、多头排列等，则买入这个品种。

在行情中段的板块轮动中，用技术指标作为选择后动板块个股的参考，但不以技术指标为追涨依据，比如，有朋友在BOLL线(布林线)张口时买入，我一般不看这样的指标。

有的新股民朋友在大盘转熊或中级调整来临时，依据所持个股技术指标良好就认为它不会暴跌。这是没有必要交的学费。日K线一根断头铡刀就能把好的技术指标全部破坏掉。

例如，武汉控股在2007年9月走势稳健，各项技术指标良好，给人蓄势突破之感，但主力在维持技术指标的同时一直悄悄出货。

该股于2007年10月8日缩量大跌后技术指标转向恶劣，以后继续缩量下跌，技术上一点支撑都没有。因为主力跑了。

我认为技术图形与指标在指导大家从大盘、板块、个股癫狂中退出最有价值。

比如，K线组合的高位跳空缺口、高位十字星、高位吊颈线等，均是在向散户发出先于船大调头难的主力获利了结的信号。

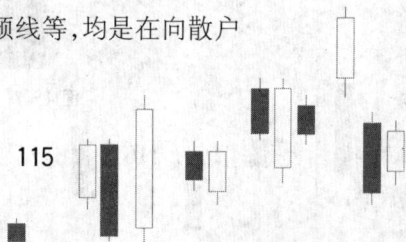

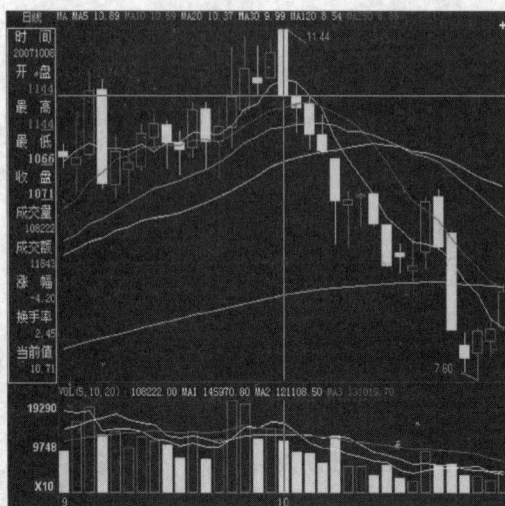

图 4-6　武汉控股 2007 年 10 月 8 日技术指标转恶走势

　　高位跳空缺口、高位十字星、高位吊颈线等是有组织大资金撤退前不得不露出的狐狸尾巴，是大鱼吃小鱼 A 股市场散户为数不多的忠实可靠的朋友。

　　2009 年 8 月上证指数呈现大幅下跌。8 月 4 日出现大盘下跌后被拉起的高位吊颈线，之后两个交易日，散户逢个股拉高——派发，完全可以从容躲过此次深幅调整。

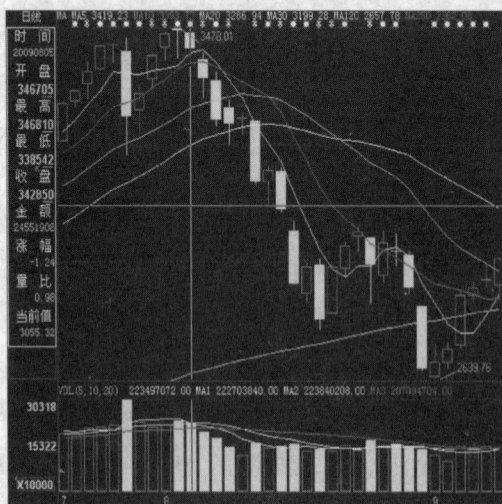

图 4-7　上证指数 2009 年 8 月 4 日出现高位吊颈线后大幅下跌

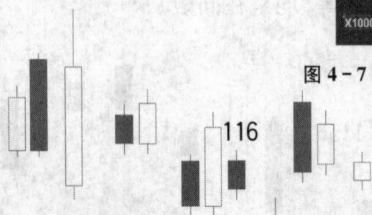

被土庄家操纵的 2009 年湖南卫视"快乐女声"比赛

文玮玮：我已经明白为什么要破除估值迷信。你今天讲的内容需要仔细琢磨。

今天我也提议轻松一下，谈点与主题若即若离的内容。

2009 年夏天，湖南卫视"快乐女声"比赛"4 进 3"，郁可唯被淘汰把你鼻子都气歪了，声称要罢看决赛，不捧湖南卫视臭脚。但到决赛时，你还是忍不住打开了电视机。

从商业价值评估角度看，我觉得湖南卫视和天娱传媒把郁可唯排斥在 2009 年"快乐女声"比赛三甲之外也是不明智的。

袁幼鸣：郁可唯被淘汰固然令人气愤，但错在长胡子的人。其他三个女孩子都很可爱，看看决赛就看看，没有必要像嘴上说的那样认真。

你在一段时间内曾洋溢着学术气息。这样说不是在赞扬你。读过一些书、受过一些训练，于是在任何事情上，都要搞证据论，其实是在冒酸气。

你在没有亲眼看见"快乐女声"比赛被操纵细节的情况下，认为湖南卫视和天娱传媒做了手脚，倒是一种正常思维。

有高学历的年轻朋友曾问我：袁老师，股市真的有超级主力和庄家吗？我说真有，只是你看不见，他一脸困惑，我知道他是读书读迂了。

天娱公司坐庄操纵"快乐女声"比赛是严格按照他们对几个女孩子的估值进行的。他们只顾自己的利益考量，一点都不照顾受众心理。

这是"快乐女声"比赛"4 进 3"结果引起广泛愤怒的原因，北京甚至有人拿着《中华人民共和国消费者权益保护法》到法院起诉湖南卫视。

把郁可唯排斥在三甲之外好比 2005 年"超级女声"比赛不让张靓颖进决赛。

喜欢郁可唯的主力人群是属于中产阶层的中青年，闹起来有一定话语能力，他们在腾讯网上大量发帖称比赛有黑幕，声音大得像一起网上群体性事件。

记得 2005 年比赛结束后，STV 财经频道马主持人 MSN 上的签名是"无冤之

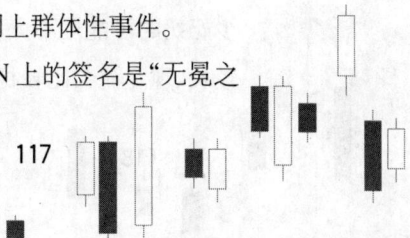

王张靓颖"。喜欢郁可唯的也是喜欢张靓颖的人群。

2005 年张靓颖进决赛得了第三名。之后,张靓颖在华谊兄弟音乐公司实现了商业价值。但经营管理这类艺人的人力资本对天娱公司的土鳖来说,太高级太复杂了,他们做不好。

这一次它干脆就不做大郁可唯的"眼球资本",把资源配置给李霄云和黄英。

没有强有力监督下的公众投票参与,"快乐女声"这样的选秀节目类似股市明庄自拉自唱、卡拉 OK。

决赛中,相当恶心的一幕是那些来自地方电视台的主持人投票时声称自己代表所在省市观众,一个省市的观众就这样莫名其妙地"被代表"了,字正腔圆地。

对于操盘手来说,估值是按照他们可实现的利益做出的。一块美玉胚子,他们没有能力雕琢,同样不值钱。说你行你就行,说你不行你就不行。

这就如同 2007 年一些小资金庄家坐庄中炬高新,搞不出大幅拉升走势,连推升都吃力,只知道高抛低吸骗散户。

郁可唯被排斥的迹象是明显的。十强赛开始后不久,湖南卫视和天娱公司就一直在包装李霄云和黄英的形象,拉升她们的人气。

如果有个外盘可以下注赌博,我肯定不敢下重注赌郁可唯进前三,虽然她唱得最好。

文玮玮:价值投资估值方法不能迷信,但狭义与广义的估值总是在进行的。如果把 2009 年"快乐女声"十强的商业价值设计成证券,你会买谁的?

袁幼鸣:如果卖江映蓉原始股或信托凭证,可以考虑重仓买进搏一把。

评委高晓松和顺子充当有专业背景的投资银行家,已经为她的商业价值背书。江映蓉能歌善舞,潜力大到"冲出亚洲、走向世界"的级别。

江映蓉基本面的另一大优点是属于舞台,音乐一响,魅力四射,下得台来,貌不惊人。不排除有富家子一时头脑发热追求江映蓉,但她嫁入豪门、摘牌退市当少奶奶的可能性不大,作为艺人受干扰会比较少,工作会比较专心,职业生命会比较长、现金流会比较稳定、赚的净利润会比较多、分红会比较丰厚。

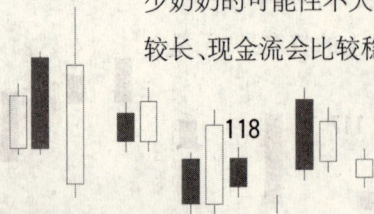

黄英的原始股也可买。黄英的低价 CD 可以跑出天量来。

当年股市有个生产假首饰的公司，专门往中西部销售，股价暴涨，可惜公司控制人一心一意当骗子，爆仓后跑路了。

对于不懂音乐又要听歌声的群众来说，评委们说的那些黄英歌唱中的毛病根本不算回事。

黄英参加比赛之前以在四川渠县农家婚丧嫁娶场合吼歌为业。中国广大农村和小城镇的婚丧嫁娶场合、小买小卖场合大得像海一样，黄英出 CD 有广大的市场。

而曾轶可则可以适量持有搞风险投资。

虽然高晓松、黑楠等人也为曾轶可背书，但曾轶可的市场在青少年之中，我看不到确定性。

或许青少年人群极其喜欢曾轶可，她的商业价值巨大，但也或许不是这么回事，她的价值取决于一个口味变化很大的群体。

一旦要拿出真金白银投资，我倒是同天娱公司那伙小农庄家一个心思了。郁可唯、李霄云的证券我会在二级市场观察一阵再决定是否买入。

挖掘这两个女孩的商业价值，前期投入很大，回报具有不确定性，要看做市商由谁担当，烧钱是不是烧得动。

中产阶层的中青年虽然喜欢郁可唯，但他们掏钱时头脑太清醒，不属于冲动型消费者。

2005 年张靓颖票数之所以少于李宇春、周笔畅，吃亏就吃在其粉丝年龄偏大。"凉粉"不是没有钱，比追偶像的"玉米"和小孩子为主的"笔迷"有钱多了，但许多人没有为张靓颖投票，连买一碗凉粉的钱都没有掏。估计 STV 财经频道马主持人也没有买票。

这是在投资郁可唯之前需要看清楚的。

刘惜君适合在中学教音乐，或在广州市文化馆这样的事业单位工作，平时以标准唱腔教人唱歌，逢年过节时则盛装打扮登台唱一番《万水千山总是情》之类的粤语经典名曲，赢得一些群众文娱活动爱好者的掌声。

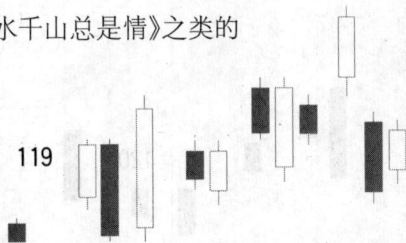

119

但是,我看不出刘惜君有做职业歌手的潜质。

而刘惜君以下的"快乐女声"十强则没有什么价值。谈莉娜舞姿火辣、唱功太差、年龄较小,或有潜力,但需要孵化,有待观察。

文玮玮: 江映蓉是强势股,这点没有分歧。

黄英比郁可唯更值得投资让我感到颠覆。细想一下,又觉得你讲得有道理。

我明白了,有的时候,投资选择与个人喜好是需要分开的。

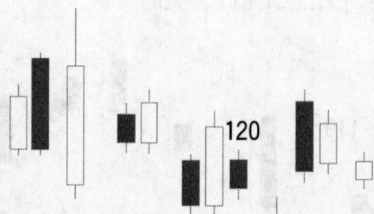

乌鸡变凤凰：A股市场的ST现象与资产重组行情

鼓励注资重组政策令ST板块行情波澜壮阔

黄宏生坐牢给境外上市大泼冷水

被掏空且官司缠身的壳资源公司价值20亿元

市场奇观多数来自政策诱导与资金逐利共振

重组暴利源于注入资产模糊作价

捧场上海板块重组谨防「倒贴」

5

每日提要：

◎ A股市场是政策市。一项重大政策出台时，没有立马开炒，要么是需要等待政策发酵，要么是主力筷子夹着肉，暂时忙不过来，要么是吸筹建仓需要一定时间。2005年夏天管理层出台鼓励以"注入优质资产、承担债务"方式进行股改的政策，一年多时间后，催生出波澜壮阔的ST板块暴涨行情。

◎ 表面上看，否极泰来、亢龙有悔的循环论说辞在A股市场有淋漓尽致的体现，事实是，市场奇观多数是政策诱导与资金逐利共振的结果。政府基于利益诉求，不断通过制度变化制造生财之道，股票市场、房地产市场均是"被抽头"的财富转移场所。即使在需要老百姓跟庄的时候，政府也不会毫不遮掩地披露自己的利益诉求。许多事情只需要一部分人及时跟进，全社会一哄而上反倒不和谐。待到事情燥热起来，一哄而上了，倒是宏观调控有用武之地的时候了。

◎ 资产重组让上市公司基本面突变，股价暴涨案例比比皆是。没有内幕信息的人从市场公开信息中发现资产重组大线索，一个行之有效的起点是进行资源摸底，这需要眼观六路、耳听八方。

◎ 重组暴利来自注入资产的低作价。重组博弈的关键在于重组方交给公司多少资产，到手多少股票。要么不参与重组股，要参与就参与明显可以占便宜的品种，其次是模糊性大的品种，鸡肋重组没有必要参与。

◎ 航天军工板块存在大量壳公司。迄今为止，该板块注资重组是"只见楼梯响不见人下来"，但是，航天军工板块的事情是说不清楚的，需要密切关注而不是仅仅看风景。例如，陆军航空化是大势所趋，如果哪天武装直升机资产注入航天军工板块某个壳，其股价会涨到500元。

◎ 捧场上海板块重组首先要避免"偷鸡不成蚀把米"。鸡肋重组在上海本地

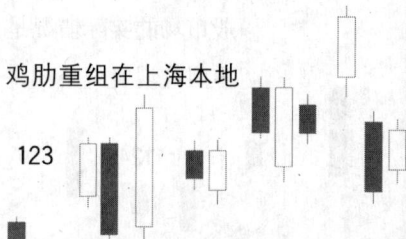

123

股重组中肯定会占相当大比例。上海本地股重组中出现"狗皮倒灶"(上海话,意指各类不好的人与事——编者注)的鸡肋重组甚至损害二级市场股价的"倒贴"重组,根本原因是控股股东自我感觉良好,把注入资产评估价搞得太高。在市场经济环境中,上海本地一直出不了受尊重公司和企业家。核心原因是上海的体制机制存在大问题。

鼓励注资重组政策令 ST 板块行情波澜壮阔

文玮玮:你说 A 股市场一项不起眼的制度安排导致个股股价上涨数番的财富故事屡见不鲜,鼓励资产重组应该属于这类制度安排。

对于投资者来说,往往是在一项政策的财富效应出来后才能看到它,做到先知先觉很难,在政策效应显现过程中,也未必敢参与其中。

袁幼鸣:你能看到这一点很好,与政策共舞首先需要解决认识问题。

有资深市场人士说,市场机会多的是,大家觉得不能理解,心里想哪里会有这么多机会。

你一定要记住 A 股市场是政策市,有组织资金永远盯着政策,寻求套利机会。一项政策如果能带来套利机会,相关股票迟早会炒起来。

一项重大政策出台时,没有立马开炒,要么是需要等待政策发酵,要么是主力筷子夹着肉,暂时忙不过来,要么是吸筹建仓需要一定时间。

一项政策如果能令上市公司基本面趋好,按照价值投资理念的精神,也不能忽视。

教条化的价值投资者主张算清楚政策带来的公司基本面变化数据再介入,A股市场的实际情况是,待到数据可以算清楚时,股价已经提前反映了,或者如有的重组兑现复牌公司,一口气出现多达十位数的连续涨停。

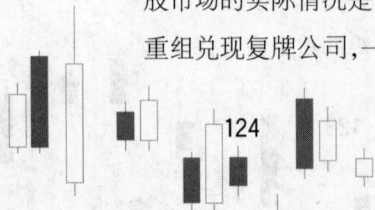

2007年年初,有你也认识的朋友、我的老同事出于对管理层推定绩差公司实际控制人变更,同时进行注资重组与对价股改重大利好的判断,全仓介入ST板块,精选其中5家公司买入,获利极其丰厚。

文玮玮:我查了一下账户上的历史记录,我们家当时好像介入了ST新太,但仓位不重。

听过你所讲的破除估值迷信理论并花时间看行情软件后,我发现不少个股价格的确用估值无法解释。

我现在胆量变大了,要问为什么我们没有重仓参与**2007**年上半年波澜壮阔的ST板块行情?

袁幼鸣:我一直关注与研究股权分置改革政策供应,看到了2005年夏天多个部委出台的《关于上市公司股权分置改革的指导意见》鼓励以"注入优质资产、承担债务"方式进行股改。

这项政策经过发酵,一年多时间后开始显现出了巨大的财富效应。

由于我对这项政策的解读有重大失误,所以没有抓住机会,教训深刻。

当时我想得比较复杂,又没有做到以更深入的思考、推演化解所看到的问题,于是,得出了壳资源公司不值钱的结论,但这是与事实相反的。

2005年夏天出台的一系列政策以"驱动股改"为一个中心,赤裸裸地"威逼"与"利诱"则是两个基本特点。它们以"利益诱因"为引导物,驱动沪深两市上市公司争先恐后寻求股改。

《关于上市公司股权分置改革的指导意见》明确规定"完成股权分置改革的上市公司优先安排再融资(此为委婉说法,意思是不完成股改者不准再融资),可以实施管理层股权激励(这是直接向人输送诱因)",搭建了一条"晚股改不如早股改、股改者生不股改者死"的沟渠。

在《关于上市公司股权分置改革的指导意见》出台前,按照时任证监会规划发展委员会办公室主任李青原以私人身份发布的说法,要争取在短时间内完成占总市值60%～70%的200～300家公司的股改,之后将启动新股发行。

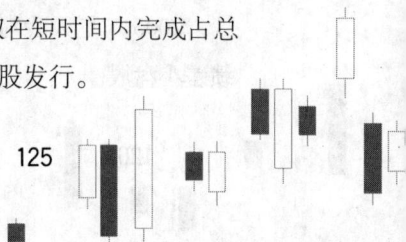

也就是说,股改同时是一个从一筐苹果中挑选好苹果的"选秀"过程,不能通过"选秀"的绩差公司、问题公司将自生自灭。

正式出台的《关于上市公司股权分置改革的指导意见》没有采纳李青原的规划,而是通过"利诱"把股改范围扩大到了庞大的绩差股群落,鼓励以"股改+重组"的方式进行绩差公司改造。

我比较敏感地发现了这一点,但我当时认为推动股改开出的"利益支票"太多,它们在兑付上存在不可调和的冲突。

这张"支票"兑付得了那张就可能无法兑付,一些承诺注定将成为"空头支票"。开给绩差公司重组方的"支票"无法兑现的可能性最大。

重组方把优质资产注入绩差公司意在谋求利益,我当时主观地把他们获得利益的渠道限定在再融资圈钱一座独木桥上了,认为在"优先安排再融资"方面,他们争不过完成了股改的大型国有企业。

我当时所犯另一个大错误是,认为在技术层面上,"壳资源"值得投资只有一种可能,就是重组方借道绩差公司间接上市的成本低于直接发行上市。

我没有预判出以后管理层会牢牢把持 IPO 阀门,央企与地方重点国有企业之外,一般企业除拥挤在深圳中小板排队等候跳龙门外,根本就没有发行上市渠道。

在股改阶段,这样做其实是逼迫有意跻身上市公司之列的企业寻找重组对象。

另外,我没有想清楚,重组方注入资产后,即使不能再融资,其获得的股权也可能溢价,溢价后的股票在全流通制度下可以变现。

即使大股东要保持控制人地位,不通过二级市场变现,溢价后的股票也是可以质押获得现金挪作他用的。

即使不计入重组方与利益联盟一、二级市场联动操纵股价可以获得的暴利,在二级市场趋好的背景下,重组上市公司获得利益的渠道也很多。

简而言之,由于分析能力不够高,在 2007 年春季之前,我没有认清壳资源作为稀缺资源的价值,相反认为它们不值钱。

2005 年夏天我写了多篇文章在京、沪两地发表,建议散户不要追随游资炒作绩差小盘股。

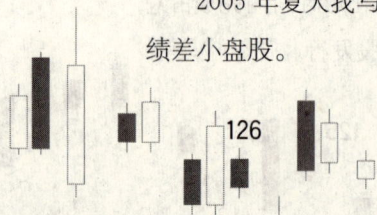

回头看,这些文章属于欺世之作,虽然我不是故意当"黑嘴"。

黄宏生坐牢给境外上市大泼冷水

文玮玮:既然认识出了问题,自然会与市场机会失之交臂。看来,分析政策带来的机会,必须考虑得很系统、很全面、很仔细。

我突然想到,这么多人想入主上市公司,A 股市场发行上市渠道又是有歧视的,他们为什么不到境外市场上市呢? 境外交易所做生意,是积极争取好的公司去它们那里挂牌的。

袁幼鸣:你提出了一个极好的问题。

思考股市问题要多问为什么,虽然很累,很容易透支脑力。

上市公司治理结构要求本身是有价值的。

股改过程中重新启动 IPO,政府把沪市主板排他性地用于大型国有企业发行上市,不仅是为了直接融资,而且要利用对公众化股份公司的整套规章制度把大型国有企业规范起来,让高管层乱搞不易。

上市公司有组织构架上的要求、有独立董事制度要求、有信息披露制度要求,在一定意义上,比较透明。

按照上市公司标准进行股份制改造,并按照上市公司治理结构要求经营管理,国有企业被搞垮的可能将有所下降。

银行业监管部门对股改持坚定的支持态度,银行业是从股改中获利最大的行业,不仅是从股市圈到了巨资。

以前商业银行曾多次出现巨大坏账,需要政府财政注资数万亿拯救。最后一次注资的同时进行了股份制改造并发行上市,之后以中国工商银行、中国银行、中国建设银行为首的商业银行资产质量一直处于可控范围。

政府高层负责人要求商业银行股改"只能成功不准失败"目标基本实现。

在监管部门负责人口中,香港市场同沪深股市是内地企业可以利用的两大资源。大型国有企业赴香港上市的数目不小,形成了一个大板块。

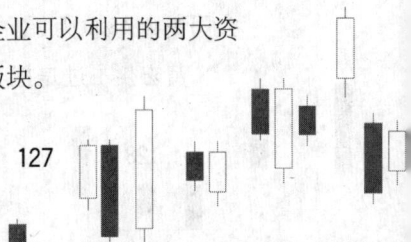

127

有的大型公司是内地与香港都上市的,它们在 A 股市场形成了所谓的 H 股板块。我们家账户中曾经持仓的兖州煤业、潍柴动力就是内地、香港两地上市公司。

上市公司治理结构要求本身有价值,但与境外市场比,A 股市场监管漏洞之大仍让蓄意作奸犯科者游刃有余,对于小偷小摸的人更是天堂。

而且,只要跨过入市门槛挟持二级市场投资者,不把丑闻闹得路人皆知,监管层一般投鼠忌器,难出重手。

除了政府部门指令安排的大型国有企业之外,内地企业,尤其是握有优质资产的民营企业宁愿在内地市场搞重组而不愿赴港上市,有人说因为境外上市融资成本太高,在美国纽约证券交易所上市成本是 10% 以上,在香港主板上市的成本更是高达 20% 以上,即使在香港创业板上市,融资 1 亿至 1.5 亿港元,费用也要花出 1500 万港元以上。

其实,高成本并非主要原因。

境外上市对股份公司财务状况要求严格是民营企业裹脚不前的原因之一。

更重要的原因是,境外上市只适合要成为国际化公司、"百年老店"公司的企业。在关联交易、利润操纵、质押股权变现、二级市场倒买倒卖等捞现钞、赚快钱方面,境外上市等于是自戴紧箍咒。

曾有人把 A 股市场一套常见做法搞到香港去,结果被判有罪入狱。

内地上市公司控制人与高管层一般都脸皮奇厚,因为违反交易所规则,被"公开谴责"的人车载斗量,大家嘻嘻哈哈,并不当回事。但对吃牢饭、罚巨款,还是不敢尝试的。

2004 年 11 月 30 日,时任创维数码董事局主席黄宏生被香港廉政公署拘捕,这件事给赴港上市泼了一大盆冷水。

廉政公署指控黄宏生犯"两宗罪",一是行贿执业会计师,伪造会计记录帮助公司在港上市;二是监守自盗,行贿公司财务总监,以顾问费或服务佣金名义盗取公司资金 4800 万元。

黄宏生不过是把 A 股市场存在的意识、习惯、做法带到了香港市场。如果创

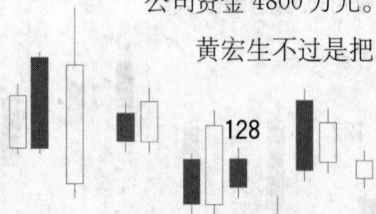

维数码在 A 股市场上市，黄宏生将安然无恙，继续吃香的喝辣的，当风光无限的著名企业家，时不时到 CCTV 年度经济人物颁奖晚会走走红地毯，领个"年度创新奖"之类。

在内地一些企业做点假账，没有什么大不了，董事长与做股票的有组织资金谈好了，暗示财务总监把利润修饰一下，连做假账都谈不上。

至于对公司形成绝对控制的内部人采用咨询顾问费形式捞钱，只要形式上没有直接进入个人腰包，即使被举报且证据确凿，也可以用"关联交易"为借口方便过关，最多属于被交易所"公开谴责"的范围。

不仅在内地，全球华人世界的一个特点是，富翁多而企业家少、财富多而大公司少，大家都喜爱现钞、热衷短期行为。

境外上市相当于给广大股东当然包括控制人自己老老实实打工，许多人对此不屑，境内 IPO 通道被堵死，重组 A 股市场烂公司又有暴利可图，这是一些资产所有者热衷买壳，壳资源值钱的一大原因。

被掏空且官司缠身的壳资源公司价值 20 亿元

文玮玮：我查资料发现，ST 新太是一家被前大股东掏空，留下了连环法律纠纷的公司。我们以每股 3.40 元买入，在翻番后卖出，后来它冲到了 17.27 元。

2009 年 4 月 15 日它停牌进入破产重整程序，停牌前几天股价大涨，最后一天以上涨 5%的涨停开盘，换手率达 11.78%，长阴收盘报收 9.11 元。该股总股本 2.08 亿万股，壳资源静态价值接近 20 亿元。

袁幼鸣：ST 新太停牌前最后一个交易日大换手，有资金故意冲进去被关起来，以时间换空间，等待它乌鸡变凤凰博取暴利。也有资金不愿被关，兑现出来。

ST 新太不是一个干净的壳，官司多到三天两头发公告。

当 2006 年下半年以后，市场形成 ST 公司类其实不会退市的共识后，ST 新太走势远远强于上证指数。

它在 2008 年熊市跌得很厉害，但 2009 年春季行情走得虎虎有生气，涨幅达

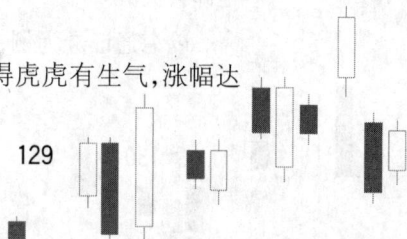

370％,大幅跑赢大盘及蓝筹板块。

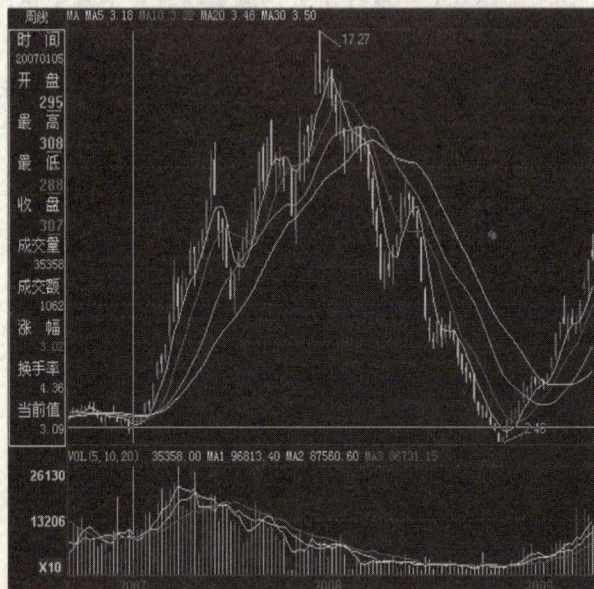

图5-1　ST新太在 2007 年 1 月以后的周线走势

文玮玮:上海本地股海通证券、新华传媒都是借壳上市的。它们是怎样运作的,要向原来的控制人支付代价吗?

袁幼鸣:海通证券借壳都市股份,新华传媒借壳华联超市。

都市股份、华联超市都是上海地方国资控股公司,它们在地方政府安排下,把原来的资产腾出去,成为净壳,承接海通证券、新华传媒的资产,其中当然会有一些财务安排,但海通证券、新华传媒不用支付专门的买壳费用。

面对控制人变化、资产大变脸,都市股份、华联超市原大小股东求之不得、举双手赞成,没有异议。在停牌前冲进去一本正经出席股东大会的新股东更是睡着了都会笑醒。

以海通证券为例,它借壳都市股份后第一波上涨就连续 14 个涨停。

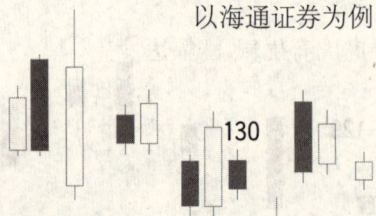

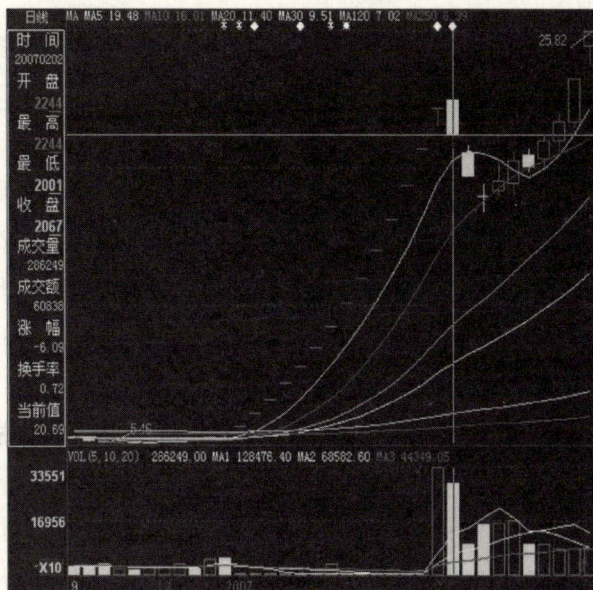

图 5-2　海通证券借壳都市股份后连续 14 个涨停

　　壳资源待价而沽。地方政府固然可以对国资控股的壳做行政划拨,但壳资源原来的实际控制人,如控股它的国资企业集团一般是会持强烈反对意见的,需要政府负责人做些说服安抚工作,甚至展开讨价还价。

　　例如,一个企业集团有三家上市公司,两家可以作壳资源用,被政府盯上了,讨价还价的结果可能是政府划拨走一个壳,承诺该集团控制两家上市公司不再改变。

　　但到下一轮地方国有资产重组时,政府可能食言,把另一家公司划走作壳用。

　　有时候,地方政府壳资源丰富够用,且一时没有太多优质资产可以注入,也会做生意卖壳给其他地区国资部门甚至民营企业。

　　有的中央级企业集团也通过种种办法从市场中买壳,如航天通信原是浙江中汇,中国航天科工集团成为第一大股东后,更名航天通信,但没有及时注入优质资产。

　　航天通信业绩很差却股价不低,且股性活跃庄家凶猛,适合短线客冲刺搏傻。有一年它突然在业绩排行榜上名列前茅,仔细一看原来是公司卖了一块地皮,获

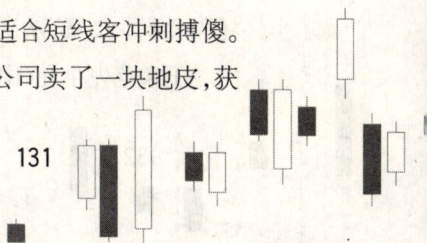

131

得了一次性收益。

对其比较准确的描述是,中国航天科工集团把航天通信作为壳资源储备。航天通信同门兄弟航天长峰的情况也是如此,它的前身是北旅汽车。

凡此种种显示,壳资源是A股市场稀缺资源毋庸置疑。

壳资源有板块行情,会形成集团上攻。壳资源的个股行情则体现在它即将成壳或谣传它即将成壳前夕。

是否干净、盘子大小是壳资源估值的主要指标,时间成本则是影响壳资源走势的重要因素。

市场奇观多数来自政策诱导与资金逐利共振

文玮玮:看来,一些带有循环论特色的中国古代智慧,如否极泰来、亢龙有悔等在A股市场有淋漓尽致的体现。

袁幼鸣:表象是这样的,但市场现象是可以理性分析、梳理、解释的。

市场奇观多数是政策诱导与资金逐利共振的结果。

政府部门翻脸打压一种现象,往往是因为逐利资金搞过头、参与者太多,让它凸现出来,成为所谓不和谐因素。

上古时代传下来的循环论之所以一直有市场与中国社会的制度性虚伪有很大有关系。说一套做一套,搞愚民政策是中国古代社会的传统,在这样的氛围内,真相往往被掩蔽。

大一统专制制度下,社会层面大肆宣扬儒家意识形态,科举取士对四书五经官方诠释的中毒程度,以皇权为核心的统治阶层内心信奉的则是法家。

外儒内法、阳儒阴法是中国古代社会基本政治生态。

一些"职业文骚"篡改历史,以单面性欺世盗名。

所谓文革文风,最大特点就是搞单面性,要么聒噪"就是好",要么歪批"就是坏"。"职业文骚"以讴歌腔调把历史上的徽商、晋商捧上天。

王家范先生在《中国历史通论》中把商帮放在政治经济结构中分析,还原它们

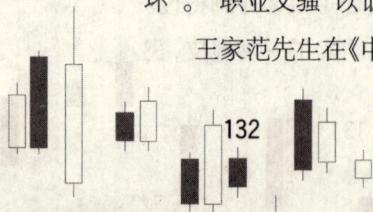

在大一统皇权统治之下的复杂面孔。

商帮从小农经济中走出来均是因生存资源匮乏被逼无奈，发轫时期勤劳吃苦、诚实信用，成气候后自然而然地要搞官商勾结。

皇权与官员会主动把商帮作为资源加以整合、利用，让他们扮演规定角色、做规定动作。

商帮中的成功人士衣锦还乡会建私塾、办书院，客观上有利孔孟诠释学繁荣，他们直接流露的心思是经商太辛苦、子嗣能科举入仕最好。商帮声色娱乐，也会把地方戏剧、流行歌曲搞得热闹喧嚣。

无论今人古人，"职业文骚"见人往文化口子砸钱就激动哽咽，就遇着衣食父母了，硬把商帮自利行为拔高成"文化自觉"。

一方面，教育孜孜不倦提倡"一分耕耘一分收获"、"勤劳致富"，现实却是政府一些部门不断通过制度变化制造生财之道，与之伴生，社会层面配套形成财富转移机制。

股票市场、房地产市场均是"被抽头"的财富转移场所。

中国古代知识分子给皇帝出点子"民不加赋而国用足"，把盐、铁等草民生活生产必需品拿出来搞专营，赚取垄断利润。

当代不少地方政府垄断土地供应，对房地产开发商实行资质审批，类似发放"盐引"。当代房地产商类似古代盐商，他们在给"大老板"打工同时大发横财。

20 世纪 90 年代前期在上海浦东新区拿地的地产商曾经一脸愁苦，坚持下来的人获得暴利，表面上看是否极泰来，其实是他们的利益同地方政府的利益捆绑在了一起，地方政府竭尽所能也要把地价、房价推上去。

现在，对二套房贷款有歧视性政策。对楼市的金融调控政策一出，股市房地产板块应声下跌。

但是，在政府推升房价期间，大量释放中国式次级贷款，鼓励老百姓当人头户，买房子可以零首付。

北京王大爷说"我是流氓我怕谁"，描述的是一种社会现状。一些人文学者夹杂不清，盯住话中的第一人称不放，硬说痞子王朔发布自己信奉的流氓宣言，要为

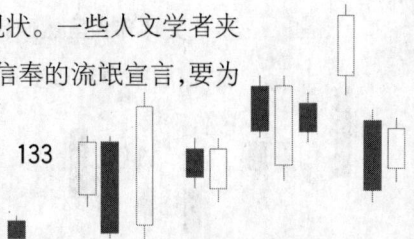

社会风气败坏负责。

在开发商为了从银行套出资金，为购房者垫付首付款，买房可以零首付期间，如果你革所受教育的命，破除不敢欠债尤其不敢欠银行债务的思想，大举吃进房子，是可以无风险暴富的。

房价不涨或交不出月供一点风险都没有，反正房子是抵押给银行的，最坏结果就是银行收走它们，一点多余官司都不会沾上。

确有这样的高手，审计署曾审计出，有姚姓自然人从一家银行上海分支机构贷款4000多万元用于个人购房。

现在，上海"居住证转户口"条件极其苛刻，其中一条是不能有接受过治安处罚的记录。

也就是说，一个年轻人要成为上海市民，必须做到唾面自干，如果有人往脸上吐痰，不能同对方冲突，一旦扭打起来被公安派出所警告、罚款，便彻底丧失成为上海良民资格，一票否决。

但在上海政府要把房价推上去时，任何人在浦东出10万元买房，就可以申报蓝印户口。为了鼓励购房，把房价炒上去，上海还出台过购房返还个人所得税政策。

在这样的政策驱动下，高薪一族岂不竞相购买二套房、三套房。

当然，一般情况下，政府不会毫不遮掩地显露自己的利益诉求，即使在需要老百姓跟庄的时候。政府内心相信总有一部分思想解放的聪明人看得懂政策导向。

许多事情只需要一部分人及时跟进，全社会一哄而上反倒不和谐。待到事情燥热起来，一哄而上了，倒是宏观调控有用武之地了。面对股市"5·30"暴跌，有人说行政打压市场属于对投资者"始乱终弃"，翻出央行负责人曾说过"买股票风险大，不买股票风险更大"旧账。

发发牢骚也就罢了，有价值的事是要看到此一时彼一时，央行负责人说这番话时，股权分置改革处于启动期，当时市场点位有多低迷、人气有多惨淡！

文玮玮：虽然原因事后可以找到，而且我们可以从原因中总结出一些经验教训，但股市中乌鸡变凤凰的故事大多属于"歪打正着"，很难事先预见。

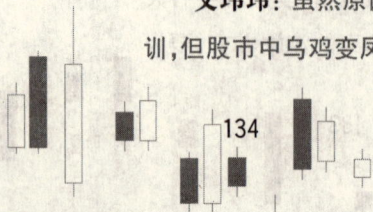

袁幼鸣：在发现资产重组大线索上，倒是不妨持有否极泰来意识。

所谓否极泰来意识就是不歧视 A 股市场的任何品种和任何市场主体，认识到在 A 股这个"新兴加转轨"市场，任何品种都可能发生核裂变。

任何人都无法否认，上市公司资产重组存在巨大寻租腐败空间。

掌握内幕信息的人可以轻易实现财富翻番再翻番。这是资产重组活动能够被多个方面形成合力推动的内在原因之一，也是多数资产重组活动会令二级市场股价上涨的原因。

没有内幕信息的人想要从市场公开信息中发现资产重组大线索，一个行之有效的起点是进行资源摸底，这需要眼观六路、耳听八方。

股改过程中，制造"歪打正着"财富故事的一大市场主体竟然是四大国有资产管理公司，这是许多人万万没有想到的。

四大资产管理公司专职处置国有商业银行不良资产，他们怎么会同股票市场有关联呢？

原因其实很简单，四大资产管理公司从国有商业银行处既承接有作为抵押物的问题上市公司股权，不良资产包中又有实业资产，如矿山等。在"股改＋重组"模式下，资产管理公司左手倒右手，把实业资产注入所控股的上市公司，令问题公司乌鸡变凤凰轻而易举。

当时有朋友通过数据库排查四大资产管理公司是大股东的问题公司，一一分析后介入，获利极其丰厚。

文玮玮：资产重组并非只是让绩差公司乌鸡变凤凰，像中国船舶工业集团公司重组沪东重机这样的注入优质资产动作，事先有明确迹象。

2006 年 11 月 8 日公告中国船舶工业集团公司直接控股沪东重机，距离注资重组已经不远，此时介入，最大涨幅将达 10 多倍，为什么不介入呢？

袁幼鸣：沪东重机也是乌鸡。

它的股价曾长期在 5 元位置徘徊，到 2006 年 11 月 8 日公告中国船舶工业集团公司直接控股时，股价已到 23 元以上。

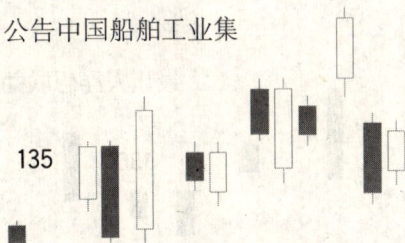

几乎没有人能想到它最高可以冲上 300 元。

2007 年 1 月 29 日,沪东重机董事会发布公告,非公开增发价格定为每股 30 元,控股股东中国船舶工业集团公司以民用船舶造船、修船资产认购,与原产品船用大功率柴油机一并构成民用船舶产业平台。

资产注入方案公告后,股价连续涨停,第一波上涨后,二级市场定价为每股 80 元。

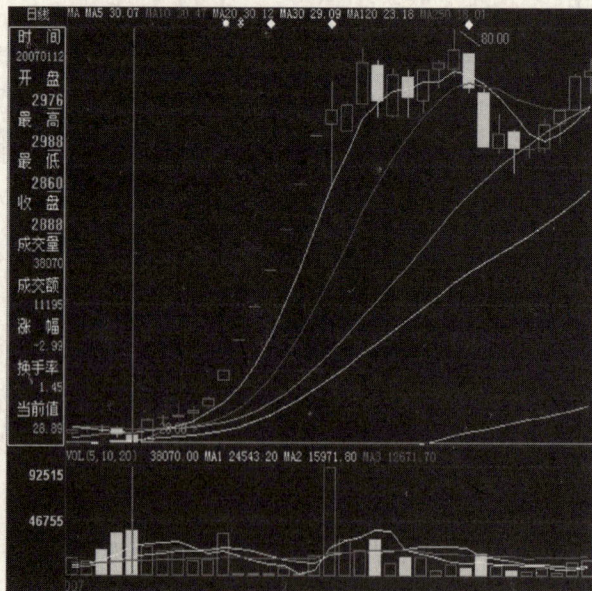

图 5 - 3　中国船舶工业集团公司注资沪东重机后的第一波行情

在牛市氛围内,更名为中国船舶的沪东重机最终能冲到 300 元,有两个原因,一是几乎没有散户持股,筹码高度集中,是机构张三买一点、李四买一点这样推上去的。

据说,在 2007 年 10 月后,管理层整顿公募基金,有官员质问基金公司总经理们是如何把中国船舶拉到 300 元的。

第二个原因是它依然是题材股,市场时不时传说中国船舶工业集团公司的军工资产将注入。

最让人浮想联翩的故事是,大国崛起需要航空母舰保驾护航,中国船舶将担

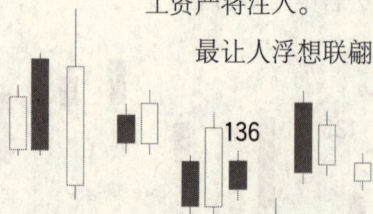

当制造航空母舰的大任并从中获得巨额利润。

中国船舶有个同门兄弟中船股份，原名江南重工，是最为典型的依靠重组想象力爆炒的品种。

中国船舶工业集团公司向沪东重机注入了优质资产，让其实现乌鸡变凤凰，没有向江南重工注资，或许是觉得不好意思，于是 2007 年 9 月 13 日在江南重工被爆炒至每股 35 元时，出公告拟更其名为中船江南重工股份有限公司。各路资金得到空中加油，大肆制造更名在前、注资随后的谣言，将其炒至 63 元以上。

从市场表现看，航天军工板块公司实际控制人普遍不忌讳资金炒高自己的身价。航天军工板块庄家云集且行事大大咧咧，公司方面出的某些公告让思维正常的人觉得似有配合资金行动之嫌。

但是，航天军工板块的事情是说不清楚的。

该板块绝大多数公司注资重组是"只见楼梯响不见人下来"，但说不定哪天中国船舶工业集团公司真把军工资产注入中船股份，让其成为军工资产整体上市平台。

航天军工板块主管部门曾出台多个文件推动资产注入，用好资本市场。

我曾对单位同事说，陆军航空化是大势所趋，如果哪天武装直升机资产注入航天军工板块的某个壳，它会涨到 500 元。

我们应该关注航天军工板块，且不是把它当风景看。

以前中国船舶、洪都航空没有进入家里的账户，以后从航天军工板块中发现大牛股的重任就交给你了。

重组暴利源于注入资产模糊作价

文玮玮：无论是向净壳中注入资产，还是在原资产不变动情况下，注入新资产，理论上都还是可以估值的。

如果对注入资产作价比较准确，重组暴利不就消失了吗？

怎么能够看出对注入资产的作价能够令股价暴涨呢？

袁幼鸣：我估计到你会提出这类问题。

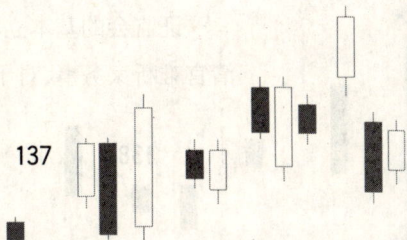

137

A股市场主体无利不起早,注入资产作价准确,重组暴利消失的话,也就无人搞重组了。

这是大原则,但又不能认为凡重组都有利可图。注资作价自然需要高度重视。

对注入资产的作价是一个极其复杂的博弈过程。有的人买壳失败,就是卖壳者觉得出价不够高,宁愿继续守株待兔。

上市公司资产重组的有些术语是不能当真的,明明一个公司什么资产都没有,在重组表述上,反倒是它把一大堆优质资产吸收合并了。

以不涉及现金参与的资产重组作分析对象,博弈的关键在于重组方交给公司多少资产,到手多少股票。

二级市场股价对重组有影响,如果股价太高,以股价打个折后的价格向重组方定向增发,重组方的资产作价已经完成,它拿到手的股票太少,觉得不划算,也会放弃重组。

重组谈拢且手续履行后,所有人都希望股价大涨,这时股价上涨符合所有人的利益。

即使在技术上,对很多类别的注入资产做到作价准确也非常困难。

同样以重组沪东重机为例,中国船舶工业集团公司注入优质资产给沪东重机,是以旗下上海外高桥造船有限公司66.66%股权、澄西船舶修造有限公司100%股权、广州文冲船舶工程有限公司54%股权作价约70亿元的。

在我看来,这样的作价虽然有评估机构给出貌似严肃的评估意见,但照样属于"毛估估"。

相反,如果大股东重组上市公司注入资产作价真的比较准确,二级市场持股者大失所望,会立即以脚投票出货,有组织资金恼羞成怒甚至会泄愤打压股价,让"狗皮倒灶"者难堪。

这样的大股东往往为市场舆论所鄙视。

证监会设立有专门的上市公司并购重组审核委员会,审核资产重组方案。

证监会的基本立场是希望有更多优质资产以比较低的价格注入上市公司,且清官难断家务事,对于注入资产作价偏低的方案,只要不过分离谱,引发舆论哗

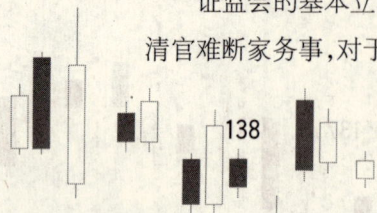

然,一般都会睁一只眼闭一只眼。

相反,对于评估价过高的,上市公司并购重组审核委员会倒是会作出不予核准的决定。

上海就有公司出了这样的大洋相。最震憾的重组是ST金泰这类重组。

首富黄氏兄弟控制了ST金泰这个壳,拟以每股3.18元的价格定向增发80亿股,黄氏兄弟注入作价221亿元的房地产,其他特定对象认购剩余股份。

ST金泰有一、二级市场联动操纵股价嫌疑,利益相关者明显更看重手中筹码的二级市场可变现市值。ST金泰在停牌前已有多个涨停,2007年7月9日复牌后连续42个5%涨停,可谓飞龙在天翱翔于A股市场。

ST金泰风头健劲,明显违反和谐原则。结果,被爆炒的董事会注资重组预案最终连过堂证监会上市公司并购重组审核委员会的机会都没有。

ST金泰从1.81元起步,最高上摸26.58元。

之后黄氏兄弟双双出事,注入旗下房地产资产遥遥无期,2008年11月ST金泰股价跌回至1.87元。

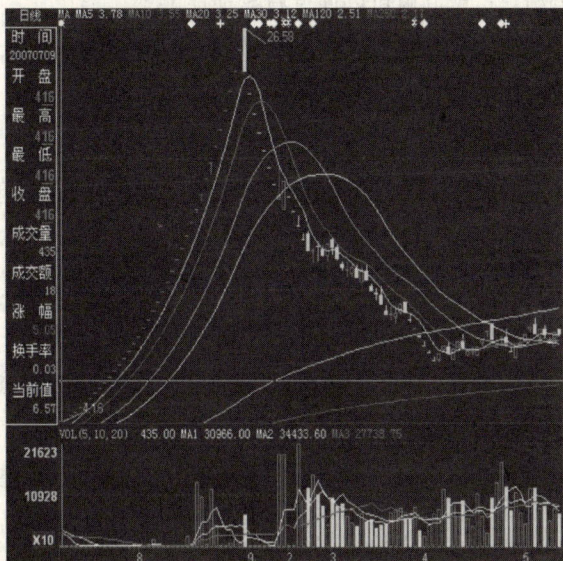

图5-4　ST金泰自2007年7月9日开始的癫狂与覆灭

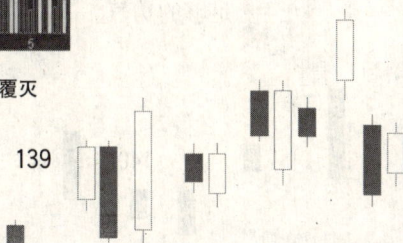

既有市场实际是，一些能够比较准确计算出作价的重组像鸡肋一样。而暴利往往来自作价模糊的重组。

我以为，对重组注资作价的真实、准确定价来自二级市场，重组完成后复牌第一波股价异动结束，定价也就出来了。

你也许觉得我这样说没有什么意义，我的意思是，要么不参与重组股，要参与就参与明显可以占便宜的品种，其次是模糊性大的品种，鸡肋重组没有必要参与。

我这样说有现实针对性，鸡肋重组在媒体一再渲染的上海本地股重组中肯定会占相当大比例。

看盘付出了很多的时间成本，要让时间成本转化为暴利，市场是会给支付足够时间成本者机会的。

看出重组注资作价对股价有拉升作用的一个有效渠道是盘面异动。

一家重组公司，且是众多合法机构重仓持股不为游资庄家操纵的公司逆大势而动，透露出它的重组方案可能已经成型且对股价有显著刺激。

上实发展重组获得暴利就可以通过看盘捕捉。

2007年"6·20"暴跌造成一片恐慌气氛，机构争先恐后出货，存在明确重组预期的上实发展走势十分反常。

7月4日，上证指数下跌2.14%，上实发展却涨停。

7月5日，上证指数大跌5.25%，上实发展跌3.60%。这时仍可以说该股是一般性异动，看不出端倪。

7月6日，上实发展大涨5.48%，以后大盘横走，它继续大涨。这样的盘面表现已经充分说明，对股价拉升巨大的重组兑现在即。

即使在完全看清楚后，于7月10日以每股23元的价格追击进入上实发展，在以后的一个多月时间里，收益也将翻番。

上实发展重组行情是博弈蓝筹股资产重组的正面典型案例，参与其中只需要足够的勇气。

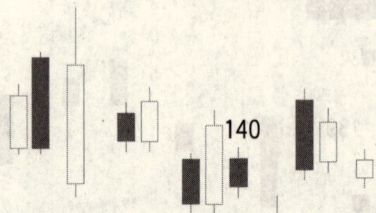

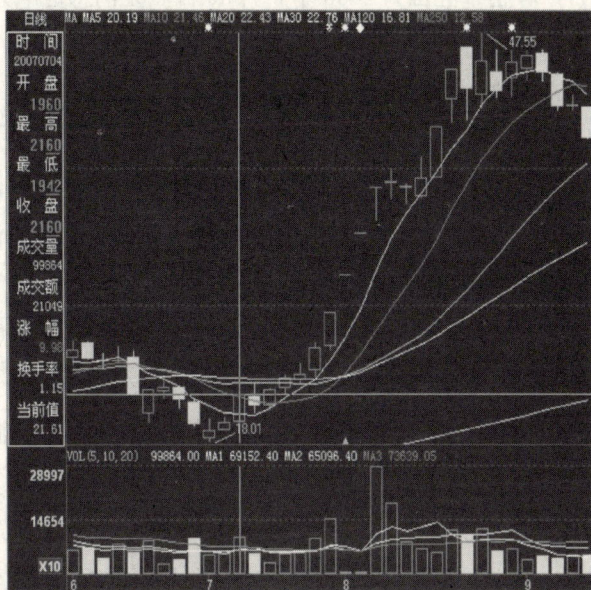

图5-5　2007年7月4日，上实发展逆大盘上涨展开重组行情

文玮玮：难怪一到大盘趋势转空时，总会有人说，唯有存在实质性重大资产重组题材的品种可以战胜大势了。

捧场上海板块重组谨防"倒贴"

文玮玮：你说证监会上市公司并购重组审核委员会不予核准上海一家公司的资产重组方案，是哪家公司？

说说为什么上海本地股重组中肯定会有相当大比例是鸡肋重组。

袁幼鸣：2009年6月18日，被证监会上市公司并购重组审核委员会驳回的是三爱富向控股股东上海华谊(集团)公司定向增发，承接上海焦化100％资产方案。

上海焦化净资产被评估为63.73亿元，证监会对这样的评估价无法容忍。

141

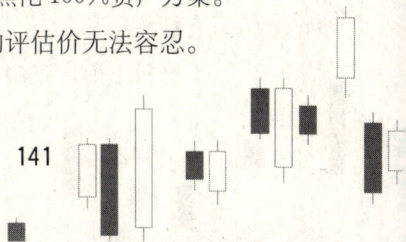

上海焦化资产评估基准日为 2008 年 6 月 30 日。公司总资产为 78.35 亿元，总负债为 27.18 亿元，净资产为 51.17 亿元。评估后总资产为 89.73 亿元，总负债为 26 亿元，净资产为 63.73 亿元。比较实际净资产，评估增值超过了 12 亿元，增值率约 25%。

2008 年是大熊市，最后事态发展到汇金公司都必须拿真金白银回购中、工、建三大行股票，此时上海国资大股东竟然搞注入资产高溢价，对这样的"政治不正确"行为，证监会心中光火可想而知。

不仅如此，2009 年 6 月 18 日，三爱富公告披露，2008 年上海焦化营业收入 67.96 亿元，净利润 1.1 亿元。

但在 2008 年 8 月披露的赢利预测中，上海焦化 2008 年净利润却是 5.3 亿元。对此，相关人员的解释是 2008 年第三季度以后，受金融危机影响，上海焦化的赢利能力大幅下降。

既然上海焦化利润大幅下降，净资产收益率下降至 1.7%，那就应该对 2008 年 6 月 30 日所作净资产 63.73 亿元的估价进行调整。

三爱富控股股东居然把原评估数字报上去，遭证监会上市公司并购重组审核委员会断然否决在情理之中。

按照潜规则，证监会是可以在上会前提出异议的。这一次，证监会没有打招呼，借上市公司并购重组审核委员会专家之手扇出大头耳光，上海相关人等颇感"突然"。

在我看来，证监会有树个反面典型示众的意图。

上海本地股重组中出现鸡肋重组甚至损害二级市场股价的"倒贴"重组，根本原因是控股股东自我感觉良好，直至故意摆出一副精明强干模样，把注入资产评估价搞得太高，让二级市场没有溢价空间。

2009 年 7 月 31 日，上海建工(集团)总公司注资重组上海建工给上海本地房地产股重组带了个坏头。上海建工(集团)总公司的重组方案让二级市场投资者只有蝇头小利。

当日上海建工碰了两下涨停板就滚了下来，下一个交易日竟然 4 次跌停。

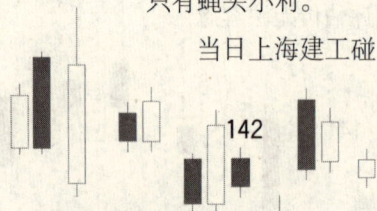

上海建工向控股股东定向增发价是 14.52 元,很快二级市场股价就跌破了定向增发价。

有的股市"黑嘴"称股价躺在向大股东增发价之下安全性高。如果大股东拿出的是现金增持股份,没得说。如果大股东拿出的是资产作价,在大盘没有大幅下跌的情况下,股价跌破增发价往往说明资产作价很抠门甚至有水分。

资产重组注入房地产,评估价一般是有较大弹性的。上海建工(集团)总公司把包括房地产在内的注资重组也搞成了鸡肋,对摩拳擦掌要捧场上海本地股重组的各路资金打击沉重。

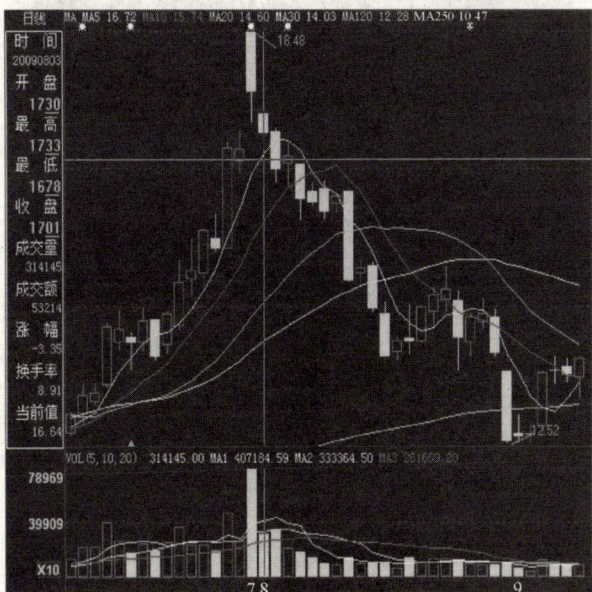

图 5-6　2009 年夏上海建工重组方案"见光死"走势

给你讲一个投机性较强的思路,以后你是否灵活运用视情况而定。

三爱富重组吃证监会大头耳光后,我觉得它的同门兄弟、上海华谊集团控股的双钱股份极其可能被爆炒,因为双钱股份同样是上海华谊(集团)公司的资产重组平台。

或许上海华谊(集团)公司会吸取教训,把注入资产的评估价压低,这样做也是有理由向地方国资管理部门交待的,因为三爱富那边出洋相了嘛。

或许干脆就是有组织资金自作多情,以注入双钱股份的资产评估价会被压低为题材,把它炒将起来。

果然,在2009年8月的大跌之中,双钱股份被逆势爆炒,走势凌厉,快速翻番。

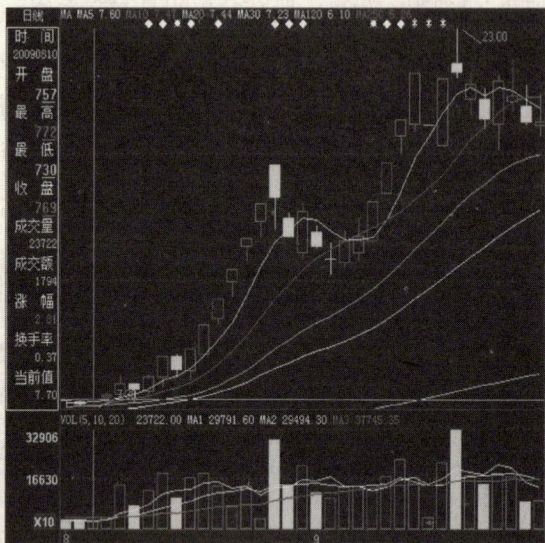

图5-7　2009年8月双钱股份逆大盘趋势暴涨

股票市场就是这样不可思议。

一家公司吃监管部门"耳光",反倒促成它同门兄弟的明星之旅。

没有道理,又有道理。

文玮玮:上海好像没有出过大牛股。

站在"该怎样"角度看,从地方经济竞争考量,让地方板块股价坚挺、人气旺盛,不是可以争取到更多资源配置吗?

万科A从市场上没少再融资圈钱,但二级市场上投资者上车下车,在一个长时段内都获利丰厚,舆论有所反弹,但股民没有太多话说。

而且,资产作价上让点利,少拿点股份,不会影响控股地位,二级市场股价上涨,市值不是照样体现吗?

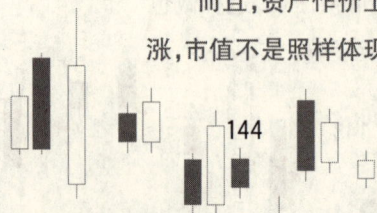

想不通上海公司的控股股东为什么要这样抠门？

袁幼鸣：你倒是说到点子上了。

与上海国资控股上市公司相关的很多人没有市值意识。这些人是都市里的村庄的小农，当然他们普遍自我感觉挺好。

同上海上市公司的一些人接触，你会听到很多莫名其妙的话。比如，他们会说优质资产不能注入上市公司，不能让股民把钱赚了。绝非我夸张，这是很流行的说法，是不是不可思议？

优质资产注入上市公司，二级市场会给予数倍溢价，账面获利最大的是大股东，他们对此不管不顾。

至于上市公司股价二级市场表现突出，可以获得诸多益处，他们更是看不懂，也懒得搞懂。

深入了解这个城市一些人的思想，你会发现上海是一个非常奇怪的城市，至今，不少人一脑门子计划经济糟粕。

2008 年"5·12"汶川大地震后，上海在援川行动中爆发出巨大的城市文化传统优势、优点。作为新移民自豪、作为四川人感恩双重心理驱动下，我含泪写作《上海具有产生伟大公司的资源》。

当时我有一种隐隐的不安，认为灾难过去后，上海凸显出的优势、优点将消失，于是写道"灾难所开启的反思时间之窗可能稍纵即逝，需要加以重视"。

援川行动中，上海这座中国最先实现现代化的城市的管理优势发挥得淋漓尽致。上海政府在援川统筹上显示出极高水平。

地震刚过，上海政府迅速在成都建立援川办事机构，进行前线协调，上海的援助按照四川开出的"清单"迅即做出人力、物力安排，表现出很高的效率。

上海消防总队负责震中地带映秀镇的搜救工作，最后从废墟下成功拯救 20 多条生命，获救者多数被埋时间超过 72 小时黄金救援期。救援队的工作风格凸显科学、理性、高效特征。

有个上海女孩赴川旅游在地震时不幸遇难，一开始电视新闻报道有航空公司将把遗体接回上海。我听后感到不妥，有打市长热线提建议的心思。

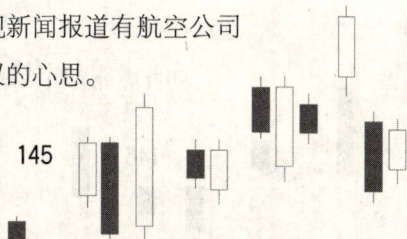

后来,在阿坝通往成都的道路中断的情况下,遇难女孩遗体被辗转送至兰州,火化后骨灰由亲属接回。

上海政府处理遇难市民后事表现出很高政治智慧。当时航空运力紧张,直接运回遗体肯定会损害上海形象。一些国内其他省市去川遇难的人是就地集体掩埋的。

上海城市文化传统优势、优点在寻常日子不见踪影。除个别民营企业集团外,在市场经济环境中,上海本地一直出不了受尊重的公司和企业家。

上海出不了马云,一些国企干部倒是习惯于荒腔走板,核心原因是上海的体制机制存在大问题。

上海企业高管腹诽"政府太强势了",政府部门则称"环境很好,企业为什么搞不好",这种互相指责的局面已经存在 20 多年。

上海国有企业经理至今没有股权激励,一家企业集团总经理拿的年薪甚至赶不上某些街道办事处的办事员。这些街道办事处商铺众多,生财有道、富得流油。

有一定贡献又心态失衡的人怎么办? 唯有伸手"搞花头"捞钱。

上海以举报为副业的人挺多,无事即可生非,炒房炒股之外直接伸手被捉概率较大。

例如,时任上海华谊(集团)公司副总裁、双钱股份董事长、上海制皂集团董事长范宪于 2008 年夏天在浦东国际机场被双规。

此人搞出了中国第一句后现代主义广告词"白丽美容香皂,今年二十明年十八",申城哄笑、脍炙人口,有"扭亏大王"之誉,曾经将上海油墨厂、上海制皂厂、上海电池厂及上海轮胎橡胶集团扭亏为盈。

2009 年 5 月 25 日,范宪被控经济犯罪,公诉人以急促语气提醒"被告人范宪,你现在面对的是法庭,面对的是国徽,你的回答要慎重"!

我倒是觉得,如果给此人一个好的体制机制,他是打造出上海本地大牛股的热门人选。

2003 年,SARS 肆虐,范宪下令上海制皂集团开足马力生产药皂,3 天之内创造利润数千万。

如此敏锐的市场意识在 A 股市场岂不受热捧? 大家把甲型流感概念炒了一

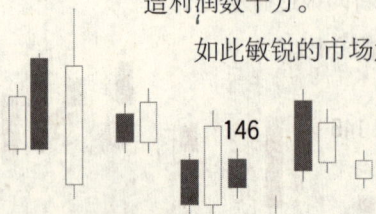

轮又一轮，并未见到多少现金。

上海本地公司高管层的基本心态是得过且过，让日子能混得下去。

我对上海本地公司的见报评价是"经营管理一般、资产质量尚可"。而我的真心评价是，整体而论，上海本地公司经营管理水平低下，个别董事长、总经理除外。

上海多数国资干部对资本市场的认识糊里糊涂，但他们人人"门槛精"，都不肯涉嫌造成国有资产流失。

在重组作价问题上，很容易出现的场景是，提出的草案时就作价偏高，之后张三捍卫国有资产主张涨点价，李四不落人后显示精明提议再涨点价，最后定稿已不为二级市场留有任何空间。

文玮玮：寻找上海本地股重组机会，似乎该更关注净壳重组。

袁幼鸣：你想捕捉海通证券借壳都市股份上市这样的机会。我估计，还会有少数几例。

捕捉上海本地股重组机会，首先要避免"偷鸡不成蚀把米"。

一些地区的重组线索是 A 公司搞了，B 公司不是后娘养的，也会搞，潜伏进去压中黑马概率比较大。

如果你对上海本地板块持这样的认识，那是要交学费的。

见到上实发展资产注入了，以为上海其他几家有地皮的集团也会注入资产给旗下上市公司是不成立的。

既有事实是，上实发展大股东注入资产，2007 年下半年中华企业、张江高科却推出向股东伸手的配股再融资方案，股价暴跌。

先知先觉进上实发展坐轿子的人吃肉挺舒服，进入中华企业、张江高科等待资产注入的人如果手脚不够快，则会大块割肉。

我曾说过，靠内幕消息在上实发展发财的人直接吃中华企业、张江高科股民的肉，喝他们的血。

所以，捕捉上海本地股的重组机会不能想当然，也不能指望吃全鱼，宁愿在盘面上跟着资金冲进去，错了及时纠正。

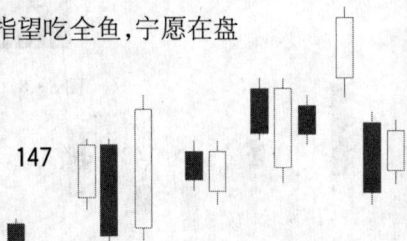

第二,即使是实施重组的上海本地股,多数公司会搞鸡肋重组,三爱富重组方案被否决后可能有所收敛。

少数公司股价有暴涨空间,否则就是水至清则无鱼,所有人都发不了财。

股价暴涨的公司出在净壳中的可能性比较大,但也不排除资产注入整体上市类型。原来我以为资产注入整体上市机会会出现在地产板块,不过,上海建工的表现让我大失所望,动摇了我的预估。

它们会出现在哪里,需要进一步观察。

你需要知道上海是一座流行军棋四角大战的城市。军棋四角大战最基本的玩法就是排长冒充司令,司令藏在一个隐蔽的地方。

有的上海人棋风特别复杂,层峦叠嶂地搞误导,我称之为"下花棋",为误导人而误导人,把自己也误导进去了。

对付"下花棋"的方法其实很简单,不见兔子不撒鹰。

2009年7月16日,上海地产集团控股的中华企业与金丰投资同时发布公告,一个称三个月内大股东不注资,一个称三个月内大股东不卖壳。

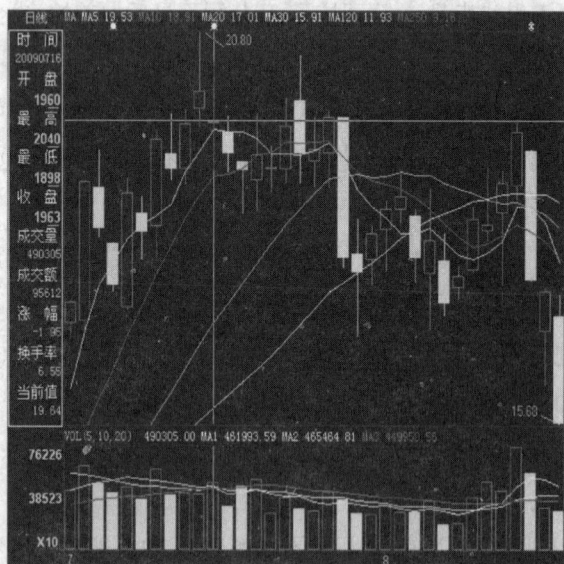

图5-8 2009年7月16日,中华企业发布澄清公告后的下跌走势

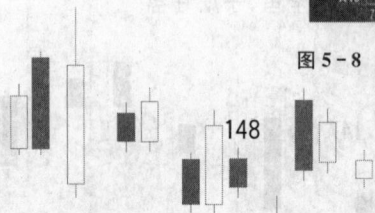

　　如持有它们,当天便不妨出货。到三月期满,是否重新介入,视盘面情况与所
掌握信息再作决定。

　　2007 年,券商研究所为上海板块重组出过长篇报告,舆论大肆渲染上海板块
重组,我认为其中的机会未必比重庆板块资产重组多。

　　重庆的一位市政府负责人是为数不多的真正懂资本市场的高级官员。身为
重庆人,你不妨对重庆板块投入精力,密切关注。

　　文玮玮：我会关注的。必要时,回重庆去进行一番资源摸底。

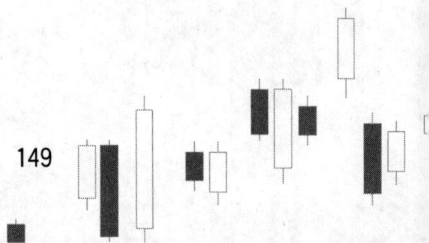

149

绕不开的乌鸦嘴：A股市场的不良舆论环境与垃圾言论

为什么反对胡舒立

「耳语者」——作『策论』的专家、学者、官员

从不炒股的重量级经济学家最可怕

一窍不通的时评家

《中国历史通论》与曾国藩檄文

6

每日提要：

◎ A股市场是政策市,围绕市场制度与政策供应发表呼吁与展开争论是最重要的舆论造势。可以说 2008 年春季围绕"救市不救市"的话语混战没有意义,因为大盘不破某个点位,利好政策不会出台。也可以说这样的活动对政策制定有影响,因为,通过媒体对双方主要观点大力报道,事实与道理大白天下,令人不易遮掩、无法回避。

◎ 股市政策是涉及所有市场参与者直接利益的公共政策。中国却有一批人以非公开的方式就股市政策提出"策论",游说政策制定者采纳。歧视股市、歧视股民是一种精英时尚。不少言说股市的专家、学者、官员是"不知道分子",既不懂股市一般规律,也不懂 A 股市场特色。他们挖空心思用"耳语"影响政策制定,言说的主要内容为"骂涨不骂跌"。

◎ 从不炒股、没有直接利益放在股市的重量级人物最可怕。他们知识老化,对投资者心态不了解,却占据了道德制高点,讲出来的话往往不顾人死活。重量级人物以话语权力干预政策制定甚至会直接影响二级市场趋势。

◎ 对于 50 后精英而言,一种主张中包裹着牺牲某个群体利益的内容是小菜一碟,没有什么心理障碍。他们多数人是相信世界可以规划设计的唯理论者,而非经验论者。一段时间以内,在 A 股市场的舆论环境中,50 后精英仍将占有压倒性权重。他们是当权派,对他们的言说必须提高警惕。

◎ 时评家是一些靠贩卖言论跑量赚钱奔小康的人。时评家不是从新闻事实开始分析评论的,他们拿着议论框子和结论,倒过来寻找所谓的新闻由头,装进去成文。时评家简单粗暴,股市复杂性严重超越时评家的头脑容量。时评家胡评股市完全混淆了市场"该怎样"与"是怎样"、"将怎样",充当空头者居多。

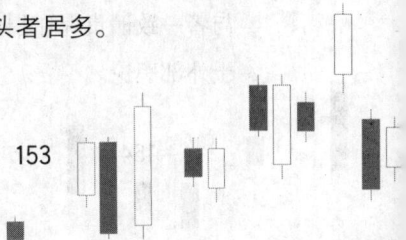

◎ 时评多摆出批判姿势，以挑事物的毛病为主，时评家一看见股市某一个方面的问题，免不了咬定市场上涨无理、大跌应该。一些时评家在股市"打桩"久了，被冠以财经观察人士名头，其实称他们股市时评家更妥帖。如果听信股市时评家，会错过大波段机会，他们的诸多言论属于必须排除的垃圾信息。

为什么反对胡舒立

袁幼鸣：我们接下来讨论如何从林林总总的股市相关信息中获得有价值信息。

你想从什么地方开始？

文玮玮：我是从阅读材料中发现问题的，或许离题有点远。

每当股市暴跌到一定程度，就会有人出来通过媒体疾呼政府"救市"，也有人反对"救市"，爆发争论。

2008 年春天，市场在"两会"期间照跌不误，"救市"呼声再起，《财经》杂志主编胡舒立女士反对"救市"，你写了《"救不救市"难道是胡舒立说了算？》。

当时一些朋友打电话到家里说支持你的观点，央视《新闻周刊》栏目也把你视为"救市"派代表，连线采访，挺热闹的。

我以前不太关心你工作的具体内容。胡舒立女士是有影响力的财经媒体人，她对股市的看法有什么大漏洞？

这样的争论有看得见、摸得着的实际意义吗？对政府政策制定有影响吗？

袁幼鸣：这个问题不无价值。

围绕股市的舆论可以分为很多种，比如可分为内部舆论与外部舆论，市场参与者一致谴责悍庄爆炒全聚德是内部舆论，海外媒体说 A 股市场大船将沉没属于外部舆论。

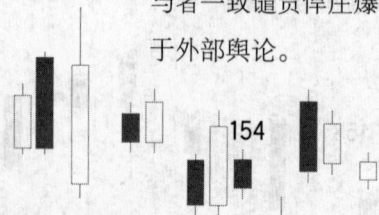

　　A股市场是政策市，围绕市场制度与政策供应发表呼吁与展开争论自然是最重要的舆论造势。

　　可以说，没有方方面面强力吁请，股权分置改革政策未必会顺利出台。

　　总体而言，中国的公共言论质量低下，关于资本市场的言论尤其不堪。

　　因为，一是资本市场比较复杂、需要分析的要素比较多，一些事情并非做个简单道德判断、摆个立场就算一种言论；二是资本市场涉及个人利益，争论双方质疑对方动机不纯非常方便。

　　一些人称在媒体平台上公开争论的底线原则是不能质疑对方的动机，这是迂腐的说法。

　　如果一方的动机已经暴露甚至自己都承认，那么，为什么不能拿来说事呢？

　　但关于股市的争论情况不是这样。股市之争纠结着老梁子、旧仇怨，往往以质疑动机开始，很快进展到骂大街、泼脏水阶段。

　　《"救不救市"难道胡舒立说了算？》见报后，京城有媒体人站出来助拳，认定我的文章"凸显利益驱动下的低俗心态"。

　　其次，我写的是一篇针对胡舒立观点的驳论文章，旨在摆事实、讲道理。

　　我写《"救不救市"难道是胡舒立说了算？》的时候我就知道不过是发发声音而已，类似的声音汇集在一起，嗓门再大，也不会立即呼吁出"救市"政策。

　　"救市"政策迟早会出的，但当时不会出，那是以后的事情。

　　有组织资金在 2008 年"两会"期间一点面子不留，大出货令大盘暴跌，市场谣传证监会范副主席说不会"救市"，范副主席向记者澄清，称从未说过"不救市"。胡舒立女士发表《何必讳言"不救市"？》把范副主席批了一通，并论证"股市不应救、不能救、亦不必救"。

　　胡舒立在文中指称主张"救市"的"相当一部分引领者其实都是浸淫市场多年的老手，对于所谓救市的后果心知肚明"，"无非是企图在行情短期波动中渔一己之私"。

　　后来，胡舒立文章招致大量批评。有学者打抱不平，一上来先声明自己是不炒股的。在叙述一番媒体人唱多导致投资者亏损的责任后，这位学者反问道：倡

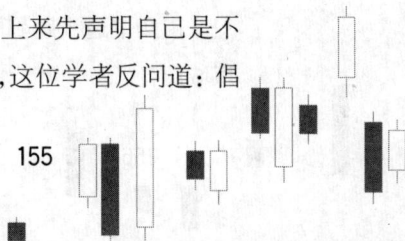

导"独立、独家、独到"的《财经》杂志和反对记者炒股的胡女士反而被一些难脱股市干系的媒体人指责，事理是不是有些颠倒？

这位平素挺受人尊重的学者或许没有想清楚，正是因为胡女士不炒股，不懂操作上的事，所以她更要慎言。

拿"渔一己之私"来说，赚钱并非只有做多一途，下跌趋势之下，做空更能获得暴利，正所谓机会是跌出来的。

看准"救市"政策不出或力度不足，空仓等在外面看大盘狂跌照样笑呵呵。股市不会关门，大盘趋势不可能永不扭转，到时候抄底一切OK！

2008年春天上证指数一口气暴跌至3500点以下，原因无非是资金大撤离。

"救市"派用事实说话，主要观点为：

既然股市是一个行政力量控制着大盘趋势的"政策市"，上市发行制度核准为名审批为实，国资控股大企业利用牛市氛围大肆直接融资，保持资金和流通市值均衡就属于监管责任范围。

市场暴跌，管理层出台措施让市场重归平衡不过是履行应尽职责，连"救市"一说也谈不上，只是姑且使用这个大众熟悉的语汇而已。

胡舒立的文章的大漏洞在于，其立论建立在设定A股市场已经高度自由市场化的基础上。文章把股市的边际条件都界定错了，之后即使妙笔生花、议论生风，均属于混淆视听。

以文章反对严控"再融资"为例，胡舒立说，严控"再融资"，其实是以行政手法限制股票供给，显然有悖市场原则。现实却是，股市正是有悖市场原则地以行政手段供应股票的。

据此，我反驳说：如果今天股市是按市场原则由股份公司竞争发行上市、投资者自由选择投资标的物的，像一个自由讨价还价的农贸市场，而不是如同计划经济时期卖"霸王菜"的"工农兵菜市场"，那么，中国平安拟再融资多少尽可以提到多少，16000亿元也行！

市场单边下跌到一定程度，上海投资圈子的一些人已习惯于遥望北方、探听京城声音。

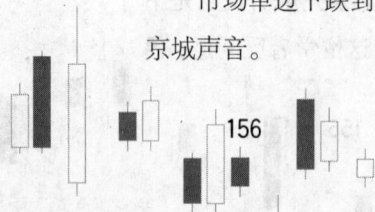

《何必讳言"不救市"?》是2008年3月最后一个周末在《财经》杂志网站挂出的。

一位朋友第一时间看到了,打电话给我,说胡舒立连看不顺眼的证监会"二把手"范副主席都敢批,来头不小啊,看来是等不到利好政策了。

朋友把胡舒立发表如此文章视为确凿的政策信号,那个周末政策面的确纹丝不动。

三周后,4月24日,内容为下调印花税的2008年第一个利好政策才出台,期间大盘曾跌破3000点。

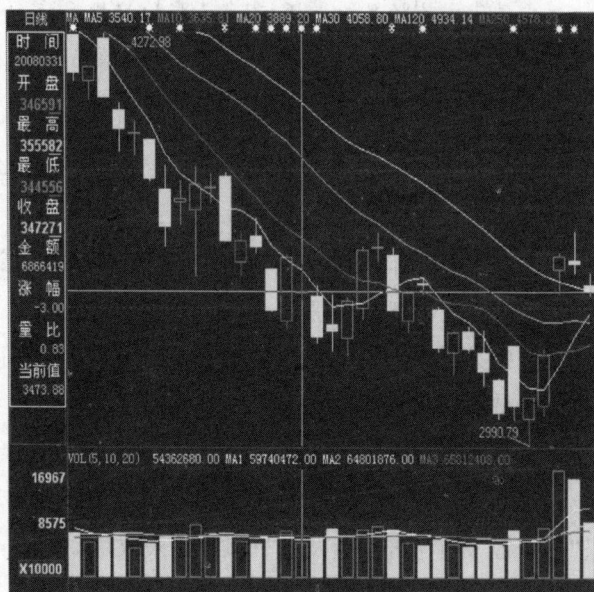

图6-1 2008年春季伴随"救市不救市"论战的上证指数走势

可以说围绕"救市不救市"的话语混战没有意义,因为大盘不破到某个政府不愿见到的点位,利好政策不会出台。

也可以说这样的活动对政策制定有影响,因为,通过媒体对双方主要观点大力报道,事实与道理大白天下,令人不易遮掩、无法回避。

"耳语者"——作"策论"的专家、学者、官员

文玮玮：你在《"救不救市"难道是胡舒立说了算?》中提出了一个很得罪人的称呼"耳语者"。

你的依据是在 2008 年 1 月 31 日《上海证券报》的专访文章中,前中国证监会主席、全国人大常委会委员、全国人大财政经济委员会副主任委员周正庆透露:

> 一些股市"权威专家"缺乏基本数据的科学分析对比,没有令人信服的论证过程……对中国资本市场乱加点评,不负责任地只挑毛病……盲目与发达国家已经发展一二百年的成熟市场进行简单比较,从而得出不切实际的结论,作出错误的评估,误导市场,影响领导层的决策。

何谓"耳语"?"耳语者"主要是些什么人? 一般会具体说些什么话? 他们对政策制定与市场走势有多大影响?

袁幼鸣：股市政策是涉及所有市场参与者直接利益的公共政策。一些人以非公开的方式就股市政策提出意见与建议,游说政策制定者采纳。

这些与我们利益相关但我们不知道内容的意见与建议是名词意义上的"耳语",他们言说的方式是动词意义上的"耳语"。

"耳语者"一直大有人在,连境外华人同胞认为内地市场不健康,也会上书建言政府及时制止。20 世纪 90 年代前期的一次政策打压便是这样引起的。

概而言之,"耳语者"是有身份、有渠道"耳语"并采取行动的人。他们的主要身份是专家、学者、官员,一些人是亦官亦学的人物。

言说的前提是知晓事实、明白事理,但国内为数不少言说股市的专家、学者、官员是"不知道分子"。

不知道又要言说就是胡说,不知道还要挖空心思用"耳语"影响政策制定,尤为可恶。

不少言说股市的专家、学者、官员既不懂股市一般规律,也不懂 A 股市场特色。

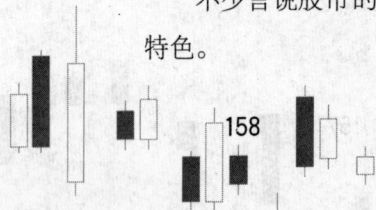

有"海归"经济学博士在股改大牛市 2000 点时说市场要崩溃了,理由无非是与美国股市比,A 股市盈率高了。

这类"海归"觉得,A 股市场市盈率不仅不能高过发达经济体,而且,由于公司治理水准低下,应该打个制度性折扣。

更搞笑的是,"海归"经济学博士认定央行一加息,股市必然应声倒地,称这是规律,对市场提前盘整,等待利空出尽后的上扬走势很生气,说市场已经失灵,有政府干预的必要。

类似的笑话还有很多。

今天有话语权的"海归"们绝大多数是大龄留学的,他们在外国大学里学了一些书本知识,其实没有见过什么世面。

而且,他们直接读研究生,没有接受国外大学对本科生进行的至关重要的通识教育。

通识教育涉及一个人根据个人天生偏好,选择确定自己价值观,并养成尊重他人不同价值观的重大事宜。

他们喜好拿外国的事说中国的事,由于对不同边际条件不加细致分析,闹出"关公战秦琼"的笑话并不奇怪。

例如,有人在美国研究"工会垄断",于是不顾中国劳动者根本没有集体谈判能力的事实,大呼小叫提醒中国必须防范"工会垄断"。

有人以美国"虚假消费"造成的危害反对中国向低收入人群发补贴,同样全然不顾消费在中国 GDP 中占比低得可怜的事实。

作为一种智力游戏,以后你一旦发现专家、学者的观点有悖常识,不要急于研究推理过程,首先应审视它们的边际条件,一般能快速发现他们为什么会胡说一气。

在国内接受经济学、金融学教育的人同样不靠谱。他们中的一些人甚至连引进的洋教材都没有接触过。

中国没有金融学只有"银行学"。国内执掌财经大权的一些学者型官员出身银行系统所办研究生班。

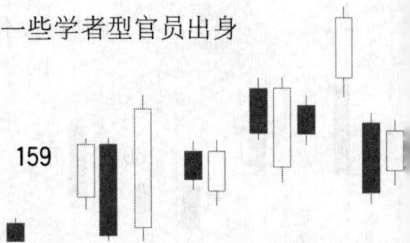

有资深市场人士曾分析认为,中国所用货币投放量计算模型中甚至没有维持股票市场市值所需这个项目。

A股市场特色有复杂的制度成因与文化成因。一些专家、学者、官员成长于计划经济时代,价值观与资本市场有冲突,接受的思维训练也不充分,应对资本市场的复杂性确实吃力。加之当红专家、学者、官员一大特点是忙碌、浮躁,戴个塑料胸花当会议嘉宾都忙不过来,做不到静下心来研究问题,时有雷人之语在所难免。

一度,特别是在股改启动后的一个阶段,股市成为社会热点,专家、学者、官员跟着热点跑,公开言说市场十分自信。但这些人很快发现,指点股市不容易,言论迅速会被市场走势检验,搞得灰头土脸是家常便饭。

曝光率虽高,舆论反弹力度也大得惊人,一不留神说出市场主体深恶痛绝的话,挖苦、讽刺络绎不绝,网络上更是一片骂声。

这方面的一个例子颇有娱乐性。

"5·30"暴跌发生后,北京一位官学两栖的活跃人物正在上海出席一个会议,当时大批个股已经连续两个跌停,面对电视镜头,他说这样的下跌在政府的预计之中。

既然具有政府背景的人说跌幅在政府预计之中,那么市场还应该继续跌。于是,该人士被指责要为市场进一步暴跌负责,阴谋论者顺理成章说他故意放风打压市场,帮助利益集团低位吸筹。

报道此番言论、引起全国网络媒体转发的平面媒体是《东方早报》。巨大压力之下,此人申明《东方早报》报道失实。

以后,在一些场合,只要一遇《东方早报》记者递名片,该人士立即出现类似未庄的妇女见了向吴妈求爱后的阿Q的反应,哪怕面对的是年轻、漂亮的女记者。可见,这件事情对其刺激之深。

其实,《东方早报》压根没有造谣,有电视镜头旁证。著名金融专家自己闯了祸却没有肩胛担当,不仅事实上要赖掉,心理上也要赖掉,如此而已。

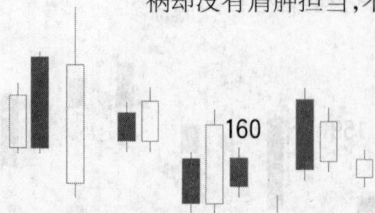

文玮玮：既然股票市场情况很复杂,他们少说几句,慎言不就行了吗?

袁幼鸣：这些人要是有起码的自知之明,股市舆论环境与政策环境将大为改善。但他们一贯认为自己正确。

2007年以后,发现公开言说得不偿失,他们不是住嘴了,而是拥挤在"耳语"渠道上,说得更起劲、分贝更大。

而且,经历过公开言说招致强力反弹,这个群体认定股市是反智主义与民粹分子集居地,心中窝火,对立情绪令他们对中小散户的同情心尽失,主张打压市场毫不嘴软。

文玮玮：中国是一个有"策论传统"的国家。

"策论"要是有点民本视角,往往成为奏疏名篇,鹤立鸡群。

袁幼鸣：是的。

从历史地看,为学问而学问从来不是中国知识分子的主流,连成为支流都罕见。

儒生的最高境界是做帝王师,次则"货卖帝王家",兜售经济之策。

用现代白话说,专家、学者在学术研究与公共政策建议上缺乏划分界限意识。

政府也有意无意地鼓励"耳语"、收购"策论"。

现在的大学是一个瓜分科研经费的分肥平台。

中国有两个领域没有出过贪污犯,一是影视制作,另一个则是科学研究。影视制作可以打白条入账,比如一场戏用了多少人次群众演员是说不清楚的;大学中的一些人则公然把科研项目经费按比例分成到个人腰包。

财政资金是科研经费的主要来源,一个教授如果从政府部门处拿到研究资本市场的所谓"纵向课题"经费,最多可以提成40%。

政府对待知识分子的政策如此优厚,知识分子自然挤破头也要紧紧围绕在政府部门身边。

学者时时处处为政府着想,一个门槛不高的讨巧方法是提示政府风险,讲一些恫吓的话。

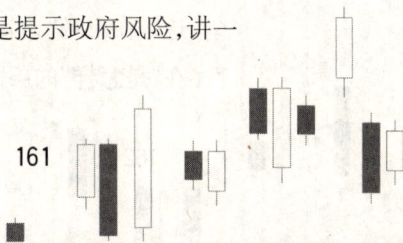

提示政府风险,柿子捡软的捏,拿市场主体当假想敌最为方便。

种种因素令股市"耳语者"队伍繁殖、增生。

一句话归纳"耳语"的主要内容——"骂涨不骂跌"。这是一些有话语权的专家、学者、官员对待股票市场的基本态度。

"骂涨"主要通过描述股市泡沫的危害实现,但何谓股市泡沫、泡沫究竟有什么危害、为什么其他国家与地区当局都不怕泡沫唯中国特别怕等问题,却无人提出有说服力的论据。

伴随指数上涨,"骂涨"人会越来越多,分贝越来越大,到了一定阶段会促使政府下决心挤泡沫。2007 年 11 月,政府高层领导人在新加坡的讲话曾透露,描述股市泡沫危害的言论对决策有直接影响。

财经新闻界一些崇拜胡舒立女士的年轻人对我说她是"耳语者"很恼火。这是冤枉我,我从未说过胡舒立是"耳语者"。

我在文章中说,股市一路上涨,胡舒立表达反感态度公开、鲜明,没有指东打西、皮里阳秋。

我只是陈述事实:

大家高度重视(可能是夸大地重视)她对新近股市政策制定的影响力。典型的说法是"要是听了胡舒立这一派的,坚决不出利好政策,大盘必破 3000 点",更有悲观者认为会跌至 2500 点……影响领导层决策的"耳语者"的确存在,上海投资界人士恐惧胡舒立无疑是把她视为重量级"耳语者"之一。

我曾在文章中呼吁:

> 在涉及数亿人直接利益的政策制定上,投资者毫无参与渠道,以至于恐惧某些被推测、猜想具有影响力人物的游说说辞,实在是很不正常。它从一个角度显示,在牵涉广泛的重大经济政策制定方面,推动规范化、透明化、程序化制度建设刻不容缓。

这是在市场"该怎样"的层面说事,不过是说说而已。

在"是怎样"的层面,我们倒是需要高度重视"游说说辞"对政策制定的影响。

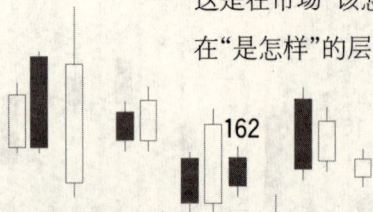

从不炒股的重量级经济学家最可怕

文玮玮：你曾说主流经济学家对股改权证被爆炒的攻击导致券商创设权证出笼，令权证投资者损失很惨。

"耳语"既然可以影响大政策的制定，对局部政策的影响岂不是更方便？

袁幼鸣：是的。信息不对称是A股市场一大特色。"耳语"令信息不对称放大，许多事情局外人不知道。

但是，从公开的信息中可以看出，重量级人物在某一方面，参与政府部门间博弈并不罕见。

平心而论，在多数情况下，证监会愿意看见市场上涨，证监会也愿意为二级市场全体市场主体争取一些利益。在证监会与其他部门博弈的时候，我们会看见站在证监会对面握有话语权的重量级人物的身影。有的时候甚至明晃晃立在那里，拳脚招数一清二楚。

例如，在股改过程中，以国资大股东为首的非流通股东本能地谋求不补偿或少补偿。有经济学家提出"补偿无主论"，令非流通股东精神大振，流通股股东垂头丧气。

经济学家的表述为：从2001年到现在，股权已经变化了这么多，谁受损失了，你补偿给谁？主张补偿的人觉得这还真是个问题，一般说到"这属于流通股股东内部的事"就说不下去了。

事实是如果认定股改"补偿无主论"能成立，那就相当于认为拖欠农民工工资不用清欠！

我曾建议读经济学博士研究生的朋友建数学模型研究股改补偿与二级市场投资者利益的关系。我提出的逻辑框架是：

制度性弊端导致了股市大熊市，股价暴跌，二级市场投资者类似农民工拿着欠薪白条离开建筑工地。

如果一个农民把白条打折卖给一位城里人换取返乡盘缠，那与割肉而出的股

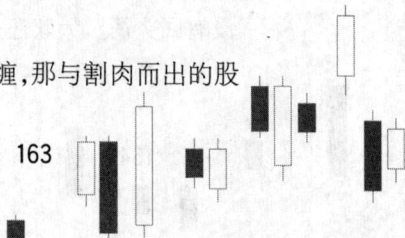

市投资者更接近。

试想一旦作出分期分批兑现农民工工资的安排,怀揣白条的农民工自然会回城兑付,如死捂股票的投资者;而卖出白条的农民工也可能返城,从白条市场中再买回白条,当然,此时白条的交易价格可能已上涨,农民工将多付一笔令人同情的"交易费用"。

股市二级市场类似一个农民工白条交易市场,能说因为农民工已经离城回家,部分人甚至把白条卖了,便债主不清,不予清欠吗?

提出股改"补偿无主论"的经济学家把股票市场当成菜市场,欠摊主的钱只有直接补偿给本人才叫补偿。

要么是完全不懂资本市场含义,要么是别有用心,故意胡搅蛮缠!

针对股改"非流通股股东提方案,流通股股东表决"的分类表决安排,经济学家则提出"流通股股东强势说",称过去非流通股股东"一股独大"不公平,现在方案由流通股股东说了算同样不公平。

此话初看挺有道理,事实却是,在获得补偿这类问题上,股票市场对流通股股东另有制衡,补偿兑现越快对流通股股东越有利,不通过方案而导致的股价波动让流通股股东心存忌惮。

股改中的实际情况证明了这一点。只要非流通股股东提出的方案不太离谱,基本上都能获得流通股股东表决通过。

非流通股股东补偿流通股股东与分类表决是证监会推动股改的核心内容。

若非决策层下大决心支持,经济学家提出的"补偿无主论"与"流通股股东强势说"拳打脚踢两招便会令股权分置改革步入泥潭。

它们合某些政府部门的意,却让证监会闭气。

重量级人物以话语权力干预政策制定会直接影响二级市场趋势。

上证指数跌破千点是在股改试点阶段,当时一批主流经济学家以种种理由反对股改对价,令投资者包括机构投资者摸不着头脑,虽然证监会负责人坚称"开弓没有回头箭",大家还是不敢入市或离场观望。

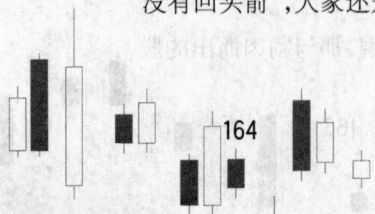

文玮玮： 我不太明白主流经济学家为什么连对流通股股东予以一定补偿这样的事都要反对。真得追问一下他们的动机。

袁幼鸣： A股市场一直让很多人看着不舒服、不高兴,歧视股市、歧视股民是一种精英时尚。

股权分置改革是重大制度变革,有学者型官员露面电视财经谈话节目,居然不同意把它列入年度十大经济新闻。

在一些所谓的学术场合,"没头脑又不高兴"的角色整话讲不出几句,对股市表达不以为然也算个姿态。

重量级人物的主张中未必夹杂着个人利益,也并非蓄意代言特定利益集团。他们从根子上否定已经存续的这个市场,对股市制度安排有一套自己的想法。

这本是他们的权利与自由,在"该怎样"的层面上,他们的一些主张言之成理。

但一个大问题是,既然不可能推倒重来,如果这个既成市场朝他们主张的方向调整,将损害一部分人的利益,有时甚至损害全体二级市场投资者的利益。

也就是说,实现理论家的想法需要有人买单,理论家无法也无意让财政资金或强势群体买单,却让二级市场投资者买单。

这是理论家时常遇到二级市场主体群起强力反击的原因。

在涉及利益再分配问题上,重量级人物反对一项具体政策的背后通常有自己的安排设计。

例如,反对股改直接补偿流通股股东的人主张这部分股权划归社保,由全体国民享有。二级市场投资者自然无不愤怒。社保窟窿责任在制度,为什么要拿股民利益去填呢?理论家认为二级市场换手率那么高,买进卖出是一笔糊涂账,划归社保更加公平。

你可以说他们知识老化,不懂资本市场,但他们就是这样认为的,你有什么办法!

从不炒股、没有直接利益放在股市的重量级人物最可怕。他们对投资者心态不了解,且占据了道德制高点,讲出来的话往往不顾人死活。

中国社会的一大特点是,无论老中青、左中右,只要手握道德资源,通常面目

165

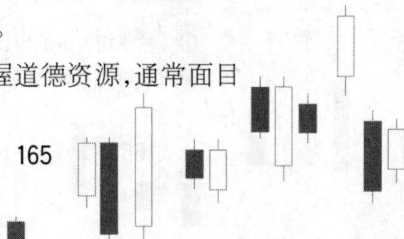

狰狞。

文玮玮：提出牵涉面广泛的公共政策建议，必须具有"共情"意识。

公共政策建议不能设身处地为利益相关者考虑，会害人不浅。

不能做到精算，对方方面面都没有好处。像那些鼓动政府直接让非流通股流通起来的人就闯了大祸。

袁幼鸣：哈哈。你以为那些鼓动政府直接搞全流通的人会承认自己错了吗？他们才不会呢！

他们反而埋怨政府态度不坚决，一直有人写文章称，2001年夏天应该坚定不移地推进全流通。直到股改过半，再说没有针对性了，这类叽叽喳喳才消声的。

言说经济政策，一批二等精英的动机与立场暴露得更加充分。这批人多数是50后。

对他们来说，一种主张中包裹着牺牲某个群体利益的内容是小菜一碟，没有什么心理障碍。

诸如农民工工资再低，也不违反帕累托改进原则[1]，他们毕竟从吃不饱到能吃饱了嘛；中国经济起飞总得有人牺牲，体力劳动者利益受损无法避免之类的话就是从二等精英嘴中脱口而出的。

握有话语权的50后精英年轻时被人植入全面规划、安排世界的思想。他们中的多数人是唯理论者而非经验论者。有人公然宣称经济理论高于实践。

这些人擅长把经济学化约为管制经济学，吃管制饭，言必称"调控"。2004年开始，管制相关术语遍布大众传媒，可谓日日讲，到全球金融危机爆发后才暂时消停。到2009年年中，经济形势好转，管制经济学又开始卷土重来。

50后精英习惯于蛮横的"无产阶级文化大革命就是好"句式，死不认错。

谁质疑他们提出的经济政策，他们马上会发急，宣称不如此情况更糟。时过境迁，他们的反诘无法通过实验证伪。

---

[1] 帕累托改进原则：PARETO IMPROVEMENT。是以意大利经济学家帕累托命名的。是指在不减少任何一方福利时，通过改变现有的资源配置提高其他人的福利。——编者注

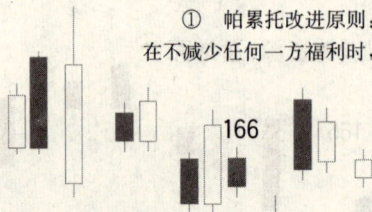

2008 年货币政策大紧缩之所以不能及时逆转，与一些人的"就是好"心理结构有很大关系。

一段时期以内，50 后精英在 A 股市场的舆论环境中仍将占有压倒性权重。

他们是当权派，对他们的言说必须提高警惕。

一窍不通的时评家

文玮玮：我们讨论对日常博弈有直接影响的信息吧。

我觉得林林总总分析、评论股市的文章很混乱。很多文章把"该怎样"与"是怎样"、"将怎样"夹杂在一起说。

经济学家被骂怕了，已经不太公开议论股市，一些财经观察人士倒是很活跃。

讲讲如何选择阅读股市评论文章吧。

袁幼鸣：我们需要用排除法对待股市中的无用信息。

分析师与资深市场分析人士写的与大盘趋势、与个股行情直接相关的文章可以花时间看。涉及新出台政策的分析性文章可以读，但更有效的方式是直接读政策文本，有看不明白的地方再回头寻找解释文章。

时评家写的与股市相关的所谓评论纯属垃圾信息，首先予以排除。

文玮玮：等等，你不就是时评家吗，怎么说时评家写的股市评论都是垃圾信息？

袁幼鸣：我什么时候告诉过你我是时评家？我从来不承认自己是时评家，谁说我是时评家我会认为他在骂我，虽然我知道许多人不是故意的。

我是新闻评论员，就股市而言，是资深市场分析人士。

按我的标准，资深市场分析人士必须经历市场牛熊转换三次以上。

我这类人同注册分析师在言论上的区别是他们可以推荐个股，像我们这类没有牌照的人按规定不能这么做，但分析指数趋势与板块效应，包括拿个股举例谈观点则是我们的权利。

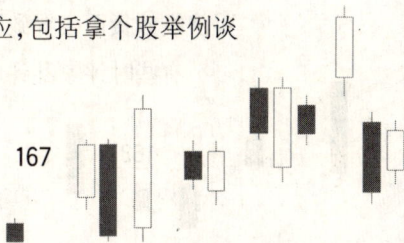

分析师与资深市场分析人士紧贴着市场行情发表言论。

当然，不是所有人都有区分市场"该怎样"与"是怎样"、"将怎样"的意识，有的人甚至会以"该怎样"取代"是怎样"、"将怎样"。

但鉴别一篇文章是否出自分析师与资深市场分析人士之手，看它是否有言之成理地谈论市场"是怎样"、"将怎样"的内容，便可一清二楚。

时评家是一些靠贩卖言论跑量赚钱奔小康的人。文多必烂，高产时评家每天可以炮制时评三篇以上。你什么时候看见我每天都写出新闻评论的？

时评家不是从新闻事实开始分析评论的。时评家通过最节约的学习或者剽窃，获得一个议论框架和结论，倒过来寻找所谓的新闻由头，装进去成文。如果盯着一个时评家的文章看，会发现他的议论框架和结论在一个阶段是大同小异的，最多有点变种。

时评家缺乏道德自律，所用主要武器却是道德和一些时令性口号。

国内新闻评论质量较高的媒体拒绝刊发时评文章，我在《东方早报》也是这样主张的。

这些人在其他领域游击也就罢了，尚不会直接影响人的钱袋子，喊一些正确口号甚至也有价值，见股市人多，也跑进来凑热闹，实属祸害江湖。

时评家乱点股市完全混淆市场"该怎样"与"是怎样"、"将怎样"，充当空头者居多。

复杂是股市基本特征，严重超出了时评家的头脑容量。

时评多摆出批判姿势，以挑事物的毛病为主，时评家一看见股市某一个方面的问题，免不了咬定市场上涨无理、大跌应该。

例如，2009年春季最佳入市时段，有时评家狂抄一个"职业空头"的言论，摆出一副力挺空头的样子，咬定市场箱体整理、绝不会涨，理由竟然是经济好的时候股市未必涨，现在经济不好，股市更不会涨。

时评家完全不理解经济见底，基于恢复预期股市就会先涨起来，更不懂为救经济投放货币会导致资本市场"衰退性繁荣"。

有些时评家乱评股市连基本术语都不会用。

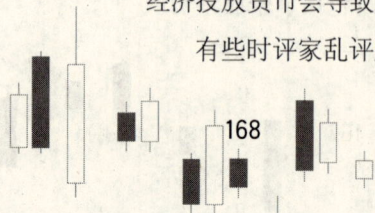

有的时评家在股市评论上当"打桩模子"时间久了，术语会用，被冠以财经观察人士衔头，称他们股市时评家更妥帖。

这类垃圾言论理当排除。

文玮玮：股市时评家的主要毛病是什么？

袁幼鸣：股市时评家恶习难改，显著毛病是攻其一点不及其他，一段时间抱着一个议论筐子重复说事，在市场趋势判断上，要么死多头要么死空头。

例如，股市时评家被2008年暴跌吓破了胆，年底时认定市场将继续暴跌，2009年春季市场反转后，不肯承认自己看错了，更因为看不懂，特别强调政府投放货币人为制造行情。

说流动性充沛导致股价恢复等于没说，事先没有看到流动性将产生的效应不配谈股市。

时评家咬死2009年春季行情无厘头，指数一路上涨一路高喊不健康，同一些"半罐水"学者大跳贴面舞。

2009年2月大盘刚站稳2000点，就有所谓金融专家拿资产泡沫说事，呼吁货币当局收紧银根。

时评家与专家合流呼吁一番严查信贷资金违规入市也是常事，他们均看不到总会有一定比例信贷资金冲进市场"抢帽子"，银监会天天查也抓不住。

这些人的水平甚至不如只会吹"三秒违例"的蹩脚篮球裁判。

2008年"救市不救市"混战时，时评家也积极掺和，要求管理层推翻股改契约，对锁定期满的"大小非"减持予以制度性约束和歧视性压制，可谓"成事不足、败事有余"。

用脚后跟想想就知道，要约束全部"大小非"减持，尤其是"小非"减持是荒谬的。

果然，时评家授主流经济学家以柄，主流经济学家对股改补偿方案旧恨未了再添新仇，厉声质问，对价放进口袋不执行契约，游戏规则荡然无存，市场何以存续。

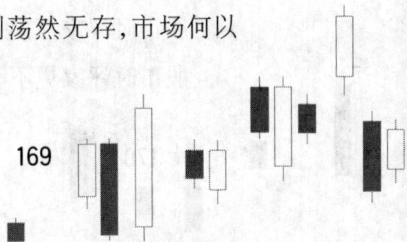

为合力打压市场,国资部门负责人曾扬言要拿国资"大非"来个高抛低吸。2007年"6·20"暴跌后,国资部门已经出台文件,对国资"大非"减持严格规定。

限制"小非"尤其是社会法人股减持毫无理由。有时评家称非流通股成本可以忽略不计,可见其对股市历史一无所知。

到2008年,最早的社会法人股已经存在16年,持有时间难道不是成本?而且,很大部分"小非"是换手交易过的,或在法人股报价系统,或通过法院拍卖,或干脆签一纸转让协议。不计机会成本,"小非"成本也不是纸面上的那个价。

时评家疾呼对"大小非"减持课以重税,是搞一刀切呢,还是厘清成本计征?他们在言论地摊上积少成多捞名捞利,才不管什么可行性之类的事呢。

国资"大非"占到期可流通非流通股的大头,已被规定基本不动,其余"大小非"持有者是否兑现出自对机会成本的计算。

拿兑现的钱去干别的事情赚头更大,或融资成本大于股市预期收益,他们会出货,市场下跌趋势形成,自然出逃。

相反,热钱朝市场奔涌,股价呈现上涨势头,他们为什么要跑呢?

显而易见,"大小非"减持成为问题的根子是货币供应量不足。一旦流动性充沛,"大小非问题"自动消失,持有者在个股上减持获得的资金也会留在市场中。

如此简单的道理时评家也不懂,硬说"大小非问题"不化解,市场不可能走牛。

2009年春季,"大小非"减持压力不见了,按说这些人该受点教育、长点见识了吧,合逻辑的言辞应是提醒政府供应维持股市平衡所需货币,结果他们反倒攻击起流动性宽松了。

这些人就是这样颠三倒四、不可理喻!

从博弈策略上讲,要为二级市场投资者,尤其是弱势散户争取利益,有效的舆论造势是诉苦诉难,让政策制定者多少有点不好意思。

即使有时不得不发出无法玩下去、一拍两散的呐喊,也要手握证据、看准时机。

股市时评家摆出一副泼皮牛二架势,只会引起政策制定者反感。

股市时评家更不明白悬在股票二级市场上空的断头铡刀就是资本利得税,可

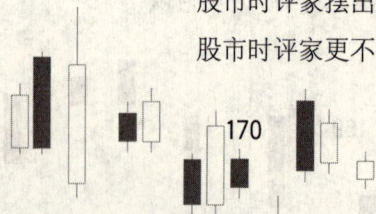

以不提这个名词绝不能提。

说"小非"减持该收资本利得税，把"小非"逼急了，他们反问，股改启动时进入中信证券、云南铜业的二级市场投资者从未被锁定过，获利几十倍，该不该对他们征收资本利得税？

怎么回答？这不是把市场往悬崖上推吗？

时评家加盟壮大了股市本已存在的"职业多头"和"职业空头"队伍。

"职业多头"以唱多为业，不是真多头。"职业空头"以唱空为业，也不是真空头。

"职业多头"和"职业空头"就像1949年前的"职业学生"，不是学生而是特务，另有职业。

"职业多头"和"职业空头"的言论都是必须排除的垃圾信息。

《中国历史通论》与曾国藩檄文

文玮玮：真正的智者让我们眼界大开、终生受益。

你说王家范老师的《中国历史通论》中藏着大笔的钱。我这几天再看《中国历史通论》，发现我在书上画满了记号。

以前书读得认真但没有带着"钱眼"读，再看另有一番感悟。

古代朝廷推出改革措施多出于增加财政收入的自肥目的。朝廷政令一出，每每令商人群体承运而起或鸡飞蛋打。

汉武帝"笼天下盐铁"，对食盐实行严格的官督民制、官收、官运、官销。政府行为贯穿始终，令盐商生财之道断绝殆尽。

朝廷一竿子插到底，弊端重生、效率低下、收益并不高，于是进行"官商共利"的盐政改革，转为民制或官制、官收、民运、民销。

而当代房地产业无疑也是"官商共利"的。

政府垄断土地供应类似食盐官制、官收，开发商干的活相当于食盐民运、民销。

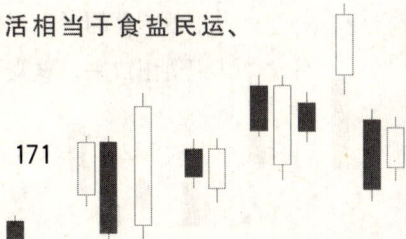

171

到唐代中期后，盐商钱多势大，"上农大贾"、"豪宿之家"竞相名庇"盐籍"。

现在原本不是开发商的大型国有企业也要进入房地产业，大手笔拿地，算是"上农大贾"、"豪宿之家"竞相名庇"盐籍"的变种。

袁幼鸣：王家范先生的史论中"值钱"的地方太多。

王师对古代消费形式的分析、对朝廷支出结构的分析、对商人与皇权关系的分析等统统可以变成现钞。

你继续琢磨、发酵，以后结合分析大牛股暴涨原因，我会举例说明王师史论"值钱"之处，以及我们该如何以史为鉴、古为今用。

为有助你形成看待股市的政治经济学视野，我再举一个视野决定所看见内容的例子。

你知道我对曾国藩檄文百读不厌，过一段时间就要温习一番。

我同一些刚入行的青年人交流，开讲山寨版"高级新闻评论实务"，劈头盖脸讲的就是曾国藩檄文。

我称曾文为新闻评论的经典之作，入行者必读。

檄文旨在进行战争动员，在这个主旨上，曾文写得令江湖草莽、贩夫走卒热血沸腾、跃跃欲试。

曾文晓之以理、动之以情，有威胁、有利诱。

兵马未动，粮草先行。战争的第一要务是筹钱。

曾文以"卫道"为大旗，同时开出的"利益支票"分等化级，实实在在，让库房中存有银两的士绅难免产生参与卖官鬻爵活动的冲动。

曾国藩的文笔很好，好到了既文字好又让文盲一听人解说立即明白的程度。

曾文出自深沉内敛的政治家之手。在我看来，辞藻高手骆宾王的《讨武氏檄》（即《代李敬业传檄天下文》）完全无法与它相提并论，根本不在一个档次上。

然而，自晚清以降，三朝"职业文骚"一致认为，曾国藩不如骆宾王，这些人对檄文内容避而不谈，一口咬定曾国藩文字比骆宾王差一档、二档甚至三档。

曾国藩的学生、幕僚也是这样认为的。他们在与老头子论文时还把此类糊涂认识讲出口来。老头子表面上谦虚。我猜想，他听后，根据小子们的糊涂程度做

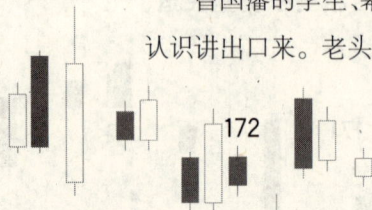

了一些人事上的安排与调整，以后对过分糊涂之徒不予重用。

曾国藩是理学大家，君子坦荡荡，但关于人事安排上的内心活动未必会写到日记上。外儒内法一把也未可知。

骆宾王的《讨武氏檄》在我看来单薄肤浅、空洞无物。

其第一层意思是武氏篡位且私德不修，然而，江山异姓，女皇帝养几个面首，与天下百姓何干？老百姓过日子，要的是轻徭薄赋。

第二层意思是李敬业如何血统高贵，有讨伐篡位者合法性。这是统治阶层内部的事，与动员草民参与战争毫无关系。

第三层意思属于骆某人少见多怪，痰气大发，见李敬业军容整齐即以为大功告成，完全不懂战争的残酷性与持久性。

文章华彩为"班声动而北风起，剑气冲而南斗平，喑呜则山岳崩颓，叱咤则风云变色。以此制敌，何敌不摧，以此图功，何功不克。……请看今日之域中，竟是谁家之天下"！

三朝"职业文骚"均称其慷慨激昂，气吞山河，拿形容词当正餐吃，本末倒置。

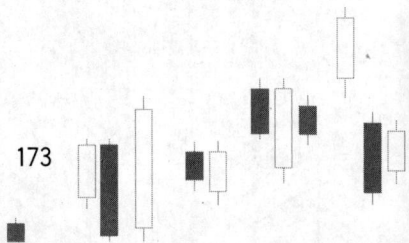

173

第七日

大浪淘沙：有效利用咨询评论与捕捉决策层意图

注册分析师：情智二商均高的聪明人

向分析师学习市场感觉

券商荐股：以做大交易量为根本目的

读完公司研究报告就买股票不合时宜

庄家对大智慧资金统计软件照骗不误

舆论战：政府造势与主力造谣

听话听音：从公开信息中发现决策层意图

每日提要：

◎ 一线注册分析师常年在公开的场所直接言说市场趋势，经过竞争得以存在，是大浪淘沙的结果。真话是中国社会的稀缺资源，一些在竞争中脱颖而出的聪明人讲真话，不尊重他们的言说，那是社会有毛病。

◎ 分析师所采用视角与工具不同，得出的结论不同，面对这个群体的不同意见，接受者不能照单全收，只能选择性接受。接受股评意见是接受者拿自己的认知与股评碰撞，实现新的建构。通过股评可以获得那些强化自己想法的内容，除此之外，还应获得那些与自己想法相反的观点，以及自己没有想到的事情与视角。新股民经历的大盘趋势性转折很少，分析师的经验之谈往往可以提供帮助。

◎ 券商本能地做大交易量，分档次提供服务，到散户层面，券商荐股多数是鸡肋。读完一家上市公司的研究报告就在二级市场做出买卖行为，绝大多数时间是不明智的决定。即使大盘在相对低位，个股股价严重低于研究报告给出的目标价，也不能轻易买入，而是要看二级市场有没有资金眷顾它。大智慧资金统计软件同样会被庄家用于欺骗散户。一波行情中段，单边市趋势形成后，资金统计方有参考价值。

◎ 舆论战是Ａ股市场的伴生物，体现为政府造势、主力造谣。政府高层负责人亲自针对市场作出正面讲话，意味着趋势性大幅上涨行情。政府部门间博弈也会采用舆论造势手法。主力造谣防不胜防，有时候大盘走势良好，突然就会被有组织谣言放倒。股改后，市场主力多元化，造谣方式、方法更趋复杂。新股民易受单方面舆论、单条信息影响，把多个方面舆论综合起来，并综合其他因素研判市场趋势，才可能提高准确率。

◎ 从公开信息中捕捉决策层意图的主渠道是三家证券专业报纸，连央行机关报《金融时报》也不可轻信。在获得打压性政策信号方面，从三家证券专业报纸

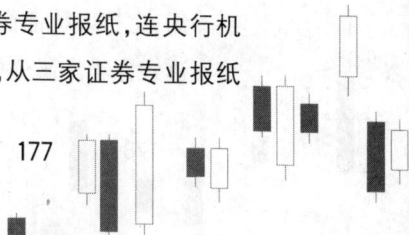

得到的信号准确率为百分之百。当大盘跌至一定程度时，三家专业报纸往往集体连发吁请正确对待股市与股市投资者文章，这标志着"救市"事宜不久将提上议事日程。

注册分析师：情智二商均高的聪明人

文玮玮：你曾说分析师与资深市场分析人士写的与市场直接相关的文章可以读。那么，如何读？

前段时间，电视中曾有一档节目专门讨论股评有没有价值的问题。我觉得参与节目的一位年轻注册分析师说得很好。

他说自己每天花大量时间读各种报告、获得信息，所作市场评论分两部分：一部分是对信息的梳理、分析；一部分是建立在梳理上的结论。受众可以一并接受他的分析与结论，也可只听他的梳理、分析，得出自己的结论。

袁幼鸣：你能从一堆无事生非、胡说八道中发现有价值的声音，说明你具有从股市相关信息中大浪淘沙的能力。

整体而言，这样的节目是一场闹剧。它倒是象征着目前的股市评论现状，边姓青年注册分析师的话有价值，少数受众能有效利用分析师的价值。

我从书房出来的时候正好听到一位脸熟的大户股民发言。他说得也很好。

整个一档节目，除了青年注册分析师与中年大户之外，其他人基本上是在胡闹。

节目对嘉宾的分组就是在乱搞。

好像边姓青年注册分析师同一位 QFII 经济学家、一位国内券商经济学家分在一组，主持人称他们代表机构。

边姓青年注册分析师虽然也是券商工作人员，但他同时是向社会提供专业服

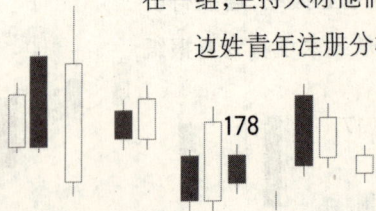

务的人，有自由职业者属性。

他的利益来自社会认可，受到市场制衡，如他自己所言，如果评论质量不高，请做节目的媒体少了，人气就会下降。话说得非常实在。

QFII 经济学家和券商经济学家戴着塑料胸花满世界开会却不受社会制衡，只能代表所在机构的仓位。他们和注册分析师是两回事。

一位"职业空头"好像分在另一组，代表所谓的社会股评。

空头之所以成为职业，也是一种市场需求。如这档节目一样，媒体同时需要正方反方、多头空头，否则不丰满、不对称。

媒体反单面性的做法是，把两种相反的元素捏合在一起，不问元素本身是不是单面的。

这样做是一种最经济的方式。如果一个人多空立场是变化的，媒体先要验明正身，岂不既耗时又耗力。

而且，"职业空头"孜孜不倦唱空还狡辩自己预测市场如何准确，让人忍俊不禁，挺有娱乐性，符合节目构成要素上的需要。

你问如何读股评，只要把年轻注册分析师的话与中年大户的话串联在一起，就构成了股市分析、评论信息的发生、传播与接受全过程。

分析师与资深市场分析人士获得信息、分析信息，提出自己的预测与操作建议，他们选取的材料、分析的方式、得出的结论、提出的策略多数时间差别很大。

面对分析师与资深市场分析人士这个群体的不同意见，接受者不能照单全收也无法照单全收，只能选择性接受。

接受股评意见是接受者拿自己的认知去与股评碰撞，实现一次新的建构。

中年大户的大意是，通过股评获得那些强化自己想法的内容，还要获得那些与自己想法相反的观点，以及自己没有想到的事情与视角。

这样的表达已经比较全面。我没有大的补充。

称股评没有价值的人是追星一族，他们要求所追逐的分析师说准。

分析师一定是会说错的，这些人自然大失所望、作鸟兽散。

另有一些人往人堆里扎，根据看空看多各方分析师哪方占多数，就站到哪方。

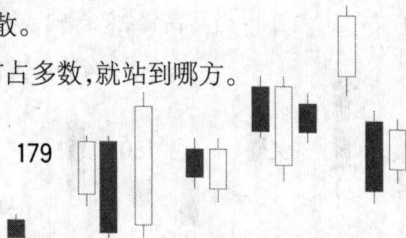

多数分析师看错甚至集体看错是常见的事。他们气愤之余会说,既然多数人经常看不清趋势,那么一群人在那里东说西说有什么价值?

"海派清口"周立波就是这样胡说的。这算什么清口,明明是脏口嘛!

文玮玮:敬业的分析师帮我们做了许多工作,我们要选择性接受,责任自担。

如果没有分析师这个专业,我们从基础部分开始判断市场趋势与个股行情,情景难以想象。

我读了(包括听了)一段时间股评后,觉得一线分析师都是很聪明的人。

袁幼鸣:这些人常年在公开的场所直接言说市场趋势,经过竞争能够存在,本身是大浪淘沙的结果。这些人智商、情商均高。

真话是中国社会的稀缺资源,一些在竞争中脱颖而出的聪明人讲真话,不尊重他们的言说,那是社会有毛病。

文玮玮:只要分析师不是"黑嘴",他们的工作值得尊重。

你曾说"黑嘴"聒噪"中国石油50元以下闭着眼睛买进",如何辨识股市"黑嘴"?

袁幼鸣:注册分析师中有"黑嘴"。庄股时代,"名嘴"变"黑嘴",当庄托甚至组织资金自己坐庄时有发生。

股市是败德行为高发的地方,但曝光的人少之又少。

近年来,类似财经公关公司伙同证监会工作人员搞诈骗、基金经理建老鼠仓、券商行业研究员把研究报告卖给社会资金之类的事情,全是因为枕头起火、男女反目,由拼个鱼死网破的老婆、情妇、女朋友举报败露的。

"黑嘴"一度利用电视特约时间搞名堂。一些咨询公司购买电视频道的时间免费荐股,一眼就能看出问题。

报纸印刷成本1元卖0.5元,收费转移对象是广告主,这些咨询公司不可能当活雷锋,总得向人收费吧。那么,向谁收费?

电视特约节目式微后,"黑嘴"多利用网络渠道搞误导。

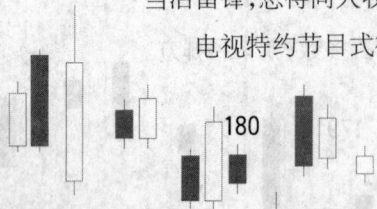

排除"黑嘴"垃圾信息的第一要点是选择传播渠道。我们离不开互联网，但对来自网络的股市评论要警惕。

对几个著名财经门户网站的股评，可以选择性信任。

排除"黑嘴"信息的另一个要点是只采信主流传播渠道的署名评论。署名意味着"冤有头债有主"。

注册分析师在正规媒体上发布署名评论一般不敢乱来。对于不署名荐股，分析师未必会当"黑嘴"，但往往漫不经心。

证券专业报纸刊登的荐股性质的"本周分析师最看好股票"非常不靠谱。因为不署名，一些人随便报个大路货蓝筹股交差了事。

阳光是黑暗的天敌。经常在STV财经频道节目中露面的一些"名嘴"看不出夹着狐狸尾巴。

向分析师学习市场感觉

文玮玮：你讲了如何读（包括如何听）股市评论的原则。举几个例子说明一下如何落实这些原则。

袁幼鸣：对于你这样的新股民来说，经历过的大盘趋势性转折很少，分析师的经验之谈往往可以帮助你。

2009年夏天上证指数站上3000点后，边姓青年分析师认为随时会变盘，但均线支撑良好，大盘走得强硬，可以顺势而为持股。一旦暴跌出大阴线，那就是转势了。

"7·29"暴跌后，边姓青年分析师认为这天的阴线是转势标志。这样的话就该认真对待。

"7·29"以前日交易量一直很大，资金在盘中换股，没有撤离，所以大盘走得很强。

"7·29"暴跌意味着有组织大资金开始流出，称这天的大阴线是转势线属于宝贵的经验之谈。

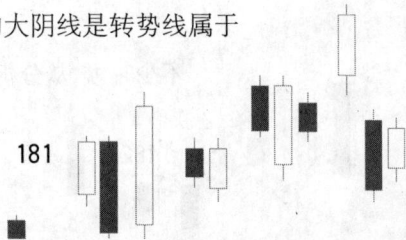

再例如,上海的潘姓女分析师曾事实上预告了2007年12月游资主力主导的"倒二八"结构性行情。

她以一个低价品种深跌后从底部爬升起来举例说事,称类似的一批股票都会有行情。

这样的股评"含金量"极高。

股市时评家称自己是搞制度批判的,反倒看不起股评家。但即使有枪顶在他们太阳穴上,他们也作不出潘姓女分析师这样的预测。

还有一位后来不怎么露面的王姓分析师曾以一个机构重仓的林业股筑顶下滑走势论说大盘趋势将改变。那是2007年夏天的事。

在当时STV财经频道《证券时间》左主持人的拷问下,王姓分析师无法自圆其说,闹了个大红脸。

对于会听股评的人来说,王姓分析师的话照样很有价值。

之后大盘的确又涨了1000多点,却是结构性上涨,一大批非强势板块的二线蓝筹与大盘涨升毫无关系。

看到王姓分析师所展示的著名林业股的难堪走势,一个有准备的头脑会想到,机构集体出货,看来他们又要到大蓝筹中去疯一把了。

在实战博弈上,我们家的政治经济学分析框架以市场流动性为落脚点与主轴,分析师关于资金动态的市场感觉尤其值得倾听。

你只要多阅读,对建立在普通逻辑分析上的市场评论做取舍不会有太多困难。你最缺的是经验,经验的累积成就人的"默会知识"。

作为学术名词的"默会知识"是如何定义的你比我清楚。我认为,在股市,"默会知识"就是市场感觉。你最应该有意识向分析师学习的就是市场感觉。

文玮玮:按照"默会知识"定义,市场感觉属于标准的"默会知识"。

袁幼鸣:谁都不可能一直精准地预测市场趋势,但不妨把尽可能准确作为追求目标。

不少时候,从分析注册分析师与资深市场分析人士的出错原因中,也可以有

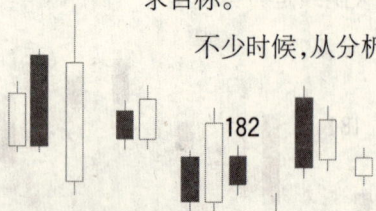

所收益。

在我看来,就 2009 年春季行情而言,边姓青年分析师空翻多比较晚,原因是他过于看重经济基本面对股市的制约,对流动性的威力估计不足。

潘姓女分析师看空早了几百点,原因是她没有看到社保、保险等有政府背景资金没有有组织撤离前,行情将继续。

上海的余姓分析师的分析工具数浪为主,估值为辅。他在上证指数站上 3000 点后一直要滑头,同时罗列多空理由,再给个带有倾向性又不肯定的说法。到市场调整迹象显露,余姓分析师反倒认为大盘将创新高,看高 3800 点,原因是数浪闹的。他的看家本领是数浪,浪型如此,已经成型,他实话实说,没有故意当"黑嘴"。

敝帚自珍,政治经济学视野正好可以弥补这些分析师的不足。

券商荐股：以做大交易量为根本目的

文玮玮：我开户后,券商开始给我的邮箱发荐股信息与操作建议。所推荐品种基本上没有爆发力。总结券商的操作建议,以在他们提供的"养马池"的蓝筹股中高抛低吸为主。

袁幼鸣：我在《上海证券报》曾编辑券商新闻专版,对券商的套路比较熟悉。

券商本能地鼓动客户做大交易量,尽可能多赚取手续费,实现利益最大化。不同风格的券商做法不同,同一券商的不同营业部做法也不同。

有的券商营业部成为著名的游资主力橱窗,所谓的"涨停板敢死队"大本营,用于号召市场。有的不起眼的营业部倒是老鼠仓的藏龙卧虎之地。前者张扬,后者低调。

中西部地区许多证券营业部公然"炒单",搞得非常"势利眼"。比如,你 3 月份做足交易量数字,4 月份就有免费盒饭吃。4 月份没有做足,5 月份的免费盒饭名单上就没有你。

中西部地区一些朋友每年会出去免费旅游,是券商营业部组织的,他们的交易量在营业部排名前十位,但收益率却没有。我对他们说,你们是在用自己的钱

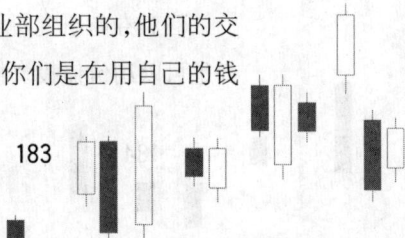

旅游。

我曾在内地一家营业部遇到一位交易量稳居第一的人。我同他一说话,旁边的客户经理就变得神情紧张。

此人被人拖欠现金不还,拿个破煤矿抵债,当煤老板糊里糊涂发了财,又糊里糊涂进股市炒股。

不知是被人下了什么蛊,这个人专做权证,但对权证价值计算之类的事情完全不懂,跑进跑出赚小差价,交易量巨大,在大牛市中基本上是在为券商打工。

鼓动散户高抛低吸的券商以倡导价值投资、理性投资为旗号。

事实上,这些券商的研发人员照样满世界找乌鸡变凤凰般实质性重组品种。即使他们找到了,也不会告诉散户。

券商服务是根据账户资金量、交易量分档次的,有时候他们会透露信息给大资金客户,并拿出自营资金,带头进入某些品种。

伙同大资金客户炒作是券商留住大客户的一种手段。

对专户理财的获利,基金、券商可以提成不超过20%。

自营之外,券商面对专户理财、集合理财、大户、散户等客户类型,不可能在咨询服务上一视同仁。

一般情况下,券商不会故意误导散户客户。但股票市场的事情不是一成不变的,对券商荐股与操作建议也得留个心眼。

2009年夏天,一个同事说券商短信推荐"短线潜力股中炬高新"。当时中炬高新股价在12元以上。

同事问我可不可以介入,我说你的券商有病,中炬高新的股价3元时不荐股也就罢了,6元不推荐到12元推荐,"炒单"也不是这个炒法。

不言而喻,到了散户这个层次,由券商推荐的个股多数是鸡肋。

当然,兼听则明,券商研究所的一些趋势性分析报告还是应该认真阅读的。

一旦开读中长期趋势报告,所有的市场主体是坐在一条凳子上的。

但对券商研究所年度报告中十大金股之类的推荐可以一笑置之。它们统统都是可以用价值投资框架估值的品种,能跑赢大盘就谢天谢地了。

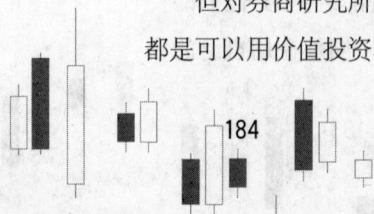

读完公司研究报告就买股票不合时宜

文玮玮：券商发来的邮件中,有的是券商分析师对其他人发布的行业或公司研究报告的点评。如何看待行业和公司研究报告?

袁幼鸣：我读过大量研究报告,总体体会是,研究报告与读它时候的同期买卖没有关系。

读完一个研究报告,就买入该研究报告给出"买入"或"强烈推荐"评级的品种,绝大多数时间是不明智的决定。

例如,在 2009 年 7 月韶钢松山被狂炒至 7 元以上时,有研究报告称,韶钢松山 2009 年上半年亏损,但下半年将扭亏,全年收益每股 0.20 元。2010 年公司每股收益将达到 0.50 元,给予 20 倍市盈率估值,目标价 10 元。

如果看到这样的报告,买入韶钢松山或者放心持筹,那就大错特错了。此时的韶钢松山根本碰不得。股价快速大涨超过 50%,是前期介入者的出货良机。

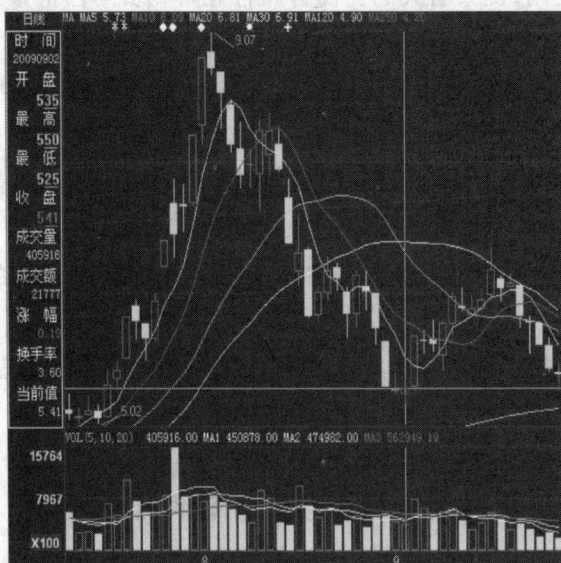

图 7-1　2009 年 8 月韶钢松山上摸 9 元后的暴跌走势

185

写这份报告的研究员未必是故意当"黑嘴",但他一定是不管二级市场股价走势的。

你需要记住,公司研究报告的估值市盈率或者它项溢价是随大盘水涨船高的。

云南铜业在每股90元以上时,我曾看到一份研究报告把它的估值调整为每股120元。

有人曾给中国平安每股200元的估值。据说,连中国平安内部都有人信以为真,在每股140元以上吃进自己公司的股票。

研究报告害人的例子举不胜举。

即使大盘在相对低位,个股股价严重低于研究报告给出的目标价的品种也不能轻易买,而是要看二级市场有没有资金眷顾它。

满世界发布、轻易可以看到的研究报告不会讲上市公司即将突变,只会在股票价格大涨后予以公司基本面变化上的追认。

讲上市公司基本面变化的研究报告有,但它是供内部使用的。有时候,连机构内部也没得使用,枕头着火的券商首席行业研究员早已把报告卖给游资主力了。

对研究报告的有价值读法是进行信息储存,特别是读可信度高的研究报告时。

例如,某机构房地产首席研究员对陆家嘴的研究很透彻,描述有说服力,给出的估值也比较高,但当时并无大资金进入陆家嘴。

这样的时候固然不适合买入陆家嘴,但适合把关于陆家嘴的信息储备进头脑。

类似的储备多了,你就会逐步建立起上市公司档案,不仅在电脑里,而且在人脑中。

庄家对大智慧资金统计软件照骗不误

文玮玮:流动性是个股股价的命根子。大智慧新一代软件统计流入流出板

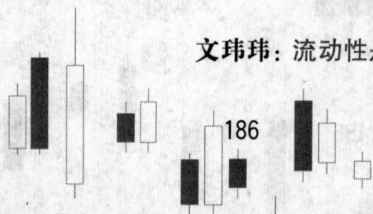

块与个股的资金。大单买入量大、资金净流入量大的股票被选入股票池。

我曾经从股票池中选股买入，但第二天就被套住了。

这件事情说明，对资金进出的统计是对已经发生的事情的总结，它们同将要发生的事没有必然联系。

袁幼鸣：我知道一些老资格股民不用大智慧新一代，而是继续用经典版。他们相信盘面感觉，不被随时变化的资金进出数字牵着鼻子走。

一些财经网站的资金统计是万万不可相信的，它们的一些排行榜甚至只统计流入资金不计流出资金。

利用大智慧新一代软件准确的资金统计数据，有一个择时的问题。

在单边市趋势形成后，资金统计是有价值的。比如，牛市中段，资金持续净流入钢铁板块，就是钢铁股走出波段的先兆。

大盘趋势变化时，统计呈现资金持续净流出沪深市场，即使手中的品种属于防御型，比较抗跌，此时也得考虑逃跑。

个股资金进出统计什么问题都说明不了，甚至成为反向指标的时候也不少。

行情后段、震荡市、平衡市往往如此。卖大智慧新一代的人是做生意的。一旦进股票池的品种涨得好，软件立即会吆喝起来，股票池中又有什么品种涨停了。

股票池中的品种不涨甚至不涨反跌，大智慧新一代是不会吆喝的。

在震荡市、平衡市，它往往吆喝不动，有时候连续几天没有什么声音。

这种时候，涨停的品种照样有，但主力是出其不意拉升的。除非单边市，大资金本能地要隐匿自己的行踪，实在隐匿不了除外。

绝大多数时候，个股流动性服从板块流动性，板块流动性服从大盘流动性。

大盘流动性不好，大的板块行情往往不能形成，盘中资金只能在小板块上整出响动，且热点切换迅速，热点凌乱。这时候的资金统计可以不予参考。

资金统计作为一个事物存在，既然有市场主体参考它，就一定有人要利用它搞误导。

我曾经给你讲过 2007 年 6 月下旬操纵航天长峰的庄家是如何制造骗线拉高出货的。当时庄家利用大单对倒，把大智慧软件也骗了。

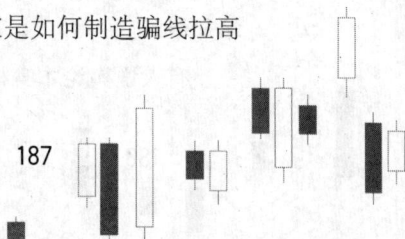

大智慧的分析师当时在电视节目中说航天长峰有资金持续流入,大单买入积极。

我估计分析师故意当庄托的可能性不大,而是被庄家骗了。

卖大智慧软件的公司事实上是在为证券交易所打工。大智慧的数据是交易所有偿提供的。

一度,大智慧软件透露的信息比较有意义。当时,收费的大智慧软件会显示出机构买卖的席位号和数量。时间长了,大家会知道这些席位号是哪些机构的。

对于持仓与日常行踪暴露,机构十分恼火,联合起来与交易所及上级主管部门博弈,曾经闹到全国两会上。

代言机构的人仙人摘桃直奔命根子,揭露交易所卖交易数据牟取暴利。

现在,大智慧软件个股持仓不再显示机构、法人这些类别,而用超大户、大户这样的分类取代,交易的席位信息也不再显示。

交易所照样卖数据,却没有人再闹了。

发达经济体股市的交易信息是公开的。机构买进卖出的品种、买卖数量都摆在明处。

在A股市场,花钱也看不到机构行为的皮影戏、西洋镜。机构搞的是"悄悄地进庄,打枪的不要"。

面对这样的中国特色,我们唯一能做的是以无限善意提醒,"新兴加转型"的A股市场完成公平、公正、公开制度建设任务事务繁重,敬请相关人士保重贵体!

舆论战:政府造势与主力造谣

文玮玮:就市场上涨或下跌,每天都有舆论上的多空分歧。

有时候一方舆论压倒另一方,有时候不明显。

有时候哪方舆论强势,市场朝哪方发展。有时候又是相反的,舆论暖洋洋,市场却暴跌。

有人说舆论本身构成了标识大盘趋势的一个指标,而所谓指标应该是可以量

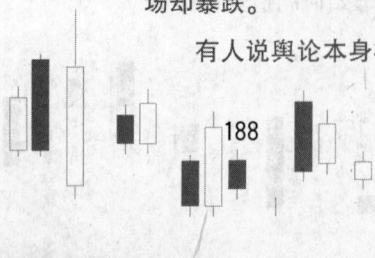

化的，股市舆论不大可能量化，难以称为指标。

从舆论角度预判市场趋势似乎更多得靠感觉。

袁幼鸣：股市相关的一些常用语很难准确界定，比如政策面、消息面等，它们含义非常丰富。

基本面、政策面、消息面中含有事实确切内容，也有负责任的预测、解读等，还有蓄意而为的误读、误解、误导，直至无中生有的虚假信息。

究其本质，市场舆论是形形色色利益主体心理活动的表达，它依托事实和虚构事实，是一种主观性的利益诉求。

你可以想象这样的场景，一个网站编辑前期不看好市场，已经空仓，他内心希望大盘下跌，在处理一条股市信息时，他完全可能下意识地突出信息中的利空因素，做出一条耸人听闻的标题。

如果此人职业道德低下，他会主动去收集利空信息甚至编造信息，利用职务便利把它们传播出来。

多空博弈胜出方决定股市涨跌。多空操作取决于人的心理。采纳所有市场主体的心理编制一个指标，绝无可能，采纳操盘有组织大资金的人的心理编制指标，同样做不到。

所谓舆论指标的确是一个含糊说法。即使技术问题解决了，博弈者多数时候不可能说真话。市场主体基于利益驱动的种种言说通过一定媒体平台汇聚成舆论，真伪难辨，可以量化的舆论指标无法编制。有组织大资金本能地要放风唬人，误导博弈对手。

称舆论指标显示大盘将怎样其实是一种综合性的判断。这样说往往出于对多种因素的考虑。

例如，在大盘经历了阶段性上涨，指数处于相对高位并横盘一段时间后，舆论显露出夸大某些利空因素的态势，这很可能是有组织大资金已经出货，故意造势力图令市场下跌。

此时称舆论指标显示大盘将下跌其实是出于对主力意图的猜度。

通过舆论动向判断市场走势，盯住舆论来源、构成方式、传播路径是一个比较

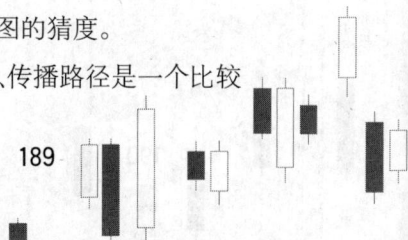

有效的办法。

越是对市场影响大的舆论来源越值得关注,越是内容与态度真实或虚假的舆论越值得关注,越是主流的传播渠道越值得关注。

文玮玮:舆论造势是进行社会动员的重要手段。

股市主力通过舆论造势可以吸引追随者,也可以为出货创造条件。这一点不难理解。

袁幼鸣:你应该看到政府也是舆论造势高手。

A股市场一大特色是监管部门与市场主力均用尽手段打舆论战。

我称之为政府造势、主力造谣。

造势与造谣之间有时并无泾渭分明的界限。20世纪90年代前期尤其分不清楚,那时监管部门负责人空口说要出台三大政策"救市",市场应声大涨,很难说清这是造势还是造谣。

随着市场规模扩大,部门层次的舆论造势越来越难以达到预期效果,一旦到了令中央政府发话的程度,后面一般跟有实质性举措,所以称政府造势更适当。

主力也并非永远做与实际操作相反的造谣之事。

例如,2007年春季开始炙手可热的有色金属、煤炭等资源板块之前并不受市场追捧。

有个笑话在机构中流传,2006年年中一个基金经理大量吃进有色金属股,一直不涨,被公司解雇之后,所持仓位市值突然暴增,该基金一举成为明星基金。

2007年第二季度北京一家基金公司投资总监四处召开投资者见面会,宣讲资源股的价值与股价空间,目的昭然地号召广大散户与该公司结成炒作同盟,就不是故意忽悠散户接盘。

但类似情况是在特殊背景下发生的,改变不了造谣系主力制造舆论主流的事实。

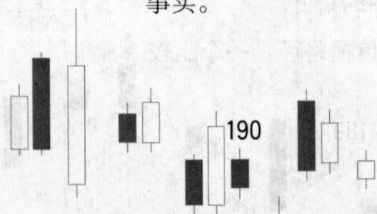

文玮玮：举几个政府造势和主力造谣的实例吧。

袁幼鸣：2009 年 2 月上证指数连续上涨，2 月 17 日摸高 2400 点后出现暴跌，有所反弹又再次下探，筑顶迹象明显。

之后，能看到一系列来自政府的护盘助涨举动，堪称政府舆论造势的典型案例。

2009 年 2 月 26 日，在国新办新闻发布会上，银监会负责人称银行板块资产质量良好，2009 年"确信银行业肯定能跑赢大市"，直接为大权重板块银行股背书。

2 月 28 日，政府高层负责人与网民交流，表示对中国资本市场有信心，并指出资本市场两大功能：一是直接融资支援经济建设；二是给国内公众提供通过投资增加收入的机会。

3 月 3 日，包括工信部、财政部、商务部等在内的多位部长在政协会议期间表态，对 2009 年经济增长"保八"有信心，直接为经济背书，同时为股市背书。

3 月 4 日，市场放量大涨 6.12％上摸至 2200 点，同时谣言四起，疯传第二天有更大规模刺激经济计划出台。第二天未见新计划，一些散户大失所望甩卖筹码，主力则乐呵呵接盘，当日沪市成交量继续放大 270 亿元。

之后市场经过对美股大跌影响的消化，在政府高层领导人表态随时可提出新的刺激经济计划后，大涨超过 1200 点方停步。

在 3 月 7 日《理财一周报》刊发的长篇访谈中，我串联了所有政府造势信息并解读，政府已经下大决心做多股市，重申看高 3000 点。

在政府发"邀请函"鼓动各方资金入场的背景下，我建议读者不要博弈有没有新的刺激经济计划出台。

我说有没有新计划是完全无所谓的。因为政府已经把总体原则告诉大家了，如果既有政策达不到力度，继续出新的措施，一招不行，再出新招，办法有的是，预案很充分。这样的总体原则显然比一个具体计划对股市更有支撑作用。

另外，监管部门之间博弈同样会用舆论造势手段。

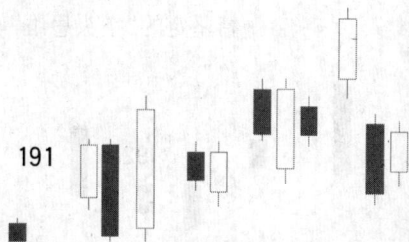

2004年1月31日,政府颁布《国务院关于推进资本市场改革开放和稳定发展的若干意见》(即"国九条"),内有进行股权分置改革原则性安排,但由于部门间分歧很大,决策层一时难下决心进行对价股改。2004年全年制度改革与市场表现均乏善可陈。

2004年年底时,直接监管部门负责人称,当年的最大收获是关于资本市场发展的认识趋于统一。

大家从直接监管部门负责人话中听出,2004年白白浪费时间资源,一事无成是因为"部门认识不统一",有人阻扰改革。

谁会阻扰改革猜都不用猜,话音未落,舆论矛头便指向国资股东的出资人国资监管部门。

在涉及重大制度变化、利益格局调整的问题上,政府高层领导也会透过媒体向各个方面打招呼。

2004年10~11月,在不到20天的时间间隔里,政府主管金融工作的高层负责人两次围绕落实"国九条"公开发表谈话。

第二次谈话中,高层负责人前所未有地明确表示,要从制度建设层面入手,逐步解决历史遗留问题,消除阻碍资本市场发展的深层次矛盾。

这样的态度表明,起码主管金融工作的高层负责人本人已决定赞同推动股权分置改革。其中一层意思是,持反对态度的人不要再向他提出意见与建议了。

看见这样的"含金量"巨大的"招呼",当时《东方早报》立即刊发社评《股市新讯号值得重视》予以解读。

在《股市新讯号值得重视》一文中有这样的表述:

> 高层负责人的讲话体现出一种责任意识。这与过去一些部门负责人站在既得利益者立场上说话,形成了显著反差。

之前《东方早报》的社评一直建议读者警惕"话语救市"、摒弃"多头思维",保持坚定的"空头思维"。这篇社评做了观点修正,转而建议大家不再死抱"空头思维"。

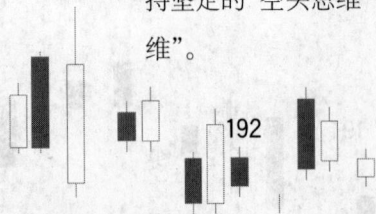

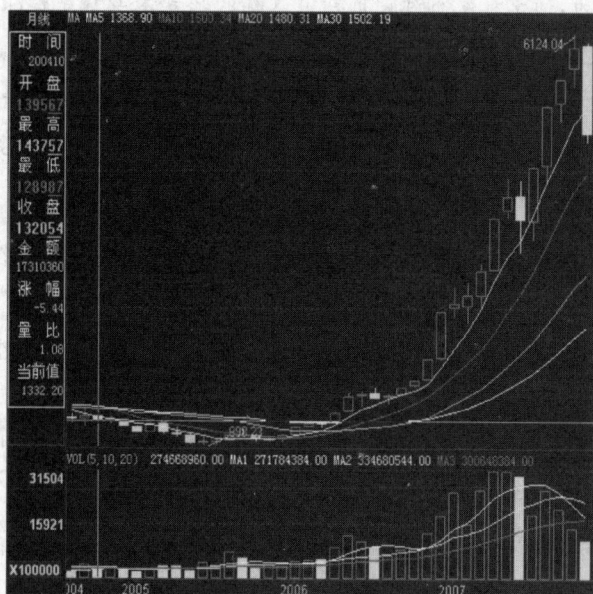

图 7-2　政府高层负责人于 2004 年 10～11 月讲话后上证指数月 K 线走势

　　有的舆论造势虽然看上去有来头，却断不可轻信。特别是熊市中政府未拿出真金白银入市充当"带头大哥"之前。

　　2008 年 7 月 1 日，在时隔 16 年之后，新华社再次发布"救市檄文"《关于中国股市的通信》。

　　文章主要论点为"股市完全可以实现稳定"，同时吝啬地宣布"但不能依赖短期政策救市"。

　　当日我针锋相对撰写《稳定股市不能幻想"话语救市"》。编辑部把文中批评新华社和提醒投资者的内容在第二天出版的《东方早报》头版作了重点提要。

　　我在文中写道：

　　　　作为较长时间追踪资本市场政策的观察者，我无法辨清《关于中国股市的通信》一文是否包裹着某种政策意图，更判断不出，如果它包裹着政策意图，其来自于哪一级，是中央政府的态度显露，还是直接监管部门的意思表

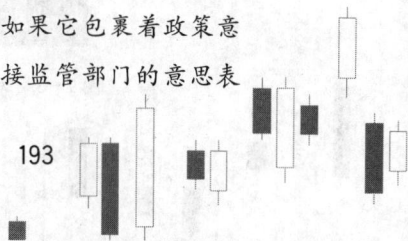

193

达。我认为，通讯社发布对股市判定这样的形式本身就是暧昧的，而对投资者而言，更有可能有害无益……如果《关于中国股市的通信》不是自主研究成果，的确包裹着政策意图，我以为，稳定股市不能重复幻想"话语救市"的老路，必须拿出实际行动。如果真认为今天的股市价格与价值已经一致，甚至价值低估了，那就大张旗鼓推出平准基金接盘。

如果 2008 年 7 月初你被新华社"话语救市"文章忽悠进去，等待你的将是千点下跌。

我的确不知道新华社这篇文章出台的背景，也懒得打听。我判断它是直接监管部门意思表达的概率很大。

在当时的大背景下，即使新华社"救市檄文"是中央政府的意思表达，也没有"救市"作用，因为有组织资金不会因为丁点"口惠"就入场。

新华社"救市檄文"属于典型的来源不详、内容空洞、态度不端正的舆论，"造势"不足、"败势"有余。

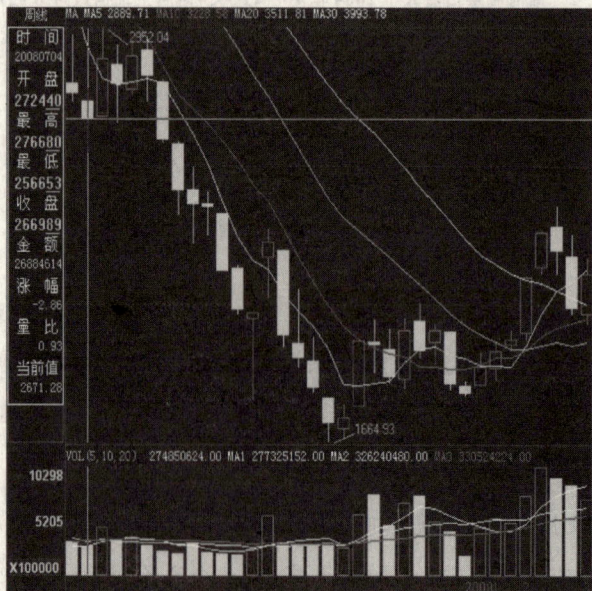

图 7-3　2008 年 7 月 1 日，新华社发布"救市檄文"后上证指数周线图

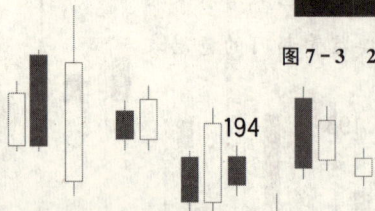

主力造谣防不胜防，有时候大盘走得好好的，突然就会被有组织谣言放倒。股改后，市场主力多元化，造谣方式、方法更趋复杂。

2003年7月18日，市场被国资委国有股减持方案将在8月出台的谣言击倒，是股市"谣言机制"得逞的典型案例。

2003年7月17日，一篇名为《关于三三制国有股减持方式的研究》的文章在互联网上流传开来。

文章以国资委下属研究机构人员的名义发布，称"《上市公司国有股流通暂行办法》8月份就要出台，将采用三三对等减持法逐步使国有股上市流通"。

此言一出，立即掀起轩然大波。18日上证指数和深成指分别下跌33点和110点。21日周一开盘后，沪深股市在恐慌抛售和故意打压双重效应作用下，进一步下跌。

平面媒体在那次谣言扩散和加大击伤力度上扮演了重要角色。22日，在证券专业报纸出面作辟谣文章的同时，京城某报刊发《国资委规划国有股减持新方案》的报道。

该文时而谈近期国资委对国有资产管理将开展的工作，时而谈国资委研究中心完成的一个国有股减持方案报告，最终给人一种感觉，国资委将开设C股和OTC(场外交易)市场，用于国有股减持。

直到7月23日下午，国资委终于坐不住，火速召集各大媒体，对谣言予以澄清，申明国资委下属机构及人员不代表国资委意见。

国资委新闻发言人公开表态，正在制定《上市公司国有股权转让暂行办法》，要规范的是上市公司国有股协议转让中的不规范问题，不涉及向股市减持国有股问题。国有股流通没有时间表。

"三三制国有股减持"谣言的效果之一是凸显国有股减持问题，令上证指数从1539点下跌至1307点，更重要的是形成了对刚成立不久的国资委的"倒逼机制"。

当时市场主体一片骂声，有人怀疑传闻出台是国资委在就国有股减持问题放气球探反应，把成立仅数月的国资委描述得很不正派。

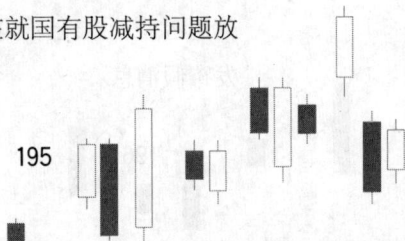

国资委由此站到前台并处于焦点位置，以后一段时间主力博弈围绕国资委这个新设机构展开。

在上证指数奔向1300点整数关的倒逼下，2003年11月11日，国资委负责人在国新办记者招待会上说，国有股流通与国有股减持是两个概念，在没有找到市场所接受的办法之前不减持国有股，但决不放弃寻找大家所接受的办法，会继续努力寻找。

之后，主力发力，大盘走出一波上摸至1783点的反弹行情。

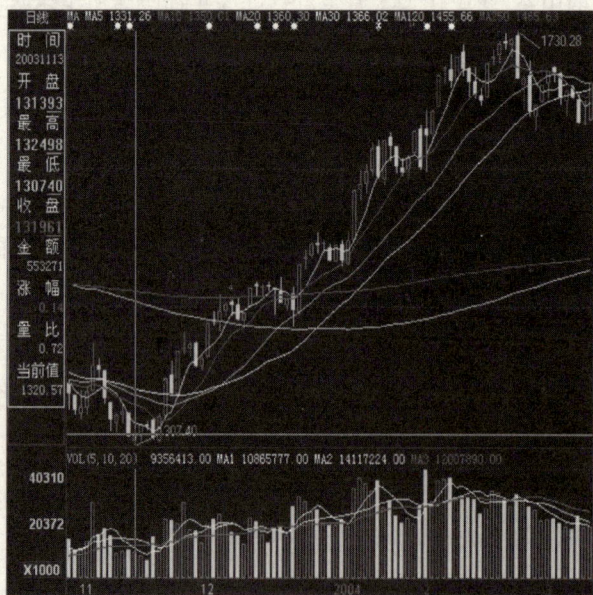

图7-4 2003年11月中旬，主力启动反弹行情上证指数走势

主力造谣自然会千方百计地利用传媒，但一般都比较隐蔽，像后来被逮的某问题首富那么高调的十分罕见。

该问题富豪在一、二级市场连动坐庄京城一重组股。

2007年夏天，为吓退抢筹码的人、压住股价，问题富豪公然约见证券专业媒体记者，表示自己不再有兴趣入主这家公司，可能退出重组云云，肆无忌惮地亲口发布假消息。

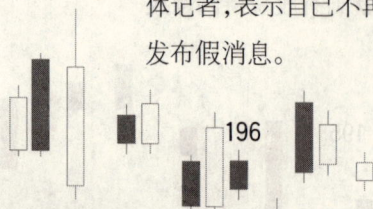

文玮玮：有时候市场会进入消息真空期，政府不说话，机构也没有什么态度，反而给人一种暗流汹涌的感觉。

袁幼鸣：是的。

游资主力平常制造舆论的主要渠道是营业部，方式为口口相传。对口口相传的效率千万不能小看。

合法机构充分利用媒体发布对自己有利的说辞，只有在监管部门训令他们不得上媒体乱说的时段，他们才会销声匿迹。

股市如战场，喧嚣的信息突然消失，如交战各方进入无线电静默期，此时极其可能是主力埋头干活、变盘在即的时间节点。

2009 年 7 月 29 日上证指数暴跌 5％后连续 3 个交易日上涨，创出 3478 点新高后大幅下挫。"7·29"暴跌后的反弹过程中，市场就处于消息面真空期。

往往在这类时段，决策层既不愿大盘继续上涨，又担心一旦出打压性质的利空说辞，大盘大跌超出预期。此时获利丰厚且具有信息优势的主力已对后市作出判断，正坚定地出货。

不过，股市舆论是不可能真正处于真空状态的。

"7·29"后，有媒体报道说，暴跌发生后，一家著名券商研究机构向客户发短信称，暴跌是市场误读证监会"劝退"基金公司申报设立指数基金的原因引起的。证监会此举出于避免基金同质化，并非是要限制基金发行。

"7·29"后的反弹过程中，一些人没有及时清仓或减仓，同受该报道影响直接相关。这样的报道真假难辨。

新股民比较容易受单一渠道的舆论或单个信息的影响。

把多个方面舆论综合起来，并综合其他因素研判市场趋势，才可能提高准确率。

我在 20 世纪 90 年代前期就受过单一信息影响，知道高层负责人要视察某开发区立即买入相关股票。结果，负责人没有给开发区带去优惠政策，仅仅是走一走、看一看。

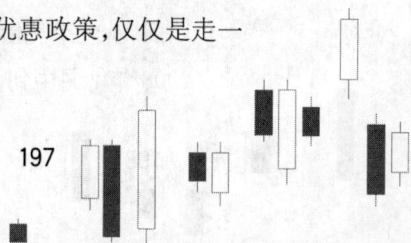

当时大趋势不支持持股,最终只能被迫割肉而出。

听话听音:从公开信息中发现决策层意图

文玮玮:无论是做多还是做空,知道决策层意图每每意味着大波段收益。这是至关重要的。

你刚才举了两个例子,属于政府高层领导直接发声音。除此之外,还有别的办法可以动态地把握决策层意图吗?

袁幼鸣:我多次提及 2007 年 10 月以后,以三家证券专业报纸在头版发表痛斥公募基金的评论员文章为标志,基金一度成为被严厉打压、严格限制的对象。

2007 年 11 月底,上证指数首次跌破 5000 点。2007 年 12 月 2 日,第六届中国证券投资基金国际论坛在深圳召开,监管部门负责人和各基金公司老总汇聚一堂。

于这类时点和场合,监管部门负责人的表态便会透露出决策层态度。

证券专业媒体对第六届中国证券投资基金国际论坛的报道透露,证监会主要负责人仅提供书面发言,没有出席这次活动。这本身是一个值得玩味的信号。

证监会主要负责人的书面发言有以下堪称精彩的内容:

> 要在发展壮大机构投资者整体规模的同时进一步调整和优化机构投资者的结构,改变证券投资基金发展较快,企业年金、社保基金等机构发展相对滞后的局面……推动完善机构投资者激励约束机制,切实改变机构投资者投资行为短期化和同质化的取向。

证监会主要负责人在基金业聚会场合作这样的书面发言,不就是指桑骂槐吗?

我当即认定虽然大盘下跌超过 1000 点,但决策层对基金业的负面看法没有变,大盘也没有跌至可以接受的点位。

以后,基金果然借反弹进一步减仓。

2008 年 1 月中旬,在游资庄股引领上证指数反弹到 5500 点之后,证监会主要

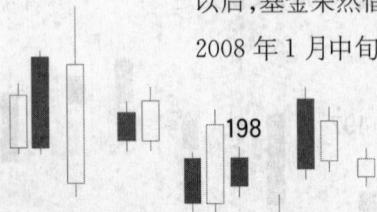

负责人称将加大市场流通股供应。

5500 点已经超出政府高层负责人于 2007 年 11 月在新加坡谈话时的点位 200 多点。

上证指数突破政策铁顶,在高层负责人不愿见到的点位,监管部门负责人发出威胁之声可以视为决策层意志表达。

文玮玮:现在信息爆炸,媒体立场也不一样。发现决策层意图有媒体选择上的讲究吗?

袁幼鸣:迄今为止,发现决策层意图的主渠道是《中国证券报》、《上海证券报》、《证券时报》三家证券专业报纸。

在获得打压性政策信号方面,从三家证券专业报纸得到的讯号准确率为百分之百。

说到底,三家证券专业报纸吃市场饭,本能地属于多头。它们发空头文章一般是奉命而为。

如果它们中的两家以上同时或先后发同样内容或大同小异的空头文章,那就铁定是高层意思了。

获得决策层意图需要排除杂音,包括来自背景深厚媒体的杂音。

例如,在 2007 年 10 月,6000 点成为政策铁顶后,央行机关报《金融时报》发表文章称,不存在 6000 点是政策顶一说。这就是听不得的杂音。

不要以为《金融时报》发布的观点都代表央行。某位编辑自己认为不该有政策铁顶,或者被深套,约篇稿件搞个舆论造势也未可知。

而网站上涉及所谓权威机构态度的新闻标题最不靠谱。

网络编辑为抢眼球或为谋一己之私夸张成性,网上标题经常呈现为"人民日报:……",点击进去一看,却不是代表《人民日报》官方观点的内容,而是来自《人民日报》海外版的不痛不痒的杂谈。

从三家专业报纸上获得来自决策层的利好信号没有获得打压信号那样准确。因为它们发吹暖风文章或者呼吁救市的社论有可能是它们自己的立场、观点表

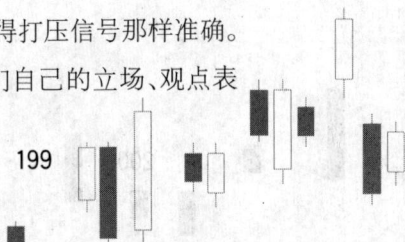

达,而非政策信号传达。

我十二分地希望三家专业报纸专职传达政策信号,且以某种方式标志或暗示政策级别,不要自行其是。

但人家同样有为市场健康发展和投资者利益鼓与呼的权利,我们只能打起精神加以辨识。

获得来自决策层政策信号之前,可以看到部门之间不同主张的博弈。"5·30"暴跌之前就有过博弈过程。

"5·30"暴跌前证监会主导的研究报告称股市只有结构性泡沫。当时证监会官员在上海出席会议,甚至公开宣称市场还会涨。

有位你也认识的朋友就是见了相关报道放心持仓到非洲旅游玩猎枪的,回来后发现自己不知不觉坐了一回电梯。

决策出台前一般会有一次"演讲比赛",由各部门陈述。在围绕"半夜鸡叫"提高印花税率的决策博弈中,明显是同属管理层的非直接监管部门胜出。

到市场跌至一定程度时,三家专业报纸往往"老枪新用",集体连发吁请正确对待股市与股市投资者的文章,内容同上一次刊登的基本相同、略有改动。

出现这样的好玩现象,一般是证监会安排的、暗示的,最起码是默许的。这些文章主要是写给高层负责人看的。

它们倒是可以视为一种"舆论指标",标志着证监会开始做动作了,其他部门不吱声了,"救市"事宜不久将提上议事日程了。

并非是为三家证券专业报纸做广告,散户要想在 A 股市场错综复杂的博弈格局中躲避掠夺、捍卫口袋,不关注它们所传达出的信息,还真不行。

文玮玮:看来真得养成读三家证券专业报纸的习惯。到了市场敏感期,连内页也要认真读。

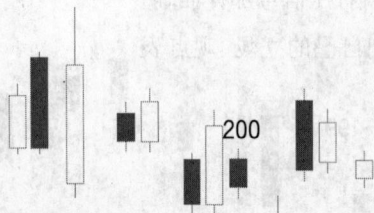

第八日

潜伏与出击：大盘上涨趋势中的操作

每日提要：

◎ 参与股市博弈,该贪婪时要贪婪,该恐惧时要恐惧。牛市前半程要有贪婪之心,只有在该赚钱时尽可能多赚,才能在该亏钱时亏得起。A股市场是大起大落的"电梯市",基民不宜听信忽悠申购基金定投产品。板块轮动是大盘上涨的基本方式,散户不宜组合投资。组合投资呈现分散式守株待兔,收益率与大盘上涨持平,不如买入指数型基金。

◎ 对于心理结构只适合守株待兔的人来说,重仓进入少数强势板块的强势品种是比分散式守株待兔更有效的选择。迎接 2009 年春季行情,与其做一个所谓的投资组合,金融、地产、能源、有色、钢铁、化工、交运、酿酒、商业都买一点,天女散花,还不如集中投资,如重仓西山煤电、云南铜业一切就 OK。

◎ 在大盘趋势性上涨过程中,一个可能做到收益最大化的博弈手段是采用"潜伏与出击"的操作方法。它把资金分为两份,一份用于追热点、搏题材的出击,一份用于进入波段性上涨是大概率事件的品种的潜伏。在 2009 年年初至 7 月 29 日的行情中,出击中兵光电、云南铜业、西山煤电、保利地产、韶钢松山五个品种,市值增加达到 8.37 倍。潜伏陆家嘴、保利地产、万科 A、泸州老窖、武钢股份等品种也收益丰厚。同期上证指数上涨仅为 70%。

◎ 潜伏如非洲大草原上等待羚羊群通过的狮子,出击则是做"趋炎附势"追逐板块与概念热点的人。同时做到潜伏与出击需要严格制定与执行纪律。出击的要点是坚决止赢、止损。找不到出击对象则坚决让资金处于闲置状态。潜伏可以分批建仓判断出资金一定会流入的品种,越跌越买。潜伏与出击是两种心态、两种逻辑、两种起点。

◎ "潜伏与出击"的操作方法建立在坚定看多后市的基础上。如果如"职业空头"所言,2400 点是 2009 年铁顶,该方法不能采用。采用"潜伏与出击"的操作

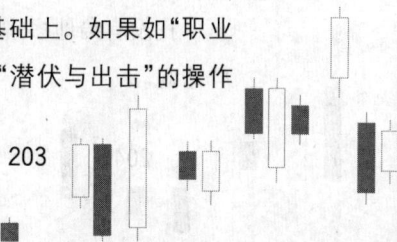

方法首先需要认定2009年上证指数必上3000点。而要认识到这一点,需要看清楚政府在2009年2月至3月间,采用舆论造势与组织资金入市"两手硬"强力做多。政府此举的最大利益诉求是,充分利用股市"财富效应"维护社会稳定并扩大内需,拉动经济增长。

牛市前半程要有贪婪之心

文玮玮:这两天与一些朋友交流,有朋友说,炒股说复杂很复杂,说简单很简单。一条原则是该赚钱时尽可能多赚,该亏钱时少亏,赚到钱才亏得起。

袁幼鸣:这是十分有价值的经验之谈,尤其是在A股市场。

与这样的说法相对立的是基金公司对定投产品的鼓吹。

基金公司会讲故事说,某个女白领从开始进入职场起,每月把一部分工资拿出来投资定投产品,到出嫁时成了小富婆,基金份额累积了多么大一笔市值。

即使A股市场总趋势是上涨的,但它基本特征是大起大落的"电梯市",除非永不入市,或者完全搞反,顶部建仓、底部割肉,只要基本做到顺势操作,收益率肯定会高于定投基金份额。

定投基金份额起码会按合约拿出部分资金当死多头。2008年金融海啸证明,在发达市场也不能当死多头。

大哥大嫂在美国当良民,主要投资业绩稳定的大蓝筹指数基金。2008年下半年股票市值的缩水触目惊心。

大哥于2009年春季抄底买大房子,抽走放在我们家账户投资A股的钱,一听我报的市值喜出望外,觉得还是A股市场有意思。

我没有给他多说什么。如果2008年年底我不坚定看多A股,情况将不是这样乐观。

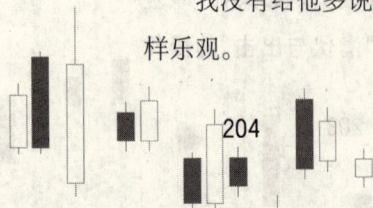

为了准备今天的交谈，我特意找了一篇经济学家谈投资者贪婪与恐惧的文章，耐着性子看完后觉得这个世界上一些人实在是毫无自知之明，乐此不疲地重复陈词滥调。经济学家讲了一大堆贪婪与恐惧是如何被强化的，其逻辑基础是把对股价的预期分为理性与非理性两种。

何谓对股价的理性预期，什么又是非理性预期，文章没有做任何交待。下无立锥之地，却不妨碍经济学家大谈贪婪与恐惧。

按照这位经济学家的逻辑，搞个企业债市场就行了，股市可以关门。大家在股市完全没有办法操作，你需要不断追问自己的预期是不是非理性的，你是不是贪婪了，吾日三省吾身，其他事情都别干了。

再说该经济学家乱用"非理性"这个词，完全不靠谱。

认为理性是"阳"，是好的，非理性是"阴"，是坏的，属于单面人的单面思维。

在哲学意义上，非理性并不是贬义词，重大技术发明均有天才非理性思维的影子。

莱特兄弟要让一堆物体像鸟一样飞起来，由此发明飞机，绝非理性的脑袋想得出来的。

格林斯潘评价互联网泡沫非理性繁荣，国内的人基本上没有听懂他的意思，条件反射地往负面的方向想。

美国人非理性地往互联网新技术砸钱，互联网新技术回馈了美国人。

有的美国人投资微软、英特尔、戴尔发了大财，有的美国人则当了炮灰，这是个人选择的事，与非理性无关。

选错品种的美国人说几句粗话就拉倒了，大洋彼岸的一些人幸灾乐祸拿他们上纲上线，码字用的倒是盗版软件。

参与股市博弈，要讨论的是什么时候该贪婪，什么时候不能贪婪，对待恐惧也是如此。

我曾在一个散户参与的讲座场合遇到一位老妇股民，她对我说，2008年"反贪"是反对了，问我2009年应该是以"反恐"为主还是以"反贪"为主。

与不懂装懂的经济学家比，这位老太太对贪婪与恐惧的认识高高在上，有云

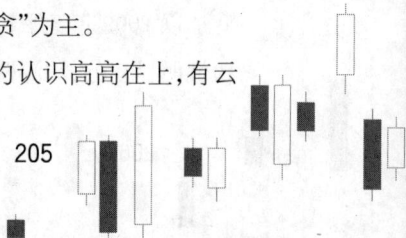

泥之别。

所谓该赚钱时尽可能多赚，意思就是该贪婪时要贪婪。

巴菲特同样是这样干的，每一次到了不能贪婪的时候，他就躲进国债市场了，到该贪婪时，他是闻到血腥味的鲨鱼。

文玮玮：趋势大于估值，最重要的还是要做到正确判断趋势。

我开始有点理解一些分析师所说的股市"有行情"是什么意思了。

"有行情"是贪婪的前提。具体谈谈什么叫"有行情"，如何判断出"有行情"。

袁幼鸣：我归纳过导致股市牛熊转换的一些要素。即使按照我归纳的这些要素，也无法做到按图索骥，因为，有些要素在牛熊转换时是看不见的，事后才会显现出。何况，市场总在发展演进，导致牛熊转换的要素也在不断变化。

我自然希望你今后能抄到大底、逃在大顶，但要抄到股改牛市的千点大底与2009年春季牛市1700点一线大底的确挺难。不过，抄底股改牛市1500点和抄底2009年春季牛市2200点并非难事。

股改牛市1500点和2009年春季牛市2200点时，政策面有重量级利多因素，但看空的声浪也很高。

股谚"行情在犹豫中发展"指的是行情在舆论层面的多空分歧中发展，大盘趋势性上涨其实一点都不犹豫。

这样的时候为什么可以作出趋势性判断呢？关键依据是入市资金踊跃，板块效应开始显现，日成交量显著放大。

有资金就"有行情"，判断"有行情"的依据是已经有成规模的资金入市。

如果是尚处于启动阶段的行情，此时还可以看到，有踏空资金在场外充当预备队。

以2009年春季行情为例，从1月份开始，可以清晰看见，市场主体的入市积极性明显复苏，沪深两市合计日成交超过2000亿元的局面频频出现。

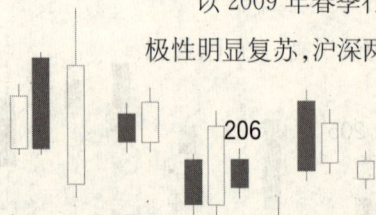

A股市场惯有的资金聚集、入市操作的模式又一次出现。基金青睐的蓝筹品种，尤其是权重股没有动或者涨幅不大，上证指数点位受压制，低价股涨幅相当可观，明显跑赢大盘。

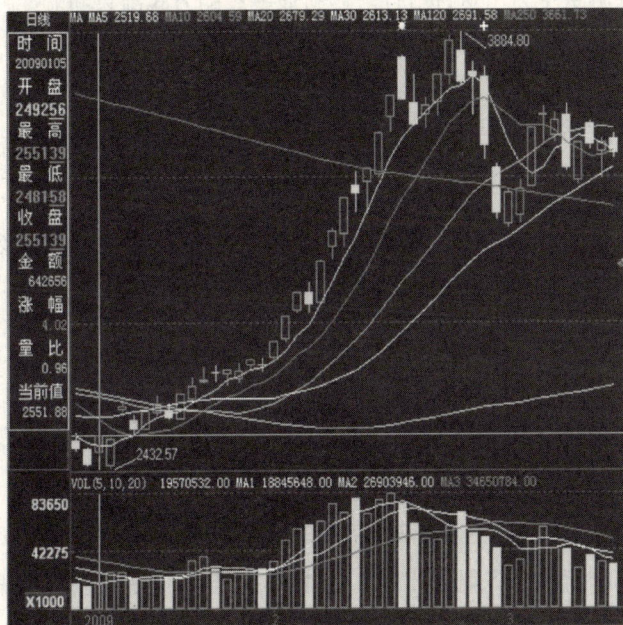

图 8 - 1　2009 年开年后明显跑赢大盘的低价板块指数

游资主力挺身而出，担纲第一波主攻，A股市场从底部启动的惯有套路是，先低价股、小盘股、老庄股大涨，再二线蓝筹股轮动，最后各路资金涌入权重股，推升上证指数。

2009 年春季行情把这样的路线再次完整地演绎了一番。

"有行情"的重要含义是一旦大规模资金涌入市场后，一时之间绝不会撤离，基于逐利本性，一定要翻江倒海，获利后方才了结。

此时就算管理层陡然翻脸，把枪顶在有组织资金背上，出货也有个过程。通常操盘手会拉高出货。这同样是有组织资金的本能反应。

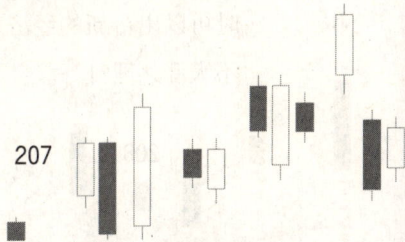

文玮玮：回过头看，2009年春季牛市一波走上3000点没有疑问，但从上证指数K线图上看出，2月17日上摸2400点后的高达300多点的调整还是挺吓人的。

怎么能判断出以后还会走出大幅上攻趋势呢？

它可能以游资主力出货，低价股、题材股暴跌的方式结束啊。

袁幼鸣：这个问题问得很好。

你在对市场的认识方面进步挺快的。

我已经说过2月17日大盘下跌后，政府高层负责人、银监会负责人、多位部长为经济背书、为股市背书的事。

在这样的背景下，依然不能认定市场会止跌回升，还要看盘面怎么说话。

3月4日大盘放量大涨超过100点，银行板块集体"暴动"，热点开始向蓝筹股切换，标志着合法机构大举入市，将担纲第二波主攻。

这时方可以确定，政府不仅是口头鼓励市场做多，而且有资金组织方面的安排。

一旦政府出面组织资金，即使公募基金称仓位已重，基民申购不积极，没有现金，政府手中也还有社保、保险、央企财务公司的巨资可以统筹动用。

3月4日蓝筹启动显示政府做多市场的部署已经落实。

当天风传有新的经济刺激计划出台，极可能是有人故意造谣，欺骗散户。

3月5日未见经济刺激计划，抛盘汹涌，但上证指数仍放量上涨1.01％，收出一颗下影线长于上影线的红十字星。

到了这种时候，仍看不出起码会有一波中级行情，那就既不配入市博弈，也不配谈论市场。

3月4日、5日只可能是合法机构抢筹，不可能是游资主力抢筹，明白这一点就足以作出看多后市判断了。

各路合法资金得令入市，不捞上一把不可能离场，如果中央军被套，那还了得，它们诉苦诉难不费力气即可上达天听。

以后大盘随美股下挫等波折都是机构建仓良机。待到政府高层负责人称随时可以出台新的经济刺激计划，发令枪一响，各路资金拉的拉、推的推，大盘岂有不大涨之理？！

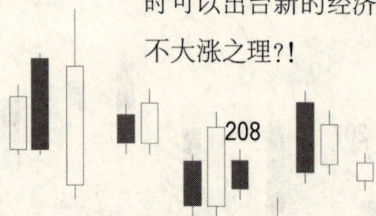

2月17日大盘从2400点跌下来把"职业空头"乐疯了，斩钉截铁地宣布2400点是2009年上证指数铁顶。

之后，大盘势如破竹，"职业空头"称涨得不对，属于错涨。竟敢以一人之嘴给大盘定点位，不怕把舌头闪大。

当时，市场空头横行，一些人没有"职业空头"那么喜剧性，但心灰意冷，作饮弹状、讲风凉话是普遍现象。

说什么的人都有，包括美国花旗银行已巨幅缩水，相比之下，中国的大银行市值依然偏高之类。

股市时评家呼吁警惕信贷扩张带给商业银行巨额坏账，更是言之凿凿。

以后，遇到类似2009年3月的情况，你只需要做两件事情，一是盯住政府的政策面，二是盯着股市流动性。

只要你能透视中央军数万亿热钱的威力，你自然而然拥有一颗"贪婪"的心、勇敢的心。

2009年2月下旬的盘面还有一个特点：有越来越多叛逃公募基金的高手加盟的社会资金显得羽扇纶巾、从容不迫。

赚现金是游资主力本性，股票大涨后肯定会出货。

于是，一些人盼着级别同"5·30"相当的暴跌上演。结果，前期暴涨品种跌是跌了，但多数仅是一个跌停后再加上5%左右的跌幅。

空头望穿秋水的暴涨股大面积杀跌惨象并未出现。

游资主力似乎吃定2009年A股市场有行情，不属于姿势难看地跳水出货，情绪很稳定、表现很镇定，时不时来个护盘维稳动作。

在摸高2400点后的大跌中，一些涨幅不大的基金持仓品种跌得比低价股、题材股更猛，个股呈现齐刷刷下跌景象。

这也是盘面在以自己的语言告诉有心人，前期的结构性上涨未必会以结构性下跌的方式结束。

之后的情况证实，游资主力有贪婪之心，他们从操作的品种中撤出了部分资金，到基金建仓、加仓品种中坐轿子，参与蓝筹炒作，同时也没有放弃老庄股。

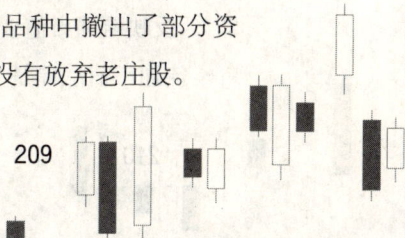

到 2009 年 8 月 4 日大盘调整时,中央军出货引发各路资金杀跌,银行股为首的蓝筹股自由落体,游资庄股反倒显得较为抗跌。

文玮玮:政府为经济复苏背书、合法机构有组织入市、游资主力未大规模获利了结,而且,公募基金源源不断发行,场外有预备队,以此看来,"有行情"且行情不小的判断的确可以得出。

2009 年 3 月 6 日之后,的确到了该贪婪的时候。入市合法资金逼空场外资金,是最大的"贪婪"理由,与大资金共舞,我们可以放心大胆地"贪婪"。

袁幼鸣:说得对。

不过,这是比较保守的说法。对股市博弈者的更高要求是做到与游资主力共舞。

我近期发现越来越多的朋友、同事已经改变死捂股票的习惯,但波段操作对象仍然限定在可以估值的蓝筹股范围,还需要进一步解放思想。

我曾经说过,2007 年以后,有组织社会资金发展壮大,已经可以与合法机构分庭抗礼,如 2007 年 12 月发动结构性行情,甚至同管理层旨意对着干。

2008 年最后两月、2009 年春季游资主力的表现更是可圈可点。

市场多空分歧围绕上证指数展开,上证指数以总市值统计涨跌。

资深市场人士无不知道它大部分时间存在很大偏差,但没有人能摆脱其约束,都得拿上证指数说事。

一直有人呼吁取缔上证指数,只有让它寿终正寝,市场才能摆脱束缚。但估计在相当长时间内,上证指数仍将存续。

上证指数具有欺骗性,而站在特定的利益立场看,误导与欺骗是股市的必需品。如果不死盯着上证指数判断市场趋势,任由那些似是而非的嘴巴爱说什么说什么,走自己的路,依据强势板块与个股情况判断市场流动性,我们将更早发现2009 年春季行情来势汹汹。

以 2008 年 11 月 4 日从底部开始爬升计算,到 12 月 10 日,上证指数上涨25%,反映流通市值变化的中证流通指数上涨 35%。

流通市值涨幅是上证指数涨幅的 140%。中证流通指数显示 A 股市场已有

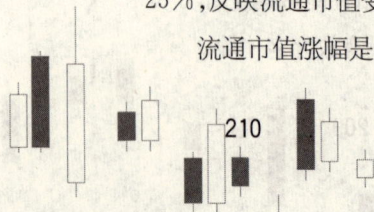

转入牛市的兆头。

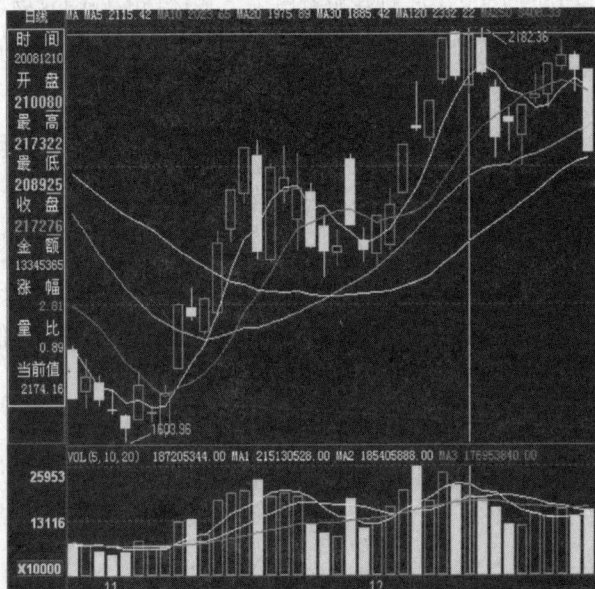

图 8 - 2　中证流通指数于 2008 年 11 月 4 日至 12 月 10 日的走势

更需要加以重视的是，2008 年 11 月 4 日至 12 月 10 日，低价板块指数涨幅高
达 49％，表明 A 股市场已经进入低价股、题材股的结构性牛市行情。

2008 年 12 月 10 日至当年底，低价板块指数有 10％向下调整，这期间可以说
无法判断进入低价板块的游资主力是不是志在高远。

但在 2009 年新年开盘后，低价板块指数结束调整，爬升起来，此时可以断定，
游资主力不会善罢甘休，不会仅仅小赚一笔便落袋为安、刀枪入库。

到 2008 年年底，低价板块指数最大涨幅不到 50％，游资主力即使大举撤离最
大获利也就在 30％左右，赚头实在太小。

从底部算起，到 2009 年 2 月 16 日，低价板块指数涨幅高达 92％，以上涨
100％为界定一轮牛市入围指标的话，低价板块已经即将走完一个小牛市。此时，
游资主力出货在所难免。

2007 年以后的市场表现显示，在多数时候，包括进入 A 股市场的国际热钱在

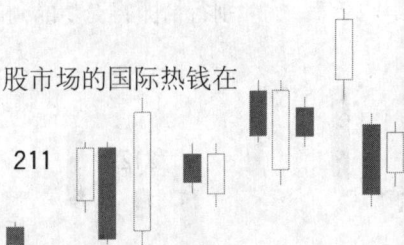

内的有组织游资是比合法机构更加坚定的多头。

沪深300以外的1300个品种是游资主力厉兵秣马的广阔战场。

他们是宣传队、是播种机。喜爱低价、贪图便宜的举国小农与他们天然性近，时不时形成"农村包围城市"的浩荡之势。

游资主力可以在适当的时候挺进沪深300，比如在把绩差股炒得比中国工商银行的股价高一倍，自己都觉得难为情的时候。

合法机构却难以走出沪深300与中小板绩优股围城，原因有来自管理层的限制，也有他们久居腐鱼之肆不闻其臭，自己中了自己所宣讲意识形态毒的因素。

华夏大盘基金经理王亚伟这类的人之所以受人追捧，就是因为他们敢于走出沪深300围城。

比王亚伟先走一步的人被群雌粥粥同行视为坏孩子，惨遭攻击，管理层勒令他们辞职。这些人加盟有组织社会资金，活得一点不寒碜，这才为王亚伟等人赢得了生存空间。

京痞王朔就人与文学的关系说过一些话糙理不糙的名言。

游资主力行为达到了京痞最高境界，他们搞股票而不被股票搞，搞舆论而不被舆论搞。

游资主力固然是要赚现金的，合法机构集体出货照样当锤子。

2009年2月下旬游资主力出货，低价板块指数最大跌幅为20％。8月上旬中央军出货，银行板块指数最大跌幅接近40％。

一些人刚一接触A股市场，啧啧称奇说中国工商银行不值钱，而业绩只有几厘的东西倒是价格不菲。他们根本不知锤子劣迹斑斑，作风败坏有案可查。

市场趋势分析、判断围着上证指数、合法机构、蓝筹板块转是机构的事情，我们却不能被主流舆论视野与兴趣点牵着鼻子走，尤其是在市场趋势发生重大改变的阶段。

我认为，以2009年春季行情为例，最迟至2009年新年开盘后，应该得出大级别行情即将诞生的判断，此时贪婪之心再不油然而生，就是同钱有深仇大恨。

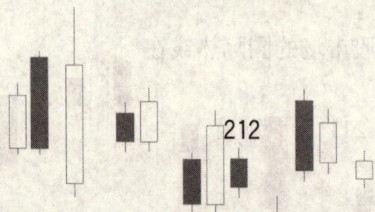

散户不宜组合投资

文玮玮：大级别行情来了，有贪婪之心后面临如何选择品种操作的问题。

你鼓励我操作，这些天我自己开了户，用少量资金试着操作，觉得很容易把股票越买越多，持仓很分散。

我的内心深处觉得各类品种都有一点，似乎更有安全感。

袁幼鸣：我看过你的持仓结构。所持品种全部属于沪深300范围。

你发现没有，你的持仓市值是同大盘波动幅度基本同步的。

既然与指数持平，那就不如在对大盘作一个判断后，买指数型基金，这样在时间、精力上更加经济。

市场中存在的所有品种统统是我们的潜在标的物，指数型基金照样可以买。

有的时候，全仓买入指数型基金是最佳选择。但绝大多数时候，买指数型基金连次优选择都不是。

在蓝筹股中分散持有几大主要板块的品种是在搞组合投资，A股市场实际教育我们，组合投资，散户不宜。

真要搞组合投资，那就把资金交给公募基金、集合理财和专户理财，不必自己打理账户。

一直有人鼓吹散户同样需要组合投资，如此可以分散风险。就分散风险而言，散户搞组合投资也只是半吊子。

蓝筹股各板块个股也是有风险的。遇到基金公司抛弃重仓品种，原因可能是基金高管与上市公司控制人脾气相冲、一言不合，股价照样暴跌。

在每个板块中是不是也需要分散风险呢？这样一路组合下去，你会持有一大堆股票。

最后，分散式守株待兔者收益率不如买基金份额。作为理性人，你也就只能乖乖地把钱交到专家们手中。专家们所开展的投资理念教育又一次得逞。

板块轮动是A股市场的基本特征，组合投资中的品种会随板块轮动而轮动

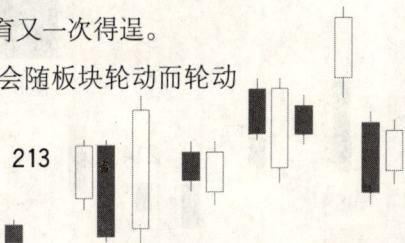

213

上涨,没有轮到则停在那里,持有这样的品种不如手握现金。

对于公募基金投资行为的种种限制性规定让它们只能搞组合投资,比如持有一个品种的流通盘不能超过 10％,但它们仍然有对行业的标准配置与超标配置之类的说辞。它们也是要制造与参与板块轮动的。

散户模仿基金,不过是拾人牙慧。

基金季报一般可以视为一个反向指标,上个季度基金加仓的行业,本季度基金减仓是常态。

基金经理上媒体称看好什么板块通常无非两种情况:一是已经大举建仓,希望资金流入抬轿子;二是准备出货,造谣诱骗其他市场主体接盘。

唯有一种情况下,基金经理的话可以仔细听:他们为一类被市场冷遇的品种造势。

例如,按照 QFII 外籍华人经理们颁布的守则,有色金属的市盈率不能超过10 倍,因为智利的铜业股就是如此的。

2007 年以前,有色金属也是这样定价的。手中钱多后,土经理们造了假洋人的反。类似的"造反有理"、估值革命行动值得高度关注。

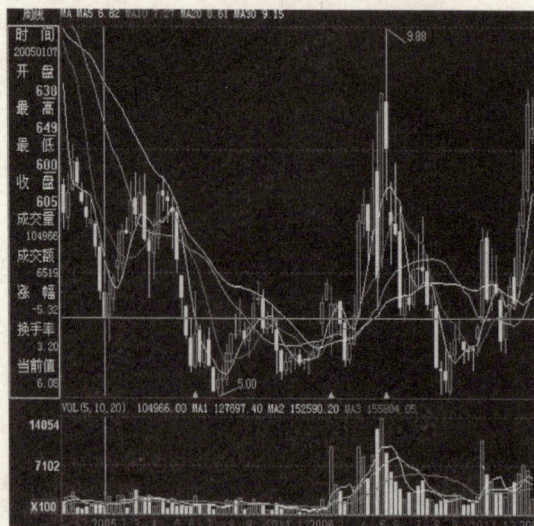

图 8-3　2007 年大牛股锡业股份 2006 年全年无行情走势

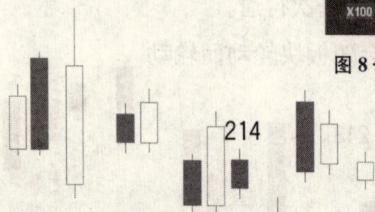

文玮玮：的确,组合投资违反该赚钱的时候尽可能多赚的原则,这样很被动。

袁幼鸣：组合投资之所以被动,在于它降低了博弈的灵活性、机动性。

搞组合投资的人不会有意识地重仓参与市场热点。

如果我们承认股市板块波段行情客观存在,则组合投资与板块效应收益无缘。

投资组合一旦形成,多数人会陷入一种心理固化,不愿变动它。组合投资呈现分散式守株待兔,持仓者会担心动了任何一个品种,明天它就有可能会涨起来。

对于心理结构只适合守株待兔,非如此不可的人来说,重仓进入少数强势板块的强势品种是比分散式守株待兔有效得多的选择。

迎接 2009 年春季行情,与其做一个所谓的投资组合,金融、地产、能源、有色、钢铁、化工、交运、酿酒、商业都买一点,天女散花,不如重仓西山煤电、云南铜业,一切 OK。

2008 年年底单位有年轻同事问我买房是不是时候,我说买什么房子啊,西山煤电、云南铜业 10 元以下闭着眼睛买。要不是内忧外患闹的,哪来这样的发财机会?

出击：趋炎附势参与热点炒作

文玮玮：散户不宜组合投资,那在判断出上涨趋势后,该如何操作呢?

袁幼鸣：近年来经过反复思考,我总结出了一套我称之为"潜伏与出击"的方法。

在资金分配上,"潜伏与出击"把资金严格一分为二,一半用于潜伏,一半用于出击。同时把现金也算作一个品种,任何时候,保持账户内品种不超过三个。

全部空仓,账户内只有资金,属于彻底潜伏。

半仓买入,留有一半资金,买入当然是出击,手中的资金属于潜伏。

行情前段与中段,全仓介入,一半资金激进操作,追热点、搏题材,属于出击；

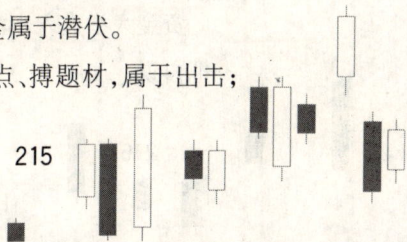

另一半资金进入后涨板块或滞涨股、防御型品种守株待兔,是为潜伏。

到行情有调整迹象或发展到中后段时,回到半仓,并且半仓持股品种不超过两个。

行情中后段每每出现由主力拉升的主升浪,这个阶段可以不留现金全仓介入,但须设置止赢价位或一见高位十字星之类的筑顶迹象就逃,将操作方式彻底转为短线。

文玮玮:有意思,我听后觉得心动。先就 **2008 年 11 月低价股行情**讲讲该怎样操作吧,这样对我摆脱对低价股的"敬畏"有好处。

袁幼鸣:人不能倒过来看 K 线图,觉得这些行情都应该把握住。那是自己跟自己过不去。

没有一个人可以做足底部行情和顶部行情,这不属于人的能力范畴。

2008 年 11 月的行情只能用半仓参与,必须让一半资金处于潜伏状态。

出击部队需要随时准备接应,特别是在市场大趋势不明的情况下,一旦出击部队被深套,手中有摊低成本、滚动操作的资金极其重要。

熊市大趋势中,大盘之所以借利好反弹,原因之一就是被套者群起拿出资金形成合力生产自救。

熊市反弹后,入市资金与被救资金一起撤出,熊市反弹后每每大力下杀,呈逐波下跌之势毫不奇怪。

2008 年 11 月半仓入市选择品种可以直奔水泥股,虽然事后可以看出游资老庄股纷纷走强,但老庄家各就各位那是他们自己的事。

散户该做的事情是趋炎附势,大树下面好乘凉、人多势众不怕走夜路。

政府出台 4 万亿经济刺激计划,经济学家称将导致落后产能进一步扩大,令经济更不健康;时评家算账说政府其实拿不出这么多钱,有诈和之嫌。或许统统有理,但市场动了起来才是硬道理。

资金大举进入水泥股,散户又不跟水泥股结婚,管它三七二十一,半仓进入抢一把再说。

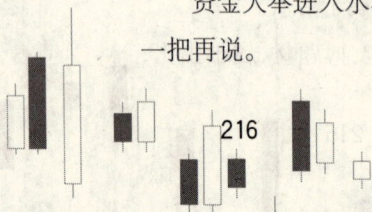

贪婪应该,但不能贪婪到想当然。2008 年 11 月进入冀东水泥这样的品种,6
元一线进入,2008 年 11 月 18 日在 9 元以上撤出,获利已经超过 50％,该知足了。

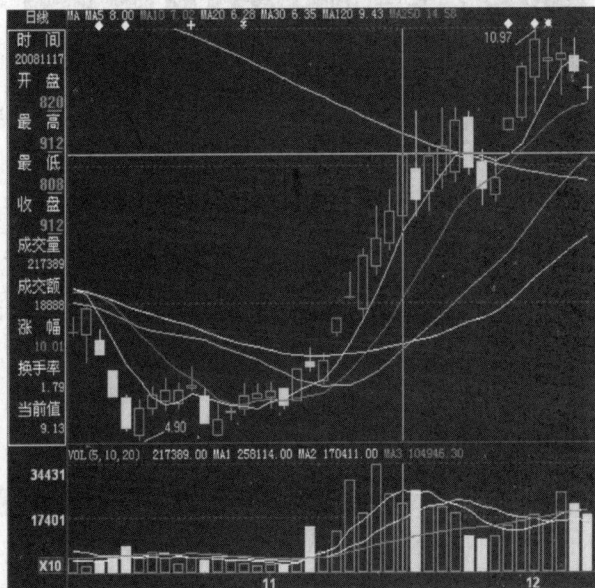

图 8－4　4 万亿经济刺激计划刺激冀东水泥 2008 年 11 月暴涨

此时看盘,可以看到低价股板块集体走得很硬,题材股宁夏恒力从 3 元一线
涨了起来,涨幅超过 20％。

宁夏恒力有个"好爸爸"宁夏电力投资集团,基本上属于净壳,时有"好爸爸"
将注入资产的传言,盘子不到 2 亿元,这时壳价格差不多 7 亿元出头,也属于有安
全垫的品种。

再进宁夏恒力抢一把,获利 20％就走。到 2008 年 11 月下旬,出击部队已经
累计增值 180％。

之后不再操作,因为指数与个股震幅很大,虽然呈现震荡走高之势,但未形成
趋势,游资主力担纲,如果他们撤离,再次探底 1664 点也未可知。

直到 2009 年新年开盘后,判断出各路资金,包括公募基金有发动行情的意
愿,很可能出现颇有力度的中级反弹时,再行介入。

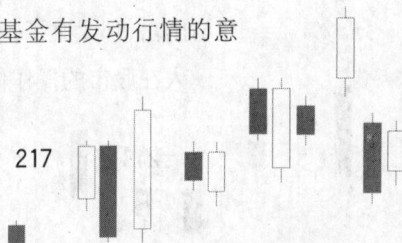

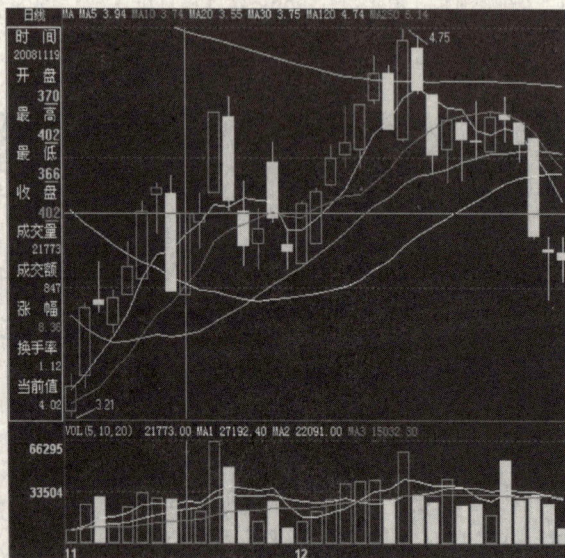

图 8-5　宁夏恒力 2008 年 11 月呈现底部爬升

文玮玮： 2009 年新年开盘后是不是可以全仓操作了？怎么潜伏,怎么出击?

袁幼鸣： 2009 年新年开盘后的确可以全仓操作。

2008 年年底,部分游资结账出货,公募基金破罐子破摔,连做做市值的动作都没有,大盘与个股呈现调整态势。但游资主力做多意愿明显,二线蓝筹也蠢蠢欲动,2009 年出现"春耕"行情概率极大。

"春耕"是 A 股市场的一种"生理现象"。A 股市场春潮不涌类似育龄期妇女闭经。除非受到重创,每年春季 A 股总会走出或大或小上行波段。

所谓人心思涨含义之一是指有太多市场主体靠天吃饭,没有行情连吃饭都困难。

券商等中介机构尤其如此,弱市状况下,公募基金经理的年终奖也得在上半年搞定,市场合力策动春季行情是常态。

我先讲怎样出击,再讲怎样潜伏。你千万不要以为一个人能轻易同时做到潜伏与出击,那太难了。

人在股市的操作偏好是心理偏好的外化,心理偏好在很大程度上是先天的。

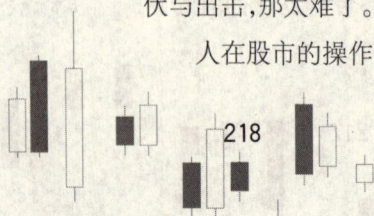

与分散型守株待兔者的心理偏好相反，股市中有天生的短线客，他们只参与热点炒作，而且只追炒作龙头。

像杭萧钢构这样的炒作龙头一旦形成，天生短线客会因有用武之地而大喜过望。

我有个朋友就是属于只参与爆炒的人，他从不研究基本面，嘴里讲出来的龙头绝不是某板块的龙头。

主流舆论声讨这类人，恨不得他们死掉，但他们并未被市场消灭，一轮行情下来，跑赢大盘的时候不少，活得蛮滋润的。

潜伏与出击类似一个人的两只手各打各的拳。武侠世界中，也就周伯通、郭靖等二三人做到过。同时做到潜伏与出击需要严格制定与执行纪律。

首先是对资金的动态调配，一直要做到一半潜伏一半出击。

比如，上面提到的 2008 年 11 月介入冀东水泥与宁夏恒力的获利部分就必须划出一半给潜伏一方。

不要对操作纪律搞什么顺势而为的调整，我们用九牛二虎之力，也只能认清变化发展着的市场大规律，短期内的大概率事件我们是看不清楚的。

其次，严格做到潜伏按潜伏的标准选股并操作，出击按出击的标准选股并操作，绝不混淆。

如果一进潜伏品种，它就暴涨起来了，那是运气忒好。结束潜伏把钱分一半给出击后，依然坚定地按潜伏标准选股，而不能因为赚了快钱就贪得无厌，改变选股标准。

出击与潜伏有合流的时候，潜伏品种大涨起来，出击资金追进去，它干的是出击的分内之事。

比如，行情发展到高位阶段，潜伏品种封闭式基金走出升浪，出击资金追进去每个交易三个百分点、五个百分点地获利，何乐而不为。

出击的要点是追热点，坚决止赢、止损。不要怕出击资金处于闲置状态，若找不到出击对象则坚决闲置。

股改大牛市中大盘站上 4000 点以后，大批所谓的二线蓝筹滞涨，进入这些品种待涨还不如让资金闲置。

2009 年新年开盘后第一个出击对象是中兵光电。

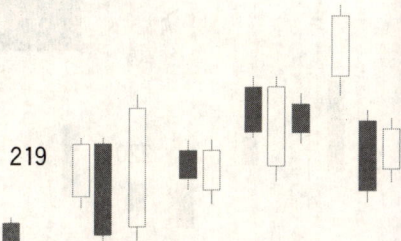

219

中兵光电是航天军工板块的后起之秀,该股在 2008 年年底基本上没有随大盘调整,说明主力吸筹充分,且有护盘动作。

1 月 14 日中兵光电上涨 4.33％,不属于异动。

1 月 15 日中兵光电发布 2008 年利润增长、拟 10 送 10、定向增发投建军工项目三项利好。当日早盘即放量成交,午后放量涨停,拉出旗杆。

这一天媒体报道证监会负责人表示全力推进资本市场稳定健康发展,说明大盘比较安全,是搞生产的时候。午后见中兵光电火箭发射即刻在 21.80 元追进。

进入中兵光电这样的品种后,出货时机选择只需看图说话。高位跳空缺口一出现就要打起精神,高位十字星一现就走人,39 元以上出货即算大功告成。

炒作这类品种,主力的操盘手一般会把股价拉上整数关,他们这样做能产生一种生理性快感。

出击热点,以不赚重要整数关以上的钱为宜。应该把这一条作为操作纪律执行。

2009 年 2 月中旬卖出中兵光电,出击收益率约为 77％。

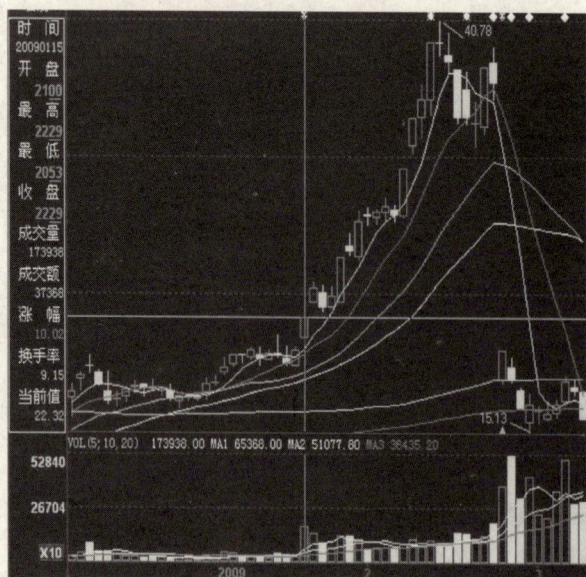

图 8-6　中兵光电成为 2009 年开年第一明星股

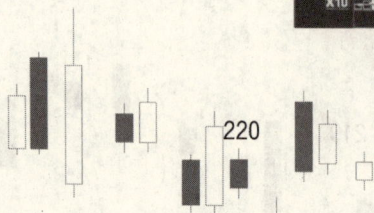

到 2009 年 3 月 4 日，则抢筹云南铜业。经过 2007 年的洗礼，A 股市场已有一大批有色金属爱好者，有色金属具有金融属性，受境外境内期货市场影响极大，一旦资金大举介入投机，股性极其活跃，适合出击资金高抛低吸。

出击资金追求波段收益，但对股性熟悉的品种，采用高抛低吸也是辅助性方法。

2009 年 3 月 4 日，早盘明显有大资金入市抢筹蓝筹股。

这天，云南铜业以 30 日均线价开盘，说明前期进入的制造跳空缺口、拉出旗杆的大资金全部被套。

进入有色金属的大资金是急性子，他们不可能长期甘于寂寞。现在不仅没有利润反被套，他们借政策唱多、资金入市，发起向上攻势是大概率事件。

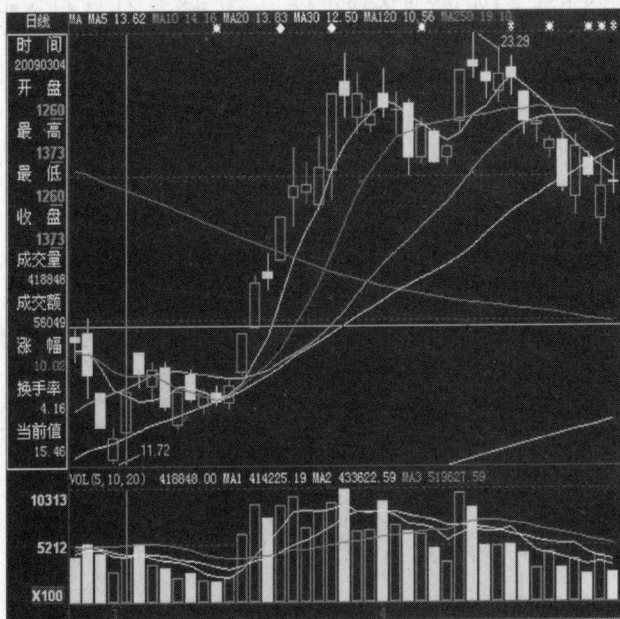

图 8-7　2009 年 3 月，大资金爆炒云南铜业

进入云南铜业这样的品种，做高抛低吸必须在盘中买回筹码，待到 30 日均线上窜至与其他均线相撞时，不可再高抛低吸，只能静观。

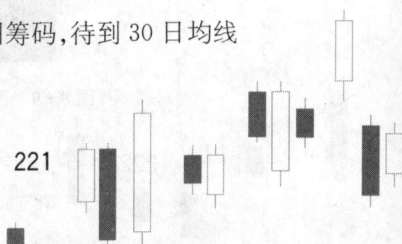

云南铜业被拉升起来后,在3月27日出现高位阴十字星当即走人,这种时候通常做法是待盘中下穿均线再拉起,到均线就把筹码交出。

出击云南铜业,买入价13元,卖出价22元,不计高抛低吸损益,扣除车马费,出击资金增加至168%。

2009年4月1日,西山煤电盘中涨停,当日上涨9.21%。

图8-8 云南铜业2009年3月27日分时走势

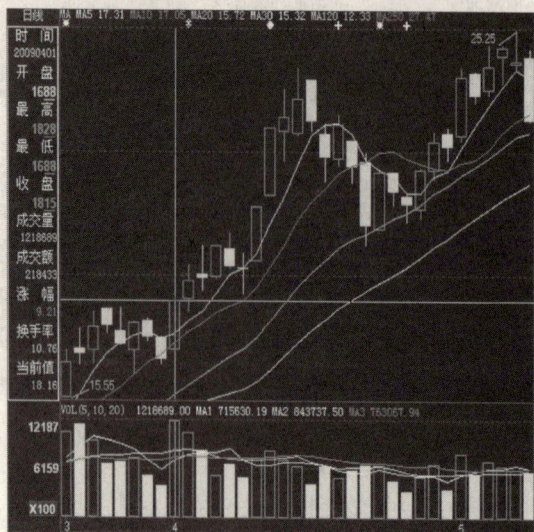

西山煤电是机构偏爱,此时基金热销,大涨说明机构大举建仓、加仓,而收盘价18.15元与其2月17日收盘价17.52元相去不远。

可以在4月1日收盘时买入西山煤电。

4月15日见西山煤电在13日跳空涨停后有冲高乏力疲态,在日均价附近以23.30元卖出,获利约27%。

图8-9 西山煤电2009年4月1日至4月15日机构加仓、建仓行情

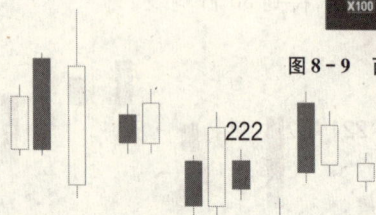

4 月 15 日后,关于新股发行开闸和创业板开锣的传言甚嚣尘上,虽然能判断出新股发行开闸不可能在 2500 点这样的点位,但众口铄金,三人成虎,顺应谣言造成的恐慌,还是应停止操作。

但不操作不等于不干活。

2500 点后,行情已进入中段,此时合法机构主导市场,要趋炎附势,密切关注机构感兴趣的金融、地产板块。

出击资金空置半个月后,4 月 30 日,保利地产 10 送 3 后跳空填权上涨 8.22%,可以于当日在 19 元处买入保利地产。

鉴于地产板块走出升浪一般是缘起于房价上涨,且一般会在社会舆论对房价上涨大力谴责,政府做出打压房价姿态后结束,可一直持有保利地产至 7 月 3 日以 30.50 元卖出。

出击保利地产获利率约 60%。

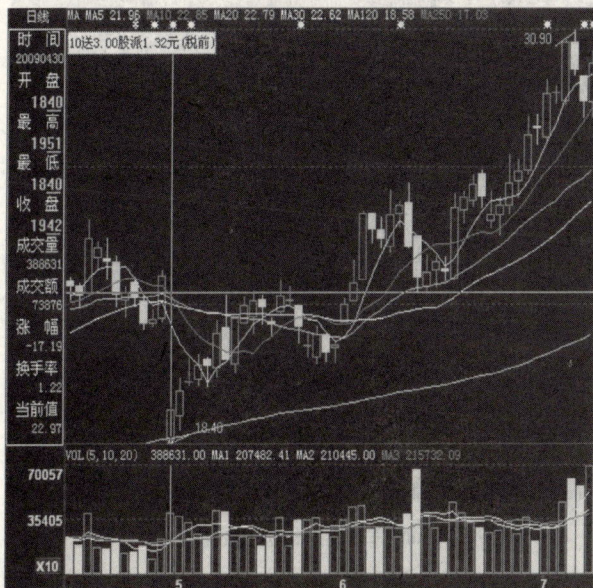

图 8-10　保利地产 2009 年 4 月 30 日开始填权大涨

这个时期,乘钢材价格持续上涨的东风,钢铁板块二、三线品种已经先于一线

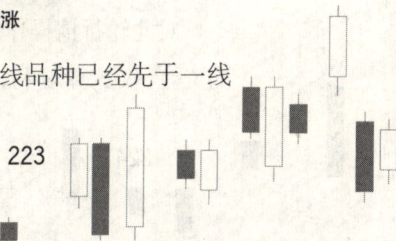

品种启动。

西宁特钢走势极其凌厉。其中期业绩最佳情况是微利,不亏损就谢天谢地了,居然还站上了10元。

宝钢集团和广东省国资委当大股东的韶钢松山不是后娘养的,此时价格不到5元,但主力吸筹迹象昭然若揭,涨幅不大,却搞出了一个标准的多头排列图形。只要大盘继续上涨,主力发力推升韶钢松山呼之欲出。

7月3日尾盘以4.80元买入韶钢松山。

7月29日将筹码预埋在7.50元处卖出。出击韶钢松山获利55%。

之后韶钢松山还有两个涨停,但这样的钱太难赚,也不必费力气去赚,弄得不好会打雁不成反被雁啄了眼。

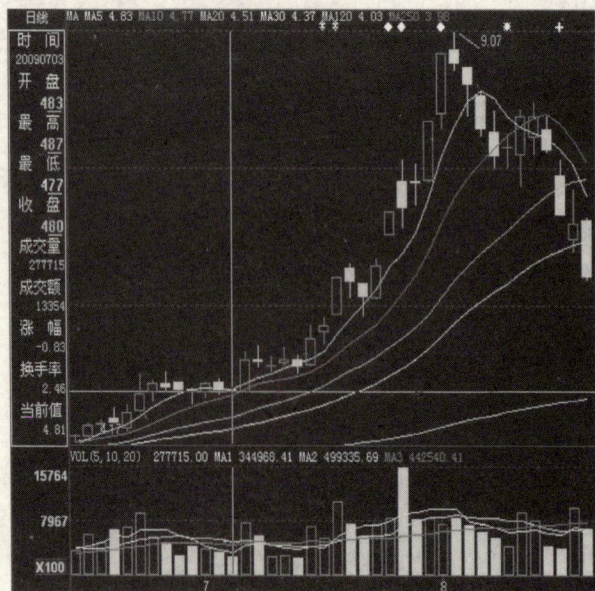

图8-11 2009年7月韶钢松山依托均线发力暴涨

2009年7月29日,上证指数的大阴线是转势标志,以后将步入大调整。

对此轮行情操作做一小结,不计在出击资金获利同时,潜伏资金未获利调出的资金,仅计算复利,其收益率为中兵光电177%×云南铜业168%×西山煤电

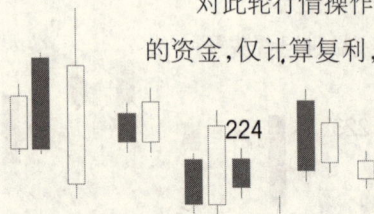

127％×保利地产 160％×韶钢松山 155％＝937％。

2009 年 1 月 15 日至 7 月 29 日，同期上证指数上涨 70％，中证流通指数上涨 85％。

文玮玮：的确有说服力。

这个时间段内，持有现金、落袋为安的时间累计超过一个月。涨幅是上证指数的 12 倍。即使 2009 年年中报亏损的云南铜业和韶钢松山也有一堆合法机构持股。买它们没有什么心理压力。

袁幼鸣：西山煤电和保利地产主要是机构推上去的。中兵光电、云南铜业、韶钢松山的行情都是游资当主力做出来的。

中兵光电有一些投资公司介入，云南铜业、韶钢松山的机构持股比例很低、很分散，这些"大散户"在里面坐轿子。

游资介入机构轻仓品种是 A 股市场的一大新特点。内有机构，但机构仓位不重是这些品种涨得动的原因。

当然也有相反的情况，如机构重仓银行股中的高价股兴业银行，它在银行板块中是最涨得动的品种。散户厌恶高价，所以几乎无人买兴业银行。

文玮玮：历史虽然不能简单重复，但如果边际条件不变，一些规律性的东西是会重复的。

每一次行情都是这样板块轮动的吗？

袁幼鸣：庄股时代要混乱一些，但它已经成为历史。

迄今为止的轮动方式特征是：游资庄股与机构重仓板块轮动；游资、机构共舞品种崛起；地产、金融、有色、煤炭、钢铁、化工等行业板块轮动；新能源、航天军工、事件主题、地方板块等概念轮动。

上一轮行情涨势凶猛的板块下一轮可能熄火。

2009 年春季行情，像股改牛市中炙手可热的参股券商板块就走得较软，因为券商板块本身也走得较软，不如大金融板块中的保险股。

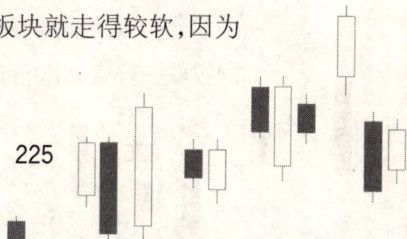

225

2007 年 3 月底至 5 月初,持有中信证券巨额股权的雅戈尔在一个月出头时间就能走出翻番行情。对雅戈尔来说,如此表现到 2009 年春季已是明日黄花。

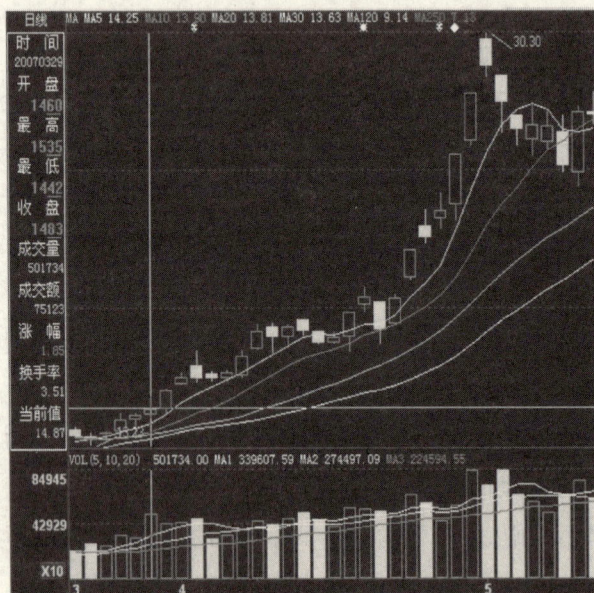

图 8-12　2007 年 3 月底至 5 月初,雅戈尔走出翻番行情

2009 年春季行情,电力板块走势很弱。这情有可原,因为发电量负增长,转正后吸引力也不大。

"铁公基"受益于 4 万亿刺激政策,但铁路股效益是算得清楚的,它们过于透明,走得也很弱,不过这或许不是理由,反正资金就是不眷顾它们。

化工股在 7 月份突然发飙,至 8 月 4 日大盘开始调整时,化工化纤板块指数大涨 30%。

如此表现的原因是此时入市资金已经轮炒过主流板块,暂时没有发力对象,开始冲着大化工概念蛮干。

化工股产品涨价有真有假,各路资金包括新入市公募基金资金扬言化工产品同钢铁一样存在涨价预期,就炒了起来。

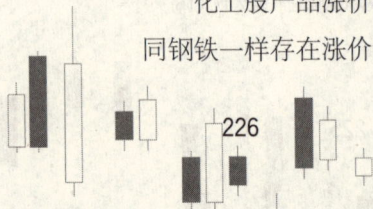

而农业股在 2007 年年底游资与管理层对着干的行情中,走势凶猛。当时处于通胀周期,CPI 开始发力。

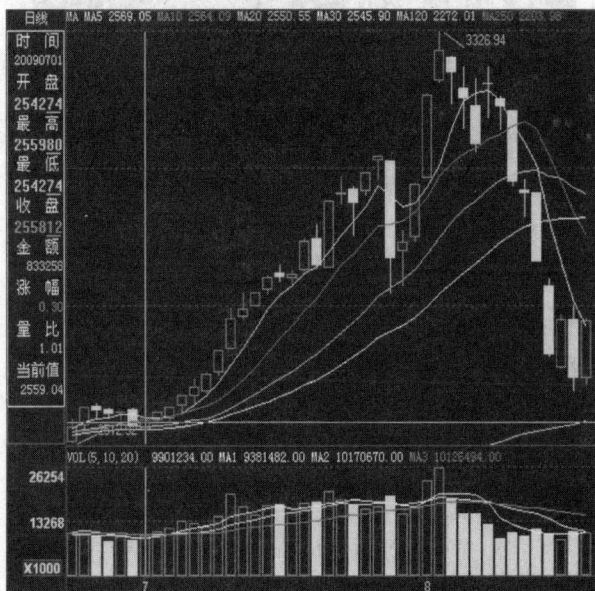

图 8 – 13　2009 年 7 月份化工化纤板块指数大涨 30%

国内粮价、猪肉价在 CPI 中占很大权重,表面上看农业股业绩与 CPI 同步,其实不是这么回事,但那时农业股有故事可讲。

2009 年春季农业股走势疲弱,此时 CPI 是负数。上证指数 3400 点后,农业股有过"一日游"行情,第二天追入的资金几乎全部被套。

强者恒强,大资金在一轮行情中会反复关注某些板块与品种,造就它们的强势。

从云南铜业的周线图可以看出,到 2009 年 7 月底,它已经经历三轮炒作。

第一轮炒至 2009 年 2 月下旬,价格达 15 元。

第二轮从 12 元以下炒至 2009 年 3 月下旬,价格达 22 元以上,几乎翻番。

第三轮从 18 元以下炒至 38 元以上。

每次调整幅度都在 20% 左右。

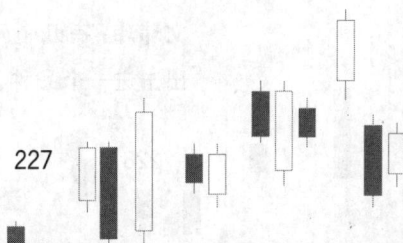

227

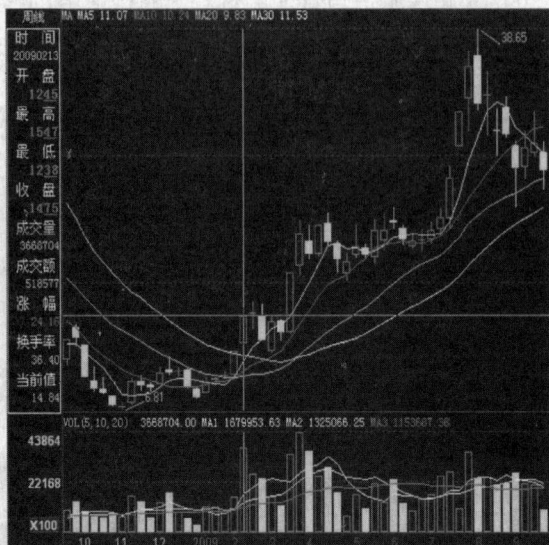

图 8-14　云南铜业 2008 年年底至 2009 年夏季周线图

云南铜业从 98 元跌到 7 元以下,炒作空间巨大,且它名为云南铜业,实为中央企业,玩起注资游戏来轻而易举。

主力编造个谣言称,政府将打造具有战略意义的全国性铜业集团,收编地方铜矿,打鸡血针首当其冲的就是云南铜业。

云南铜业有故事可讲,围绕在这样的公司周围的利益集团势力强大,资金自然敢于眷顾它。

出击看似投机,其实是守正为主,出奇为辅。

你一定要记住,出击的要诀是顺势而为,跟着有组织资金走、跟着当期主流板块走,切忌自行其是、切忌特立独行。

人文知识分子唾弃曲学阿世,追求特立独行,好习惯啊!但我们不是到股市当人文知识分子的,而是去博弈的。

文玮玮: 有几个问题,如果追热点追错一次又一次怎么办? 如何止损?

出击进一个品种,它死活不涨,不是变潜伏了吗?

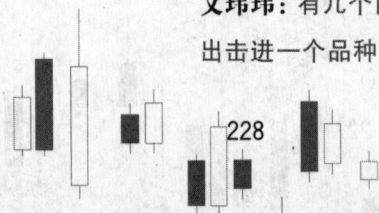

出击一个品种错了，多长时间之内撤离出来？

袁幼鸣：出击是一个阶段的策略，它的逻辑起点是对大盘趋势坚定看多。

如果对大盘趋势的判断是看准了的，以守正为主的出击是不会一错再错的。一错再错一定是大盘不支持出击。

大盘千点上涨是需要个股上涨堆砌出来的，出击就用于这样的趋势性上涨行情中。

在行情前段和中段，市场可谓遍地黄金。到了后段，大资金的运作迹象往往已经无法掩盖，市场进入热钱宣泄阶段，此时跟着热钱走即可。

从股改大牛市开始，到行情后端，轮到滞涨的中字头大蓝筹品种发飙，此时50ETF之流是出击对象。

如果 A 股市场不再是"电梯市"，不再呈现板块轮动，而成为一个理性平衡市，作为操作策略的出击自然失去市场基础。

出击后若发现大盘将变盘，建立在这样的判断上，止损应当毫不犹豫。

出奇类的出击，比如搏重组题材没有得逞，也要迅速撤离。

出击是一种心态、一种策略，出击就是出击，出击进一个品种后，它一段时间不涨，但你认定它是资金眷顾的主流品种，就继续拿着。这个时候仍是出击，而非潜伏。

出击在一个品种内，若发现又有新的出击对象，坚定判断新对象将先动，就换仓。如果换错了，那是判断出错，非出击本身有错。

受新品种诱惑又舍不得老品种，此时如果采用所谓灵活操作，换一半留一半，由此开始，出击会走向崩溃。

因为既然出击了 2 个品种，那就会出击 4 个、8 个，最后出击会蜕变为守株待兔式持股待涨。

潜伏：做等待羚羊群通过的狩猎者

文玮玮：我们再谈谈潜伏。潜伏的主线应该是比价效应下的价值低估品种吧？

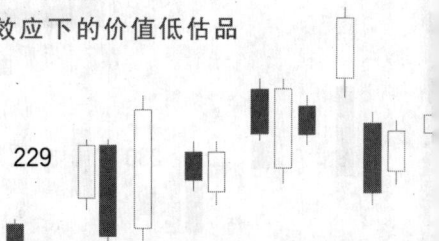

袁幼鸣：更准确地表述,潜伏主线是资金流入迹象暂时未现,但我们判断资金一定会流入,会走出升浪的品种。

潜伏如非洲大草原上等待羚羊群季节性通过的狮子。潜伏要做的是选准羚羊群通过的路线。

狮子在渡口等羊群必经之地设伏,饱餐之后储存能量,类似股市该赚钱时尽可能多赚。

股市大盘上涨同样有必经之地,潜伏是在这些要冲反复设伏。

潜伏主线不能拘泥于价值投资框架下的所谓价值低估品种。

2008年年底我曾对单位同事说,西山煤电、云南铜业股价10元以下闭着眼睛买,用的就是潜伏思路。2009年春季要么没有行情,只要有行情,西山煤电、云南铜业必然有资金眷顾。

云南铜业第一波涨到15元以上,潜伏收益率80%。

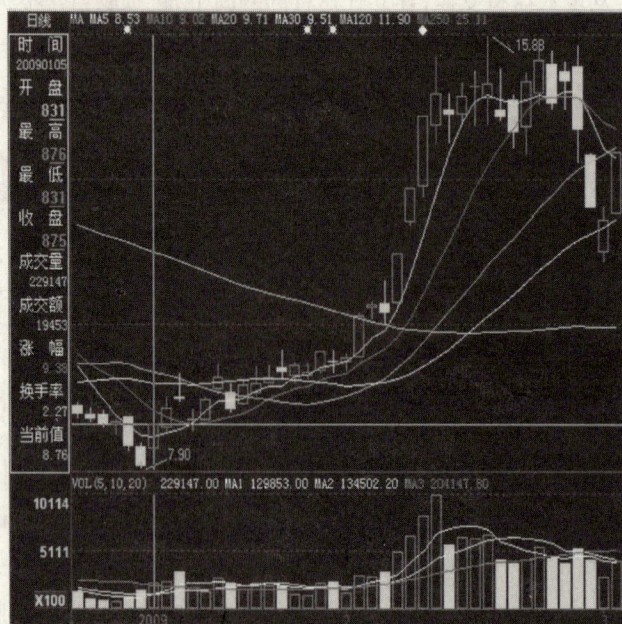

图8-15 云南铜业在2009年春季的第一波升势

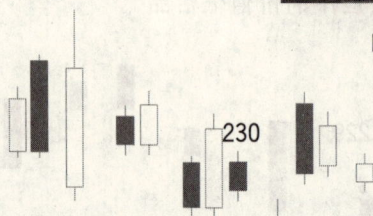

2009年新年开盘，另一个潜伏对象是陆家嘴。

上海陆家嘴金融贸易区让人联想到纽约曼哈顿。

陆家嘴有商业地产稀缺资源增值作为后盾，又具有迪斯尼题材、世博会题材。它是机构有理由持仓的题材股。我还知道上海一些有身份的人重仓其中，持筹心态很稳定。

2009年新年开盘当日潜伏陆家嘴的效果相当于一次成功出击。

13.60元集合竞价进入，到2月10日陆家嘴公告称未以任何形式参与迪斯尼项目投资，以当日收盘价22.01元卖出，收益60%。

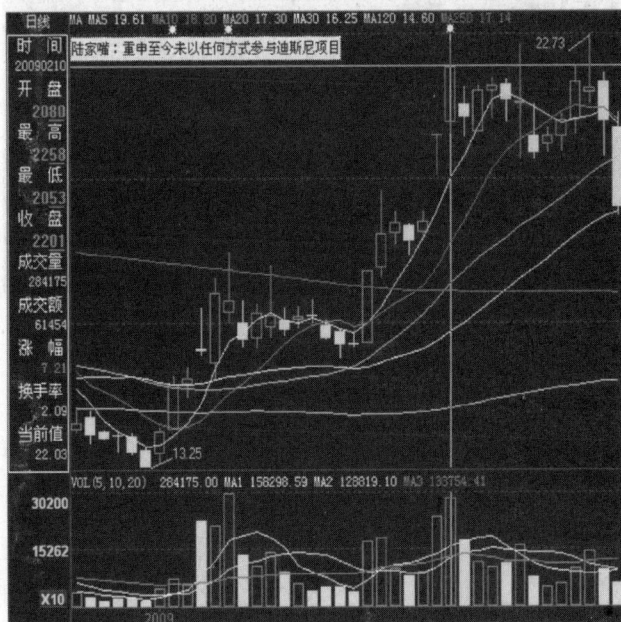

图8-16　2009年新年开盘后陆家嘴迅速走高

2009年3月6日接受媒体采访时，我曾拿中国平安举例，建议散户介入它。当时中国平安股价呈现AH倒挂，A股股价低于H股股价，这一定是会被快速纠正的。

逢低潜伏中国平安，到4月上旬收益30%。

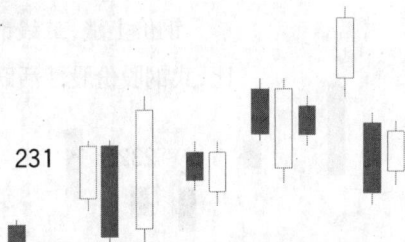

潜伏可以分批建仓,在坚定看多后市的情况下,所选潜伏对象越跌越买。

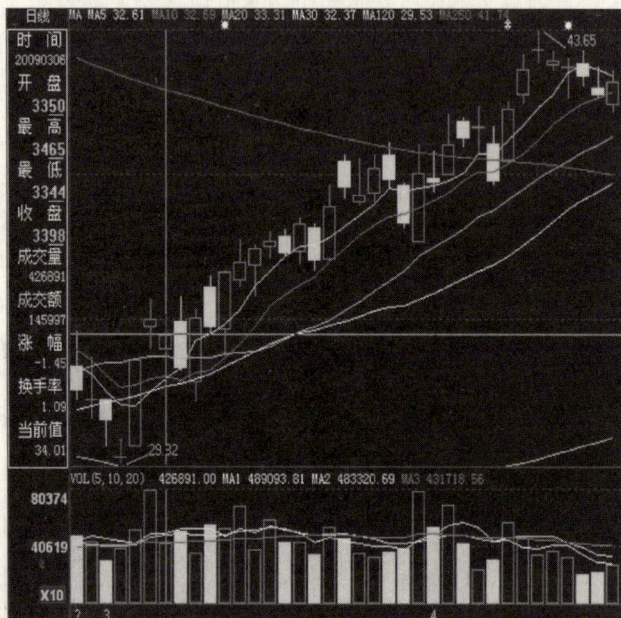

图8-17 2009年3月6日建议读者买入中国平安后其股价走势

2009年3月10日,中国平安跌进32元就是建仓良机。

酿酒属于防御型品种,大盘涨得热火朝天时,它们是会平台整理的。

泸州老窖2009年2月23日的收盘价23元,到5月25日收盘价却不到22元,牛市氛围中他三个月时间内不涨反跌,实在夸张。

但是,2009年5月下旬机构手中有大把现金,不选择防御型品种没有其他发力方向。

这样的时候,机构抬的轿子不坐白不坐。

可以在5月25日潜伏进泸州老窖,于6月29日在它冲上30元时出货,收益36%。

钢价上涨,二线钢铁股走强,武钢股份等一线品种倒是没有动,与宝钢股份比,武钢股份股性活跃,动如脱兔。

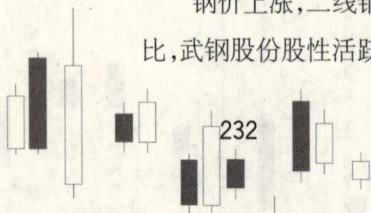

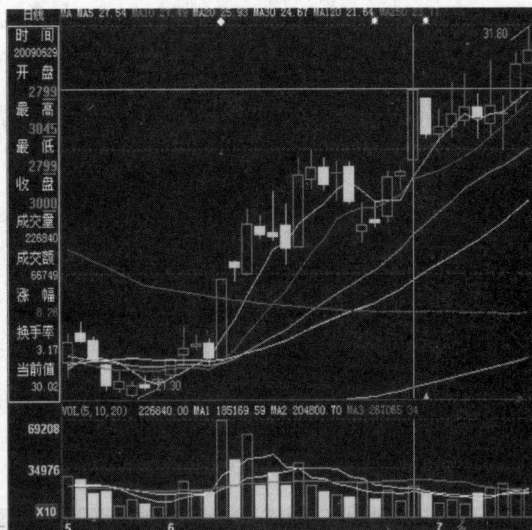

图8-18　2009年5月25日后机构建仓、加仓的泸州老窖走势

可以在7月初逢低8元以下低吸潜伏进入武钢股份，并于7月29日以11.50元退出，收益45%。

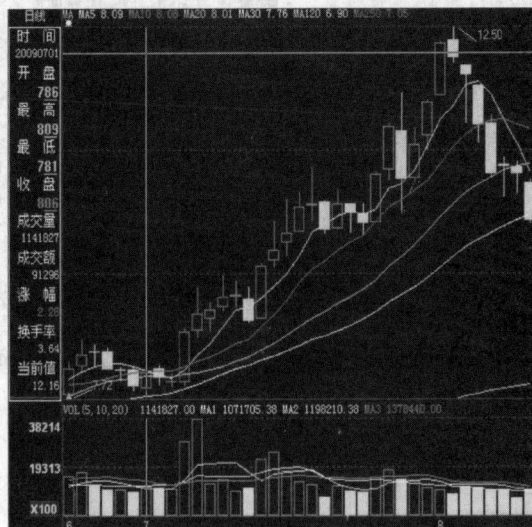

图8-19　2009年7月，武钢股份补涨走势

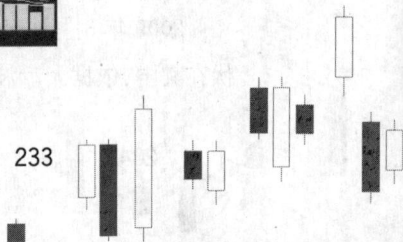

在大盘趋势性上涨行情中,潜伏的一个重要方法是进入合法机构云集的二线蓝筹股中高抛低吸。

机构同散户一样,在重仓股中高抛低吸,这样的品种往往呈震荡上行态势,在趋势向上的 BOLL 线上轨与中轨之间波动。

潜伏在这样的品种中高抛低吸,不仅能获得股价趋势性上涨收益,还有较大额外收益。

2007 年 7 月上旬至 10 月上旬的新疆天业就是这样的品种。

这期间在新疆天业中持股不动,那么总涨幅不足 60％,如果它冲破 BOLL 线上轨就逢高卖出,下穿 BOLL 线中轨就逢低买入,收益将超过 100％。

如此操作,持有现金的时候将达到 40％,可以躲过突如其来的大盘调整。

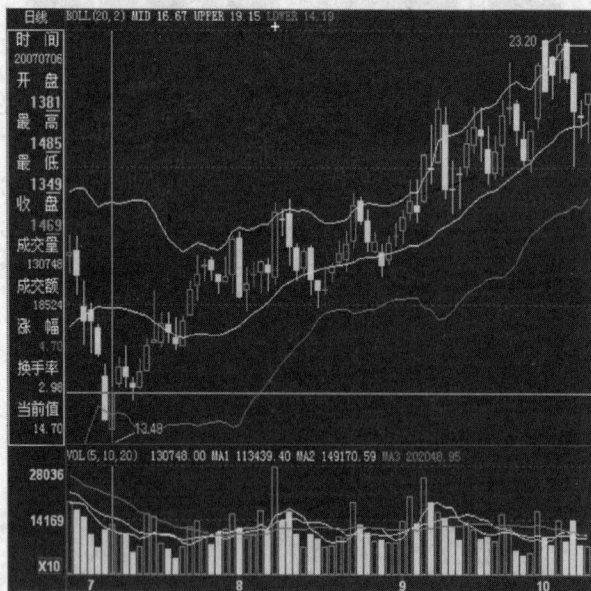

**图 8 - 20　新疆天业于 2007 年 7 月上旬至 10 月上旬
在 BOLL 线上轨中轨间震荡上行**

2009 年 3 月初至 8 月初,西山煤电、国阳新能等品种均有 300％的涨幅。潜伏在其中,依据大盘波动和板块节奏做高抛低吸,收益更为可观。

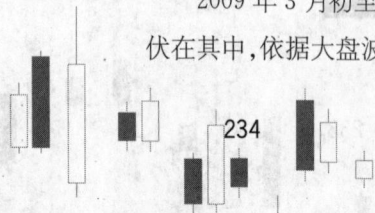

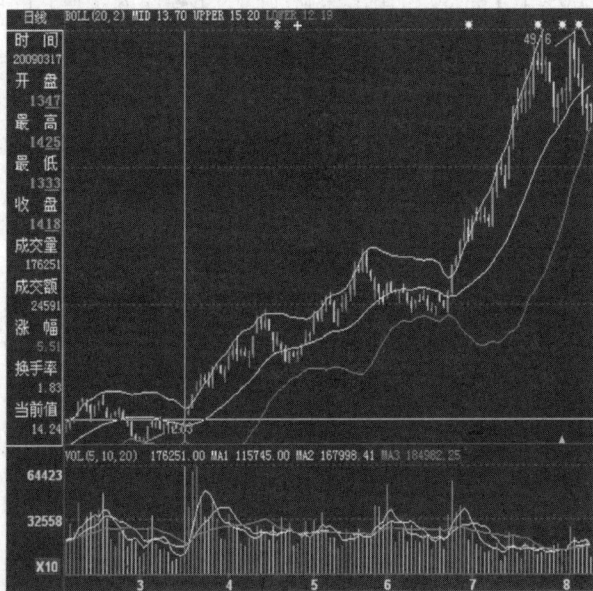

图 8-21　2009 年 3 月初至 8 月初,国阳新能的 BOLL 线走势

文玮玮: 我明白了。

既然有一波行情,绝大多数品种都会涨。有些品种涨幅将大大强于大盘,它们是这波行情中的牛股,自然是介入对象。还有一些品种会阶段性发力上攻,会有迹象显示出它们的趋势,也是介入对象。

罗马不是一天建成的,再强的品种也有多空分歧,也有走累了的时候,会出现调整。到强势品种调整时,要么退出,另选潜伏对象;要么高抛低吸,追求利润最大化。

出击与潜伏是两种心态、两种逻辑、两种起点。

拿云南铜业举例,参与 2009 年第一波行情是潜伏,参与第二波、第三波行情则是出击。

袁幼鸣: 总结得挺好。

关键是要在实战中把出击与潜伏的两种心态、两种逻辑、两种起点落到实处。

文玮玮: 讲讲同时出击与潜伏的实例吧。

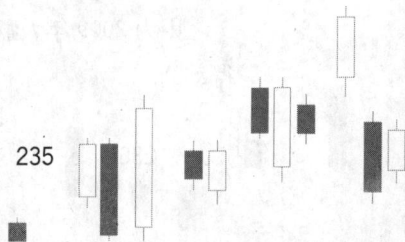

袁幼鸣：2009 年 4 月 30 日出击保利地产的重要原因是搏它的填权行情。

一旦发现保利地产走软，出击资金是要退出再找出击对象的。

但这个时段可以得出判断，上证指数要上 3000 点，房地产板块必须发挥主攻作用。潜伏进入房地产板块，就是当守在羊群必然通过渡口的狮子。

此时万科 A 正在平台整理，8 元以下介入的机会多的是。

8 元以下介入万科 A，被浅套后，于 7 月 3 日以 14 元卖出，收益 75％。

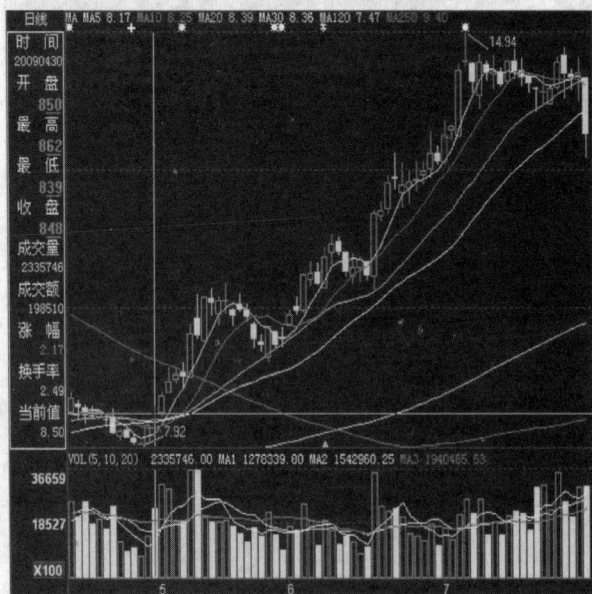

图 8 - 22 万科 A 于 2009 年 4 月 30 日后发力攀升

同时段出击保利地产收益为 60％，潜伏万科 A 倒是收益更高。

这是我们无法控制的。我们能控制的是自己的心态。

不管谁的收益更高，对保利地产是以出击标准选股的，相中万科 A 用的是潜伏标准。

可以与出击保利地产配套的另一个潜伏品种是中国太保，它是第二选择。

因为 2009 年大盘要上 3000 点，金融股必须发力，而保险股是金融股中最涨得动的。

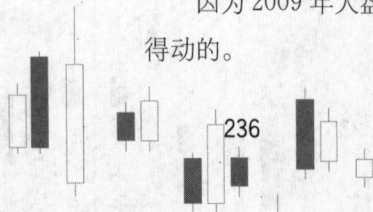

　　我曾拿保利地产与中国太保配套向朋友推荐，因为他们希望多持有板块，所以我没有叫他们同时买保利地产与万科 A。

　　2009 年 4 月下旬在 17 元以下潜伏进入中国太保，到 7 月 20 日该股冲高乏力，呈现高位十字星，以收盘价 29.06 元卖出，收益 70%。

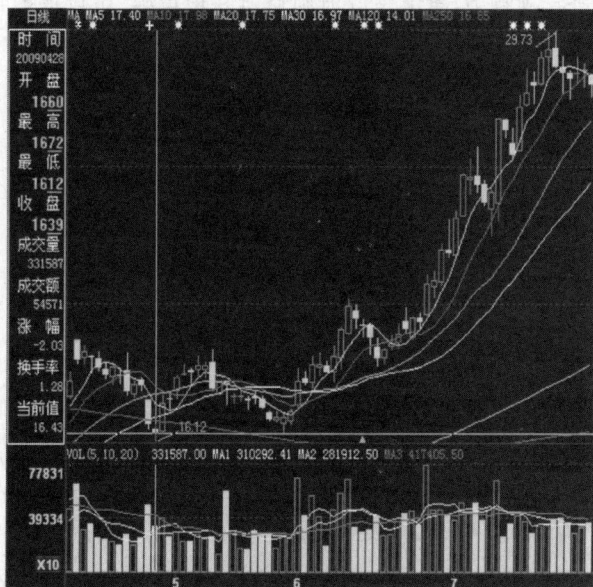

图 8-23　中国太保于 2009 年 4 月底开始逐波走高

　　文玮玮：介入万科 A 与中国太保时倒是没有看见有显著的资金流入迹象。

　　进入它们甚至会被套。但如果大盘要继续上涨，它们必然上涨，这是潜伏进去的理由。

　　对我来说，明白这个逻辑很重要。

政府为什么"两手硬"发动 2009 年春季行情

　　文玮玮：潜伏与出击的选择来自对大盘上涨趋势的坚定判断。

　　如果认为大盘涨不上去，2400 点是 2009 年铁顶，那是既不能潜伏，也不能出

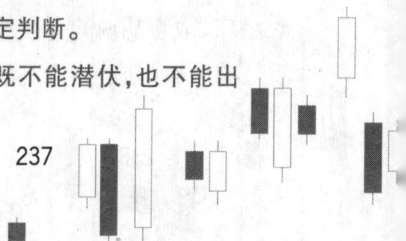

237

击的。

你多次描述政府在 2009 年春季是如何唱多、如何推动机构入市的,但除了恢复新股发行这个目的外,你没有讲过政府发动这轮行情的其他利益诉求。

政府还有其他利益诉求吗?你想过这个问题吗?

在政治经济学视野下,看清楚政府利益所在很重要,可以提振我们对行情的信心。

袁幼鸣: 我当然想过。

许多人看不到政府的利益点,一叶障目,所以误判形势。

A 股市场的主流舆论氛围是夸大上涨风险,对大盘暴跌、市值缩水的风险则视而不见。

一些精英人物也会假惺惺地说几句暴跌让散户损失惨重之类的话,但很少有人认为股市市值大缩水对宏观经济会有什么负面影响。

在一些握有话语权的精英眼中,熊市只有新股发行不顺利一个毛病,没有其他毛病。

而且,这些人认定熊市停发新股是"刁民"起哄的结果,完全可以不予理睬,照发不误。

媒体难辞其咎,证监会该挨批判,精英曾成群结伙冲着暂停新股发行猛泼脏水。

你是受过社会科学研究训练的人,可能会反对我的说法。

我以 20 世纪 80 年代读研究生时学科学哲学打下的那点薄底子发现,社会科学研究数学化在美国不失为一种为学术而学术的探索,但在眼下的中国纯属胡闹。

统计学工具用对地方有价值,但对类似人是不是要吃饭这样的常识问题,也要搞一番设计问卷、采集样本、统计计算、小结结论,且拿出来发表,充当学术成果,套取科研经费,纯属欺骗行为。

人本来百分之百是要吃饭的,除了死人。一经实证研究,又被调查者胡说一气,故意胡说的人在统计上又排除不掉,结果成了只有 90％的人要吃饭,10％可以不吃饭吃"甜露",如天王洪秀全所号召。

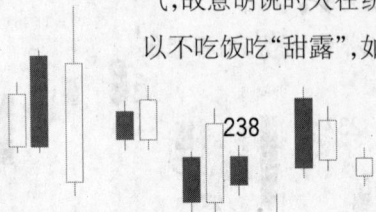

选择性仰美国人鼻息的中国经济学、心理学、管理学等学科抱数学大腿，自诩自然科学，殊不可笑！如此风气居然成了学科"范式"。

自然科学理论体系可以违反眼见为实的常识，研究人与社会的学科却不能干违反常识的事。

反常识在A股市场同样非常时髦、大行其道，一个流行观点就是股市没有"财富效应"。理由是有美国人曾实证研究发现美国股市没有"财富效应"。

的确有美国人根据统计样本得出了这样的结论，但也有美国人的实证研究结论是股市存在"财富效应"。鼓吹股市没有"财富效应"的人看到后者的论文是不会对人说的。

股市上涨后居民消费趋旺的"财富效应"显著。2007年"5·30"前上海餐馆、茶室爆满，出国旅游的人同比增加，扬招出租车难度明显增大。

这些我都体验到了，以后再看见"半罐水"学者引用某个美国人的观点，在报刊发文章称股市无"财富效应"，腻味之感油然而生。

为化解2008年9月全球金融危机与实体经济衰退大爆发对中国经济社会造成的冲击，决策层作了一系列安排。显而易见，2008年最后两个月、2009年春季政府出手做多股市是一系列安排的重要组成部分。

种种迹象显示，2008年第四季度政府对资本市场认识有所转变。政府开始承认股市的"财富效应"并要加以利用。

政府认识到了城市中产阶层金融资产存量与社会消费能力、经济增长率的关系，看到了它们之间的重大关联。

不仅如此，2008年第四季度以后的股市点位已经事涉社会稳定。

外贸锐减，沿海经济发达地区失业率增加，大学生就业困难，此时城市居民股票账户市值增加是对在全社会蔓延的焦虑情绪的一种有效安慰。

股市与维稳相连，政府怎么会不做多它呢？

而且，这并非中国政府一家的做法，全球主要经济体都是这样干的。

一些学者特别强调美国、欧盟救的是经济而非股市，这些言论让人既好气又好笑。

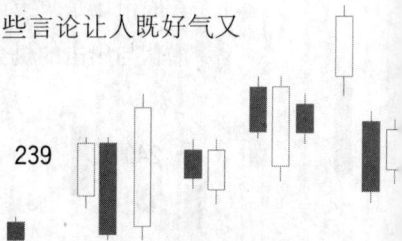

发达经济体消费在 GDP 占比达 70％以上,确有学者认为虚拟经济没有"财富效应",但社会共识认同"财富效应",所采用的诸多金融手法都是用于维护消费、刺激消费的。

消费者信心指数是一个极端重要的经济指标。一旦消费疲弱,发达经济体的政府与精英立即惶恐。

它们的资本市场与实体经济彻底打通,资本市场就是经济的代名词,政府连衍生品市场都救,何况正股市场。

2009 年春节过后,看到股市摇摇晃晃涨了起来,有人立马跳出来投机,提示政府防止风险。

专家声嘶力竭报告"政府队长",放出来的信贷是用于实体经济的,现在跑到股市投机去了,危害极大。

其实,有关部门对有一定比例的信贷进入股市心知肚明,连主要是拿了信贷大头的大型国有企业放进股市的都清楚。

那时尚不是"收"的时候,有关部门可以装装糊涂。

一部分信贷资金进入股市流动性,先启动中产阶层金融资产,让它有一个恢复,对宏观经济形势转好有益无害。

中产阶层金融资产不恢复,消费信心不能恢复,生产的信心何来? 信贷百分之百用于实体经济是监管部门规定,不会公然更改,但生产出来了,没有消费怎么办?

而且,此时沉淀的流通市值几乎都是散户、基民的血汗钱,许多人亏损在一半以上。

大嘴专家完全不懂政治,不明白政府心思!

曾胡说上证指数要跌到 1000 点的股市时评家也起哄说 2009 年开年行情是流动性行情,没有基本面支撑,随时会掉头大跌。

这些"大嘴"万万想不到,在摸高 2400 点跌下来后,政府高层负责人亲自出面上网谈话,来了个新一轮舆论造势与组织资金入市的"两手硬"做多。

A 股市场是政策市,是政策市就不可能是平衡市。

潜伏与出击的机会是政策市的伴生物!

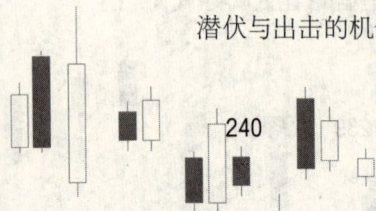

第九日

抢反弹、进结构：大盘下跌趋势中的操作

警惕管理层『暗打』股市新招数

抢反弹至多只能半仓

有组织资金收缩战线催生结构性行情

高山滑雪的中国神华、锡业股份绝不能碰

9

每日提要：

◎ 流动性为王，一旦因为种种原因，有组织的资金离开股市一段时间内不回流，市场市值将持续缩水，此时持有股票亏钱是大概率事件。认清市场流动性出问题后，果断清空筹码是减少亏损、避免亏损的最佳选择。

◎ 大盘转势阶段，基民、散户有的是时间赎回份额、清空仓位，之所以被深套，关键是不甘心承受开始时段的 10% 以内的市值缩水。博弈 A 股市场，割肉必须狠，市值不是钱，账户中的现金才是真金白银。大盘转势通常缘于市场矛盾公开化，此时唯一的正确选择是清仓。如果仍有想发财的心，纯属刀口舔血，结果很可能是当炮灰。

◎ 待市场趋势变化造成的第一轮混乱局面结束后，才能考虑抢反弹的事情。股性活跃的游资与机构共舞品种在大幅杀跌之后，往往率先反弹。抢反弹最多只用一半现金。在遏止大盘趋势性上涨的不可调和矛盾化解之前，操作上只搞短线性质的出击。抢反弹的一个重要原则是，到了下跌的中后期，股价越是看似低廉，越不能进场抢反弹，因为此时资金已经沉寂，个股流动性枯寂，极易被套且看不到解套之日。

◎ 在大盘流动性衰竭的状态下，有组织资金收缩战线将催生结构性行情。在 2007 年 10 月中旬上证指数开始大幅下跌后，至 2007 年 12 月初，A 股市场出现了低价、奥运、农业三个板块的跨年度结构性行情，它们由有组织的游资担当主攻，农业板块龙头品种行情一直演进至 2008 年 3 月，它们有参与价值。但散户不是局面控制者，参与结构性行情也至多只能拿一半资金出击。

◎ 概念板块龙头出现是因为它适合资金运作，不讲业绩。参与概念板块结构性行情，只以短线心态出击龙头品种，既要出击题材板块、概念板块，又要获得一种心理上的安全感，选择相对安全的品种，往往会把鸡肋拿到手中，陷入尴尬

243

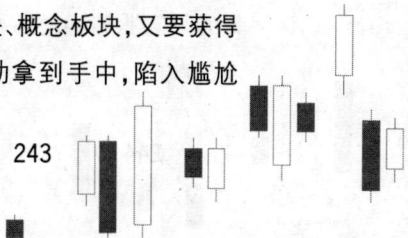

境地。

◎ 大象只会在大盘流动性充沛时起舞,大蓝筹往往与有力度的反弹无缘。下跌过程中的弱势板块与品种绝不能碰。比如 2007 年秋天高价发行的中国石油、中国神华等品种,打新大资金派发出逃,一旦开跌,一路高山滑雪,连烧纸钱的孝子贤孙都没有。

警惕管理层"暗打"股市新招数

文玮玮:你昨天提到 2009 年春季管理层执行"放"的政策,对有部分信贷流入股市睁一只眼闭一只眼。此一时彼一时,到 2009 年 7 月,又一次进入政策"收"的时段。

袁幼鸣:是的。

到 2009 年年中,政府对经济复苏已有信心,此时心态已有较大变化。

经济复苏按理来说将支持股市继续走牛,但此时预防通货膨胀、遏制股市楼市投机已成"策论"主流。

7 月份,银行业监管部门的动作之一是清查违规进入投资品市场的信贷资金。

只要上证指数翻番,赚钱效应摆在那里,一定会有人心理失衡、行为失态。

现在的一大麻烦是公开言说的人少,搞"耳语"的人多。这增加了获知"策论"动态与高层态度的难度。

一些话语权尚存的闲人到各地走走,估算一番进入楼市股市的违规资金,回北京后写报告通过各种渠道上递。张三这样干一把,李四内部宣讲一番,还是挺有影响的。

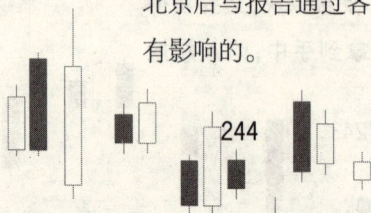

8月市场暴跌后，媒体的一些报道透露出这些人的动作，说明他们虽然不到媒体上充大嘴了，却并没有闲着。

有关部门是会明修栈道、暗度陈仓的。这方面有很多先例。

2008年房地产企业日子很难过，年底房地产市场的回暖说到底是政府行为所赐。

原来传说房地产业入围"十大产业振兴规划"，一时间舆情汹汹，后来十大产业振兴规划出齐，却没有房地产业，算给民意一个回应。

持币待购者欢天喜地，觉得房价下跌没有疑问，但有关部门对银行业搞"窗口指导"，让银行给开发商贷款，勒在全国房地产商脖子上的资金链一松，他们集体缓过气来。

此时消费者与投资客同房地产商的博弈已到最后一刻，房地产商本已撑不下去，政府顶了他们一把。这可不是网络论坛上空口说白话的顶一顶。博弈的天平就此倾向于房地产商一边了。

购房者博弈联盟崩溃，房产价格自然回暖。

2008年年底，我们都认识的一个房地产商资金链即将断裂，为避免放高利贷的人伤害家人，被迫同太太搞了个假离婚。银行贷款到手，全家人又其乐融融，日子过得蛮好。

2009年7月有关部门在股市也来了个暗度陈仓。台面上没有露出打压言辞，但开足马力发行新股、开闸再融资并组织资金撤离，都重创了市场。

这是一种新动态、新招数。

政策对股市的严打、明打要防，"暗打"更要防。

潜伏与出击重在研判市场趋势。研判市场趋势功夫在诗内也在诗外。

2009年7月对股市的"暗打"有一个重要的时间节点因素。

一旦上证指数在2009年8月上旬冲过3500点，9月上旬完全可能上摸4300点，届时来个集体杀跌，谁来接盘？总不能让中央军当"德隆系"，把绝大部分流通筹码都拿在手中吧？

如果暴跌千点，凄凄惨惨，时逢甲子庆典，那是很不和谐的场景。

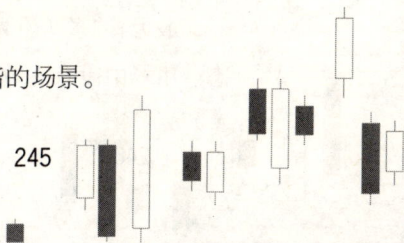

从这样的角度看问题,不难发现,站在有关部门立场,2009年7月进行打压式指数管理是必需的,也是必须的。

抢反弹至多只能半仓

袁幼鸣: 我们接着谈谈在该亏钱时,如何少亏。你怎样理解这个问题?

文玮玮: 一旦因为种种原因,有组织的资金离开股市,并在一段时间内不回流,市值将持续缩水,此时就是该亏钱的时候。

只要认清市场流动性出了问题,果断清空筹码是少亏的最佳选择。

袁幼鸣: 说得对。

大盘趋势扭转时,开始未必能看清楚,有可能潜伏已久的资金被套,有刚刚兴冲冲出击的资金也被套。

一旦认清形势,不管被套多深,要立即割肉而出,而不能心怀侥幸。

侥幸心理不能让离开市场的有组织资金回流,不是"该怎样",更谈不上"是怎样"、"将怎样"。

大盘筑顶与转势是一个复杂的过程,散户卖出筹码、基民赎回份额都有的是机会。

许多人之所以被深套,关键是不甘心承受开始时段的那10%以内的市值缩水。

市值是筹码不是钱,账户内资金才是真金白银。你一定要牢记这一点。

文玮玮: 我记住了。到割肉的时候手要狠。

另外,我看上证指数K线图、中证流通指数K线图,它们都显示在大的下跌趋势中有反弹,且有的时段反弹很强烈。

这说明在躲过一波下跌,或者割肉而出止损后,是有机会抢反弹的。

袁幼鸣: 是的。反弹是贯穿下跌趋势的现象。

股谚称"多头不死,跌势不止",它从另一个角度说明反弹是下跌过程中的常态。市场中没有人做多了,无反弹了,大盘或个股倒是进入筑底阶段了。

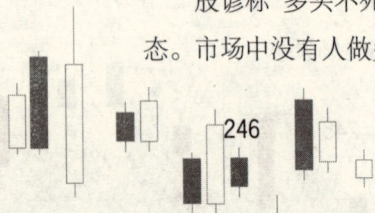

市场处于不同阶段，个股和大盘反弹的原因不同。下跌趋势开始阶段，反弹主要是缘于被套资金生产自救。大幅下跌后反弹则是抄底资金入场所致。

现在 A 股市场规模已经比较大，大资金退出无法一蹴而就，在市场转势初期，反弹往往较为猛烈。

你大概还没有发现，几乎所有的人都说 2007 年 10 月 16 日上证指数从 6124 点开跌是大盘趋势逆转的开始，以后大盘逐波下跌。如果顶真一点，需要指出，这样的说法其实是错误的。

2007 年 10 月 16 日后上证指数未创新高。如果认真研究中证流通指数，会发现中证流通指数 2007 年 10 月 17 日摸高 5666 点，到 2008 年 1 月 15 日，这个指数创出新高 5736 点。

也就是说，股市流通市值是在 2008 年 1 月 15 日创出新高后，中证流通指数完成构筑双头，再大幅下跌的。

以流通市值计算，2008 年熊市真正开始时间是 2008 年 1 月 15 日。

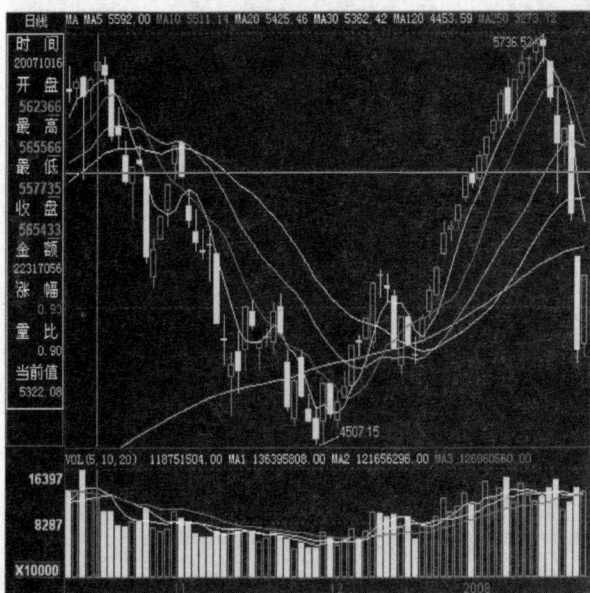

图 9-1　2007 年 10 月 17 日至 2008 年 1 月 15 日，中证流通指数构筑双头

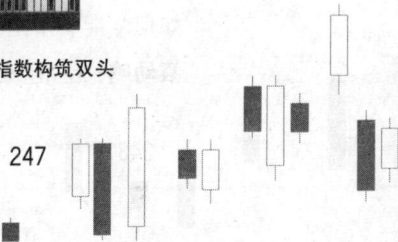

如查看低价板块指数走势,可以见到 2007 年 10 月 16 日收盘点位为 5439 点,2008 年 1 月 15 日它摸高到 5716 点,涨幅达 5％。

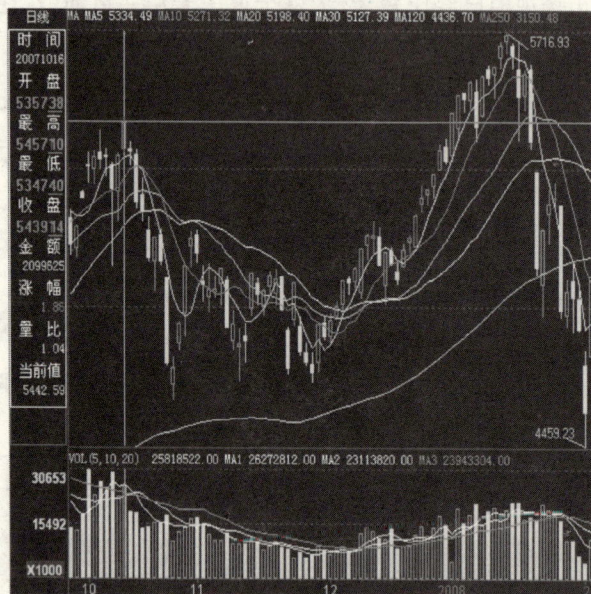

图 9 - 2 低价板块自 2007 年 12 月初开始走出创新高行情

中证流通指数与低价板块指数显示,2007 年 10 月 16 日开始下跌之后,至 2008 年 1 月 15 日之前,市场中存在大把的抢反弹机会,而且出现了低价股结构性行情。

文玮玮:流通市值固然在 2008 年 1 月 15 日创出新高,但政府打压市场的决心没有动摇,行情肯定走不远,事实也证明了这一点。

我认为,即使这些数据说明市场中存在大量机会,令人鼓舞,但散户不是局面控制者,只能以短线心态抢反弹。

抢反弹的性质属于出击,最多只能半仓操作。

如何才能看清抢反弹的机会?

袁幼鸣:待市场趋势变化造成的第一轮混乱局面结束后,才能考虑抢反弹的

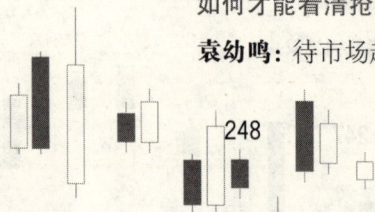

事情。

我曾经说过，牛市的过程是一个市场矛盾累积的过程，牛市的终结则是围绕市场的主要矛盾已经变得不可调和。

市场主要矛盾不可调和会有多种形式。政府与市场主体的矛盾不可调和是其中最主要的一种。累积涨幅太大，多空对立尖锐，有组织资金大举撤离市场也是不可调和矛盾。

你认为 2007 年年底的反弹行情走不远的观点很到位。以 2007 年 10 月的情况而论，政府已经彻底翻脸，架起机枪、大炮，非将市场打压下去不可。

在市场矛盾公开化的背景下，唯一的正确选择是清仓。如果仍有想发财的心，纯属刀头舔血，结果很可能是当炮灰。

这种时候大盘一般会下跌，但板块与个股的走势十分混乱。

各路主力资金深陷市场，苦不堪言。拉高出货的、声东击西的、放风唬人的，什么模样的都有。

出来混总是要还的。散户不操纵市场，尽可以见手中品种拉高便派发，不立危墙下，站在一旁看戏。

股性活跃的游资与机构共舞品种在杀跌之后，往往率先反弹。

个股反弹通常是尚有巨资陷在其中的主力资金引领的，反弹个股多了就会形成大盘反弹。超级主力拉抬权重股，则会造成大盘反弹假象。

抢个股反弹的资金多了，在反弹个股中会形成博弈局面。

抢反弹的人都想多收三五斗，一时间大家都不出货，加上主力做一点打掉压单的清道夫工作，就会形成有力的、持续的反弹。

但反弹就是反弹，出击反弹机会，必须见好就收。

出击反弹，要么设置止赢点，要么见事不妙就站出来；或者见大单拔桩，出现火箭发射就派发。

你说得对，只要市场出现遏止大盘趋势性上涨的不可调和矛盾，在这种矛盾没有化解之前，操作上应只搞短线性质的出击，永远让一半以上资金处于潜伏状态。

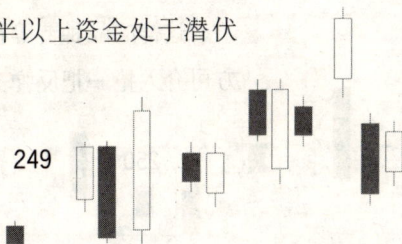

出击资金被套时,可以看准机会做一下盘中交叉的滚动操作,收盘时必须做到变现筹码,回收资金。

不仅抢反弹最多只用一半现金,参与结构性行情也只能拿一半资金出击。

不见市场趋势性上涨机会,只半仓操作。这是原则。

账户中的资金无论是以我们的人力资本换来的,还是从投资品市场赚来的,都是血汗钱。

有朋友说得很好,人可以亏一半,但不能全亏。

文玮玮:举一些抢反弹的实例吧。

袁幼鸣:抢反弹首先要锁定品种范围。有组织资金,尤其是游资主力陷在其中的品种是重点关注对象。

以 2007 年 10 月 8 日以后的情况为例,当时市场一片混乱,让人眼花缭乱。

一方面政府打压市场旗帜鲜明,另一方面各路资金混淆视听,囤积重兵于中字头大蓝筹,面对蓝筹泡沫质疑,狡辩所唱"高原红"是国计民生的核心资产。

2007 年 9 月以后的行情已经是局面混乱的结构性行情。从低价板块、二线蓝筹板块撤出的资金齐唱中字头大蓝筹"高原红"。

机构在中字头中深陷,这提供了两条出击抢反弹的线索,一是部分社会资金参与的中字头蓝筹股的反弹机会;二是先期已经暴跌,跌不动后在底部横盘的品种。

2007 年 11 月,中国国航是抢反弹的选择。

该股前期走势夸张,涨得夸张跌亦夸张。2007 年 7 月至 9 月涨幅达 200%,9 月 21 日上冲 30 元整数关后主力已经开始出货。

运作中国国航以其为事关国家安全的战略性资源、重组空间巨大为旗号,明显由游资主力担纲,部分合法机构参与。

这样的品种要等待它跌透,跌到主力带头做反弹行情,场外资金积极响应时,方可介入抢一把反弹。

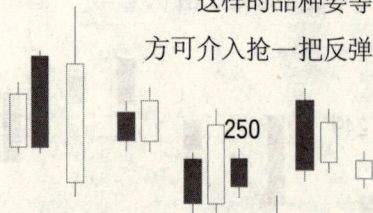

　　此时一定要保持头脑清醒,时时不忘中国国航是从 10 元以下做上来的。国航董事长为与其他两大航空公司竞争,乐见股价上涨,配合资金施放了一些空口利好。

　　大盘下跌,国航最终会跌回到它的起点。

　　11 月 12 日,中国国航几近腰斩,收出带长下影线的低位红十字星。此时标志它已经跌透,主力未兑现资金全部被套,反弹行情有望展开。

　　要抢中国国航反弹,在它 11 月 29 日以 24.16 元涨停后,30 日一冲高至 25 元以上,即可兑现而出。

　　若判断大资金尚未高比例撤离,可二次逢低介入该股,但以后一旦冲高即兑现。

　　中国国航反弹过程中一路在盘中上蹿下跳,究其根本,均属老主力与做反弹行情的资金拉高出货所致。

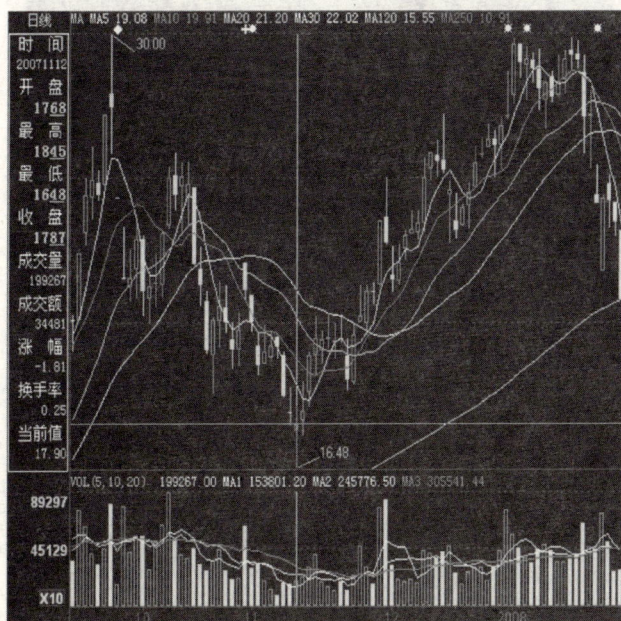

图 9-3　几近腰斩的中国国航 2007 年 11 月中旬开始大幅反弹

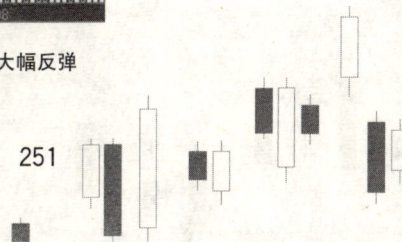

同期,中国联通的情况与中国国航相似又有所差异。

与高价发行、高价上市的中字头新股比,中国联通是低价蓝筹,有群众基础。

介入中国联通的主力有走一步看一步的味道,毕竟中国联通有属于朝阳产业的3G题材。

中国联通大跌后从11月14日阶段性底部起步,创出了13.50元的新高。

9元进入中国联通,13元出货,扣除车马费,收益率为43%。

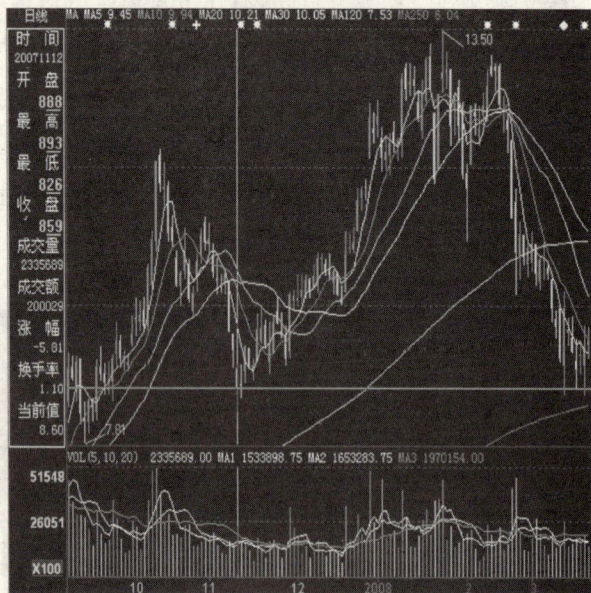

图9-4 中国联通2007年11月14日启动创新高行情

然而,覆巢之下安有完卵。2008年春季,各路资金从强势蓝筹股中国联通中出货,它不可避免地走向崩溃。

抢反弹有一个重要原则,那就是到了下跌的中后期,股价越是看似低廉,越不能进场抢反弹,因为此时资金已经沉寂,个股流动性枯寂,极易被套且看不到解套之日。

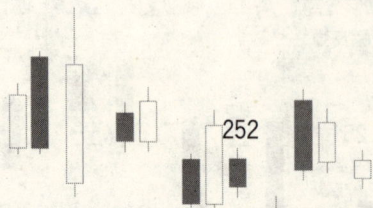

有组织资金收缩战线催生结构性行情

文玮玮：讲讲 2007 年年底至 2008 年年初的结构性机会吧。

袁幼鸣：A 股市场绝非一个均衡市场，无时无刻不颠覆着教条化的价值投资理念。

存在结构性机会与陷阱是 A 股市场的常态。上涨过程板块轮动，下跌中有组织资金收缩战线，都会推升出结构性行情。

如果查看农林牧渔板块指数，结果一定会令人吃惊。

2007 年 10 月 16 日，该板块指数报收 3208 点，11 月 12 日探底 2629 点，横盘后走出大幅上攻行情，至 2008 年 1 月 16 日摸高 4254 点后方才转势。

从 2007 年 12 月初开涨，至 2008 年 1 月 15 日，农林牧渔板块涨幅达 56%。

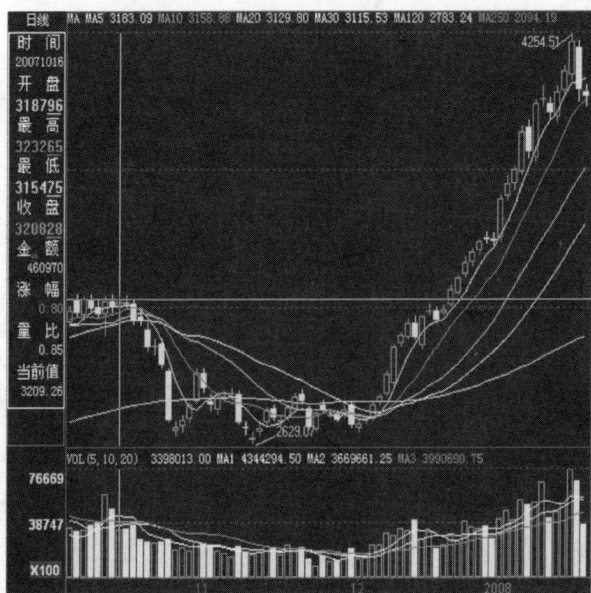

图 9-5　2007 年 12 月初至 2008 年 1 月中旬农林牧渔板块大涨

253

你应该记得,我曾说过,同期大幅上涨的还有奥运板块。

简而言之,在进入 2007 年 12 月后,A 股市场出现了低价、奥运、农业三个板块的结构性行情,它们由有组织的游资担纲主攻。

对于市场中长期趋势来说,奥运板块自 2007 年 11 月中旬开始爆炒不是好兆头。

奥运板块炒作起码提前了一个季度,这说明游资主力不看好 2008 年春季行情。

参与概念板块炒作讲究谁是龙头追谁。这是一条原则。

概念板块龙头出现是因为它适合资金运作,不讲业绩。

比如,迪斯尼概念的龙头原来是界龙实业,后来由中路股份接棒。

如果出击迪斯尼题材,就不能选择陆家嘴,而是要直奔中路股份。

既要出击题材板块、概念板块,又要获得一种心理上的安全感,往往会把鸡肋拿到手中,让人陷入尴尬境地。一旦炒作退潮,先前不涨的鸡肋品种跌起来一点不含糊。

奥运板块龙头是中体产业。

概念板块的龙头一般不是大盘股,中体产业 6 亿流通盘恰好适合引领一个大概念板块。

在中体产业 18 元时进入,39.99 元时退出,获利 1.2 倍。

农业板块是小板块,资金一旦眷顾,拉升并不困难,但该板块业绩太差,需要择时而入。

2007 年最后两个月农业板块获得了走出结构性行情的机会。农业板块与 CPI 走高共舞。

农业板块爆发前,新农开发积极接受各路资金调研,由机构转述出的业绩预增明显有夸大之嫌,这样的炒作造势透露出它可能成为农业板块龙头。

事后新农开发的走势证明了这一点。出击新农开发收益可以轻易翻番。

农业板块龙头品种行情一直延续到 2008 年 3 月资金大举撤离才退潮。

低价板块于 2007 年 9 月中旬率先雪崩式下跌,到 11 月上旬开始从底部横盘,12 月初开始发力,走出跨年度行情。

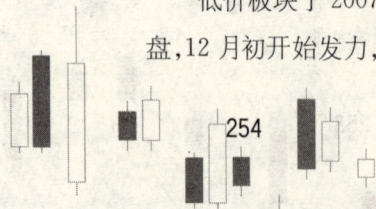

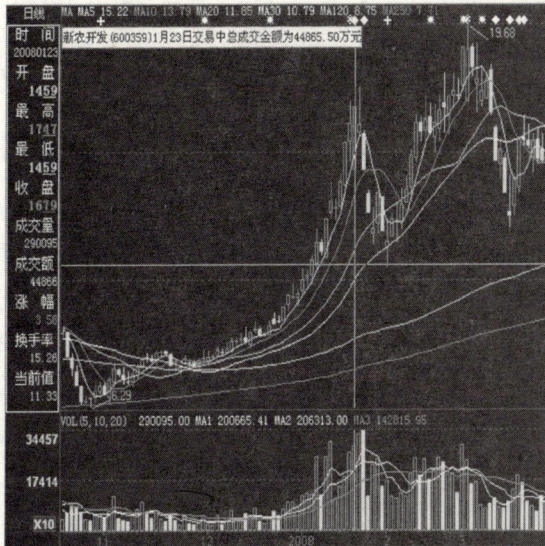

图 9 - 6　新农开发 2007 年 11 月底启动跨年度行情

像宁夏恒力这样的品种,6 元介入,不到 9 元派发,收益达到 45％是可以做到的。

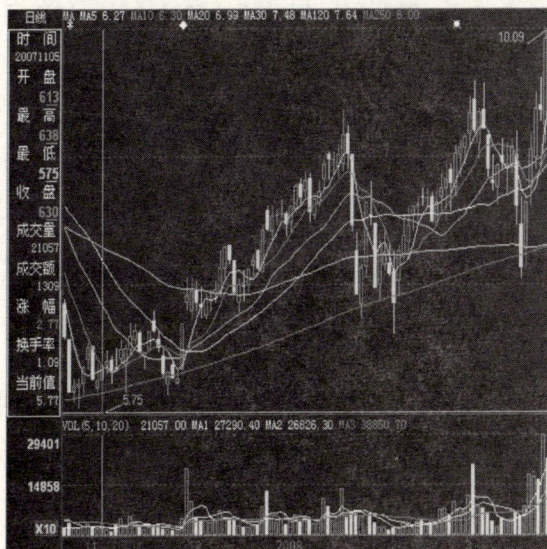

图 9 - 7　跌透了的宁夏恒力 2007 年 11 月上旬开始走强

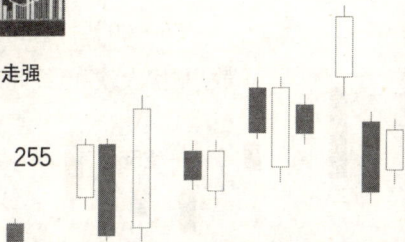

255

启动结构性行情时,各路资金,主要是有组织社会资金行动高度一致,就像在某个隐秘之处开过全国联席黑会,签字画押了一样。

但结构性行情何时结束却难以把握,只能走一步看一步。

2007 年 9 月中旬低价板块先于大盘集体开跌,让举国低价爱好者叫苦不迭,各路庄家同样像开过黑会似的。

不过,庄家们跑进大蓝筹上捞过一把后,回头做低价板块跨年度行情,解放了多数被套的追随者。

那些被套的人获得解放后若不出货,以后再次被深套则难以责怪庄家。

事实胜于雄辩,相比立牌坊的机构,广大散户难免更愿与庄家同枕共眠,做欢喜冤家。

从 2007 年年底至 2008 年年初的市况获得启示,在看清楚有组织资金推动结构性行情时,是可以参与的。但需要认识到结构性行情本身是一种不和谐现象,要有随时退出的思想准备。

文玮玮:**2009 年 8 月,大盘大跌,医药板块和潍柴动力等个股不跌反涨,创出新高。**

到大盘趋势不明或中级调整时,市场中是不是存在一些有迹可寻的避风港,甚至某种结构性机会。

袁幼鸣:2009 年 8 月以后,医药板块和潍柴动力等绩优个股逆大盘创新高是公募基金从其他板块减仓后,扎堆买入所致。

这期间,逆大盘炒作的还有物联网概念和核能概念。炒作这些概念的是活跃游资主力。

直至 2007 年"6·20"暴跌之前,市场中还有一批合法机构集中持仓的品种可称为股价坚挺的不倒翁。到了大盘趋势不明时,散户尚可进入这些品种"傍大款"。

"6·20"后,遇到大盘不妙,机构已经习惯于比赛谁从重仓品种中出逃更快,散户"傍大款"已经此路不通。

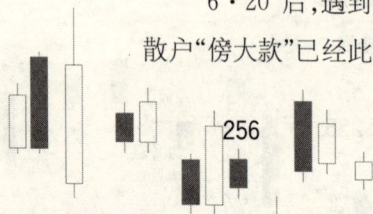

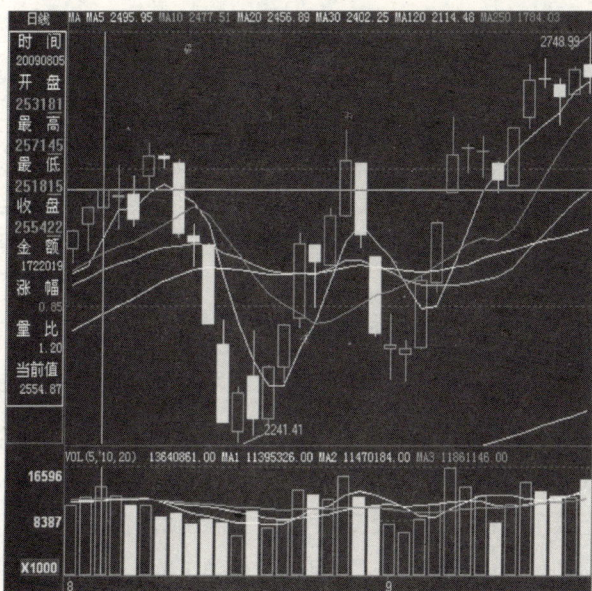

图 9－8　医药板块指数 2009 年 8 月至 9 月逆大盘创新高

医药股系 A 股市场业绩增长最稳定的板块，且有医保制度改革预期利好，但市场主流投资与投机理念将它们视为防御型品种，所以可以在上证指数暴涨 40％的过程中遗忘它们。

在大盘流动性陷入窘境的背景下，此次基金集中进入医药股不能说是理所当然的，也很难说医药板块逆大盘创新高有迹可寻。

物联网概念和核能概念(一些品种与核能并无实质性关联)拔地而起，突如其来。除非有内幕信息，否则这样的场景只能当风景看看。

因为三爱富注资重组方案被否决，所以押宝它的同门兄弟双钱股份尚有投机逻辑。像物联网这样的概念板块出现则完全是天马行空的。

遇到和 2009 年 8 月类似市况，我主张空仓持币观察，只看不动，直到趋势明朗再做打算。

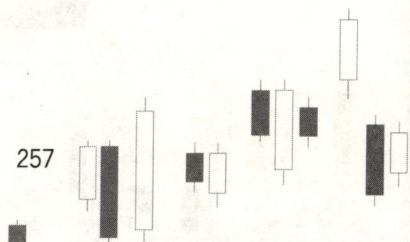

高山滑雪的中国神华、锡业股份绝不能碰

文玮玮：像中国石油这样的大盘股一旦开跌，基本上不见反弹。
大象们是与结构性行情无缘的。

袁幼鸣：大象只会在大盘流动性充沛时起舞。大盘流动性不足，它们绝对是弱势一族。

下跌过程中的弱势板块与品种绝不能碰。

例如，自 2007 年 11 月开始，属于被吹捧上天的"高原红"范围的"601"品种中国神华一路暴跌。

同中国石油一样，中国神华是新股，游资、机构均未深陷，打新大资金出逃后，就再没人管，连烧个纸钱的人都没有，免不了作高山滑雪状。

于是，中国神华同中国石油一样，呈现无反弹下跌。

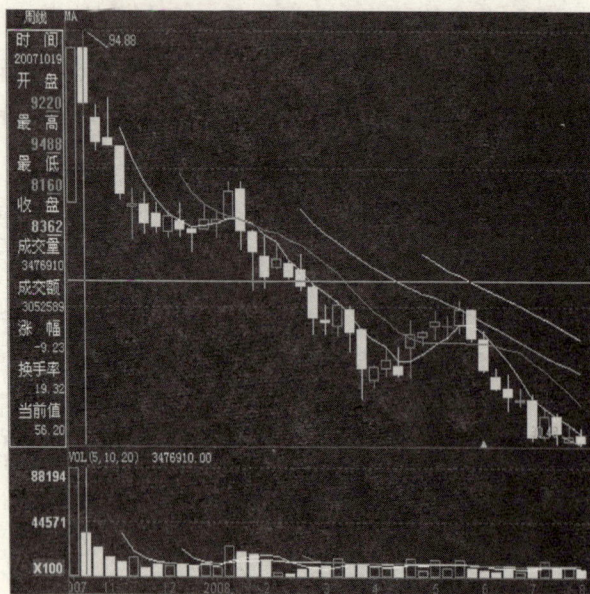

图 9－9　中国神华 2007 年 11 月开始高山滑雪周线图

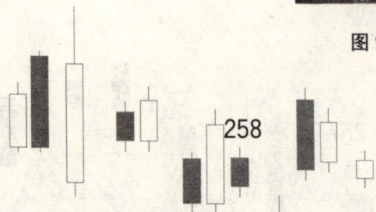

2007年"十一"长假后,机构曾经的最爱锡业股份踏上下跌之旅,期间反弹微弱,连台阶都不多见。由此可见,游资主力绝不会介入锡业股份接盘。

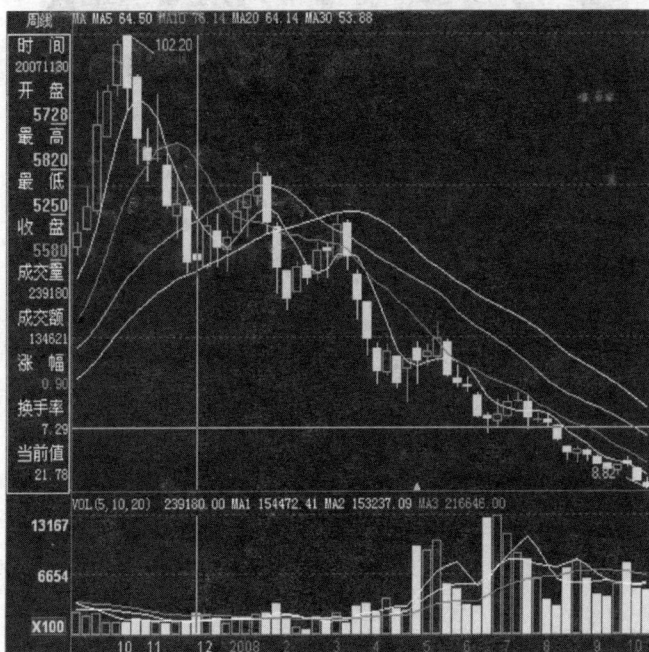

图9-10 锡业股份2007年10月持续下跌周线图

在下跌趋势中,即使锡业股份这样的品种腰斩再腰斩,也只能站在旁边看着,绝不能凑热闹。

因为持仓它的机构操盘手患有双相心境障碍,狂躁的是他们,忒阴沉的也是他们。

此时,基金经理们对有色金属执行的是10倍市盈率估值国际标准,何况锡业股份是亏损的。

这类的抢反弹禁区股有一大批,多数是所谓的机构重仓股或沪市主板国资控股新股。

2009年8月以后,高价发行上市的中国建筑、中国中冶再次奔向发行价。公

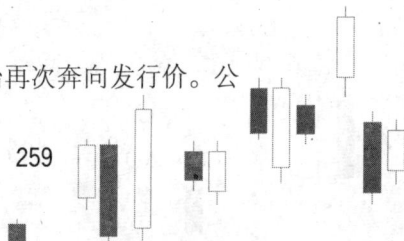

募基金买入医药股无疑比碰这些高价货更有理由。

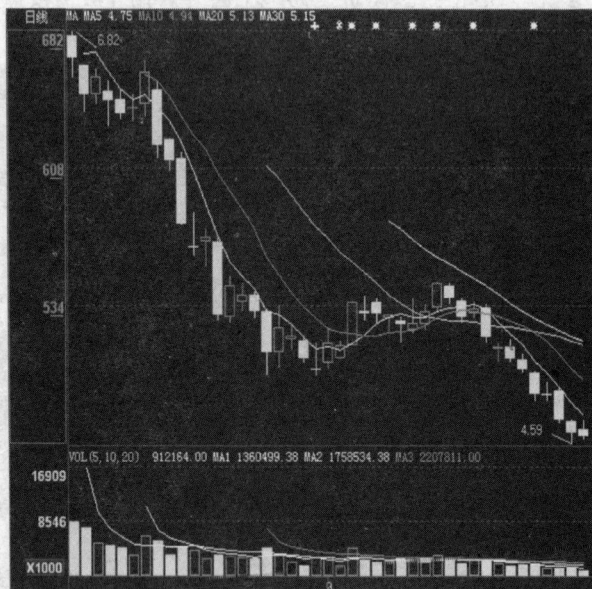

图 9 - 11   2009 年 7 月 29 日,中国建筑上市后持续下跌

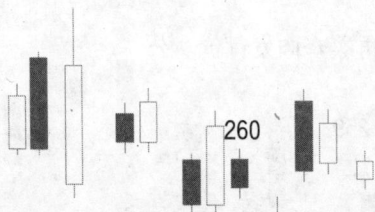

天道酬勤长相望：发现大牛股与操作大牛股

大牛股诞生的政治基础、社会基础与产业基础

牛股公司必须有一个高质量董事长

未来大牛股的选择思路

做老乘客：长波段操作大牛股

天道酬勤：博弈者的日常功课

10

每日提要：

◎ 发现牛股苗子需要前瞻性视角。前瞻性视角不仅仅是会计视角、专业视角，更是一种大视角。在政治经济学视野下，减少温室气体排放的《京都议定书》催生了天威保变这样的新能源大牛股。住房商品化与城市化率提升，加之政府财政在房地产市场有巨大利益，"有形之手"频出推升房价，造就了万科A这样的房地产龙头公司大牛、长牛。政府收入大增且公款消费大增令国酒老大成为奢侈品，为贵州茅台2004年后走牛提供土壤。

◎ 上市公司同样是"一把手"说了算。在A股市场，大牛股公司必须有一个高质量的董事长。牛股公司董事长需要具备自我管理能力，不胆大妄为，具有既能见树木又能见森林的"直升机视野"和不走极端的中庸气质。长牛股公司董事长还必须善于同机构博弈。到2006年后，市场的一个动态是，上市公司与机构合谋或在机构逼迫下，连续高送转扩张股本，机构短时间内把股价暴拉至严重透支业绩地步，吃光摸尽后一哄而散。

◎ 股市的最大魅力是挂靠大牛股公司。过往最大的牛股摇篮是家电板块。四川长虹1995年1月至1998年1月，3年大涨23倍，苏宁电器2004年7月至2009年8月底5年上涨25倍。投资10万元给家电板块这两大牛股。中间6年多时间银行利息收入不计，10万元可以变成5750万元。

◎ 大牛股的产生有产业规模前提，大牛股一般出现在大产业中。在经济社会大环境支持下，凡有大市场，将获得大发展的产业的龙头公司有望成为大牛股。发现未来牛股首先要把眼睛盯着政府，看政府将推动哪些牵涉广泛、影响深远的全局性重大制度改革。如果政府下决心施行高保障程度的全民医保，医药板块一定会出超级大牛股。

◎ 未来牛股可能出现的领域另有：大消费概念中涉及市场规模足够大的商

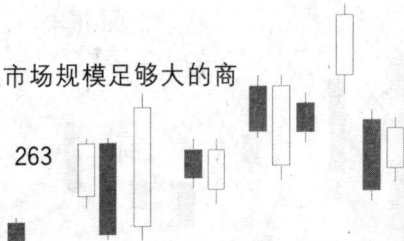

263

业模式创新公司;3G概念中有公司可能重演四川长虹高歌猛进的一幕;创业板中以一个小型企业面对庞大市场需求的并生存与发展的公司;市场广大的高附加值世界级制造企业;"农地流转"中诞生的巨型现代农业公司;从2009—2020年总投资达7000亿元的核电建设中获得利益蛋糕的核电设备制造商……

大牛股诞生的政治基础、社会基础与产业基础

文玮玮: 按照你列出的提纲,今天谈论的主题是"发现牛股与操作牛股"。

我先问一个具体问题,天威保变这样的品种5年上涨25倍,根本动力是什么?

袁幼鸣: 如果你向一个会计师提出这个问题,他自然而然会去寻找天威保变财务数据变化上的原因。

这是一种在牛股成型后的事后解释。当然,大牛股成型后从财务上关注它的成长性,对于持续操作是十分有价值的。

但是,发现牛股苗子需要前瞻性视角。前瞻性视角不仅仅是会计视角、专业视角,更是一种大视角。

在政治经济学视野下,可以看出A股市场之所以出现天威保变这只大牛股,与欧洲一个民族的忏悔意识有直接关系。

你露出大吃一惊的表情,似乎感到难以置信。但这是真的。

天威保变是新能源板块的龙头。它的主营业务产品是变压器,到2009年年中,利润来源仍然主要是变压器。

但天威保变在新能源上的项目投资支撑了其股价走牛。

至2009年年中,天威保变在四川的两个年产多晶硅3000吨的项目进展顺利。

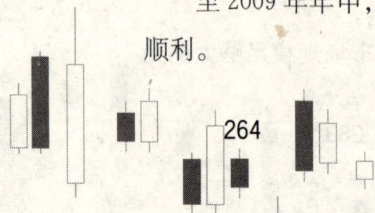

天威保变同时投资生产非晶硅单结薄膜太阳能电池组件项目。2009 年 9 月 9 日，公司公告称，项目税后静态投资收回期 6.06 年，税后投资内部收益率 14.44%。

如果不出现边际条件突变，天威保变将在新能源项目投资上获得比较丰厚的收益。

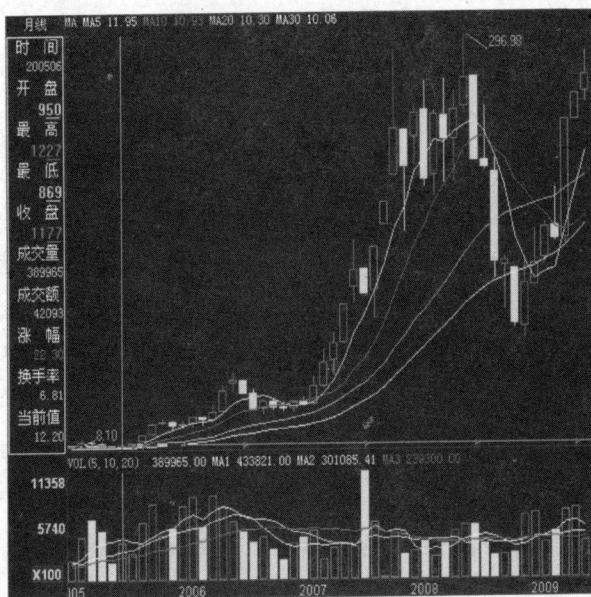

图 10-1　天威保变 2005 年 6 月后月线图

天威保变预期中的新能源电池设备收入来自产品出口。不仅天威保变，整个中国太阳能产业链产品的 90% 以上出口欧美发达国家。

用太阳能电池发电成本是传统电力成本的数倍，是高污染煤炭发电成本的 10 倍以上。

欧美国家之所以进口太阳能电池设备，是他们制定有财政补贴政策，有的在建电站时就给予补贴，有的以高价收购太阳能电力。

在欧美国家中，带头推动太阳能发电、并网使用太阳能电力的是德国。

德国政府鼓励家庭安装太阳能发电设备，电网收购家庭太阳能"绿色电力"，

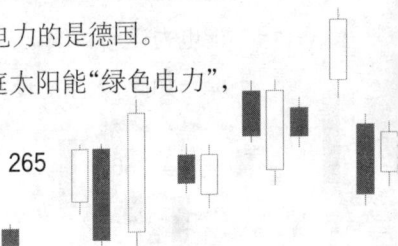

价格是传统电力的 7 倍。

通过出售电力给电网,德国家庭投资太阳能电池设备,一般 10 年左右能收回成本。

第二次世界大战后,德意志民族怀有深刻的反省、忏悔意识,在减少温室气体排放等保卫地球家园安全的活动中,德国社会行动积极,在全世界范围内发挥了示范作用。

德国带头多花钱使用"绿色电力"成就了中国一批太阳能电池行业的上下游企业,所以,我说天威保变成牛股与一个民族的忏悔意识有关。

文玮玮: 这不是夸张说辞,反倒有一些启发。

上市公司是产品与服务的输出者,如果突然有一天它的产品与服务没有人购买了,这家公司将无法生存,更谈不上发展。

我读了一些新能源板块相关的文章,有人称中国太阳能产业不安全,比其他外向型产业危险得多,因为绝大部分产能是供应给西方国家的。

如果哪一天西方人不买中国制造的太阳能电池设备,投向这个产业的资源将全部泡汤。

既然运用太阳能电力是一种国际潮流,有来自价值观的支撑,这个产业就是一个大产业,除非哪天西方人突然没有能力支付超额成本,重新大建火电厂。

袁幼鸣: 国际贸易纠纷会一直存在,除非出现不可调和的政治矛盾,否则经济全球化趋势不会逆转。

适度悲观与警惕无伤大雅,但悲观到设想某一天西方人要故意停止购买中国企业产品的程度,就属于庸人自扰了。

媒体记者到任何国内太阳能设备生产企业采访,企业负责人都会说,产品全部依赖出口不安全,希望国内早日制定财政补贴政策与电网收购政策,推动太阳能电力运用。

如此,太阳能设备生产企业当然也就有了国内市场。

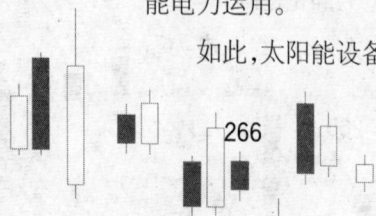

但一大现实问题是，太阳能电力太贵，至 2009 年年中，每度电成本仍高达 4 元以上。按人均 GDP 统计，中国目前还用不起。

至今，连西方国家最激进的 NGO 组织①在这方面也没有要逼迫中国的意思。

发达国家加大运用太阳能力度是大势所趋。1997 年 12 月，149 个国家和地区签订《京都议定书》，2005 年 2 月该议定书正式生效。

这个议定书的主题是"限制发达国家温室气体排放量以抑制全球变暖"。

后来美国以无法负担承受所议定的减排数量为由退出协议。

2007 年 3 月，欧盟各成员国领导人一致同意，单方面承诺到 2020 年将欧盟温室气体排放量在 1990 年基础上至少减少 20%。

2008 年 7 月，八国集团领导人就温室气体长期减排目标达成一致。八国寻求与议定书其他缔约国共同实现到 2050 年将全球温室气体排放量减少至少一半的目标。

发达国家要完成议定的温室气体排放量减排量必然要运用太阳能等新能源手段。

中国等发展中国家没有议定的减排责任，相反，对减排项目中获得的"经证明的减少排放量"可以出售给发达国家。

发达国家完不成减排承诺或者想多排，只能购买"指标"。一些 A 股公司就有这笔收入。

所以，以中国的经济发展水平，目前就指望国内太阳能发电上网不切实际。那些呼吁政府收购太阳能发电的工科专家心地挺好，但有点操之过急。

但是，如果我们是乐观主义者的话，可以预计，未来的某一天，中国也会发展到只运用太阳能、风能、生物能等"绿色能源"，连会破坏自然环境的水电站都不会建设。

你刚才说太阳能是大产业，的确如此。

---

① NGO 组织："non-government organization"一词的缩写，是指在特定法律系统下，不以营利为目的的非政府组织。——编者注

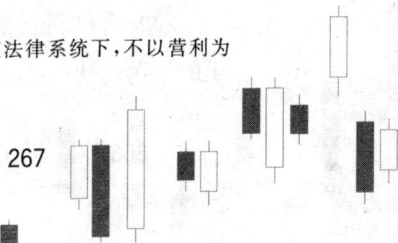

查看 A 股市场的历史,可以看到大牛股的产生是有产业规模前提的,大牛股一般出现在大产业中。

2005 年 2 月《京都议定书》生效后,A 股市场曾出现过骚动,一些股市"黑嘴"趁机推荐了一批毫不相关的品种,帮助庄家出货。

以后遇到类似情况,你如果仔细排查、研究,是有可能找到天威保变的。因为它一直有太阳能题材。

任何上市公司股价都会受负面消息冲击。大牛股在运行过程中也不例外。像德国本土太阳能设备商要起诉中国企业倾销之类的消息,就会影响太阳能板块的股价。

实质性冲击不大的负面消息导致股价下跌倒是介入牛股的机会。

文玮玮: 大牛股有产业规模要求,倒是可以以此发现它们的一个排他性条件。

袁幼鸣: 我曾看好一家 A 股公司金发科技,认为它有成为大牛股的潜力。

这家由化工工程师创办的公司是国内改性塑料行业的龙头企业,属于新材料概念。

金发科技是标准的中游公司,产品利润受原材料价格波动和用户景气度影响较大。

公司于 2004 年 6 月上市,维持利润高增长三年后,进入瓶颈期。

2007 年 8 月,公司宣布进入房地产领域。据出席股东大会的散户称,会上,工程师出身的公司高管说话直来直去,不善修饰,有"人无外财不富、马无夜草不肥",房地产可以赚快钱之类的意思表达。

金发科技这一多元化发展战略不为以某封闭式基金为首的机构所认同。

机构认定金发科技利润滞涨,已成鸡肋,且股价高企,再拉升困难,于是,大举出货,彻底抛弃,令该股在 2007 年 8 月便先于大盘进入调整。

2006 年 3 月至 2007 年 8 月,金发科技上涨接近 10 倍。建立在利润增长基础上的高送转功不可没。

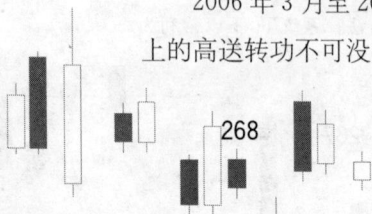

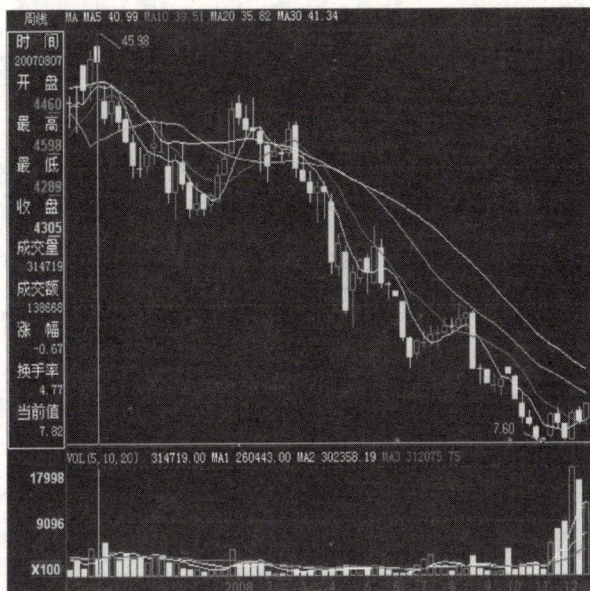

图 10 - 2　金发科技 2007 年 8 月起下跌周线图

长牛股、大牛股都是需要高送转的。高送转的基础是利润高增长,否则很快就会显出疲态,股价走不出填权行情。

金发科技算是一个阶段性牛股,但它不是大牛股、长牛股。

金发科技成不了大牛股、长牛股,最大原因是其所处产业虽然优于一些夕阳产业,但尚不具备支持大牛股诞生的优势。

改性塑料行业的产业规模不够大且不是产业链上的强势一方,金发科技仅仅是受尊重的材料供应商。

另一个原因是重仓持股的机构把金发科技董事会逼得太紧。

机构以种种博弈手段逼迫上市公司频繁出利好,暴拉股价直到严重透支未来业绩,然后一哄而散,这是股市常见现象。

有上市公司的董事会秘书曾指名道姓对我说,某机构重仓介入公司股票后,来访要求高送转,公司高管层研究后告诉他们时机上有难度,机构的人听罢一言不发转身就走。

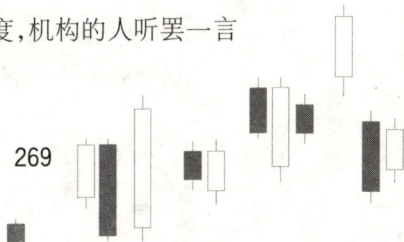

随后，一周之内，这家机构所持仓位一股不剩，统统出光。

知道这些事，你自然会明白大智慧软件原先能显示成交机构席位号，机构为什么要群起围攻，非要隐匿自己的行踪。

能走出长牛的公司往往不卑不亢，比较善于处理与机构的关系。

机构希望10送10，上市公司可能做到10送5。这同样是一种高技巧的博弈。

2007年8月后，金发科技走势疲弱。历经一路高送转，到2009年中期，该公司的股东权益已经比较薄，未分配利润与公积金等数字已不好看。

文玮玮：如此看来，像万科A这样的房地产企业和贵州茅台这样的国酒老大成为大牛股是有产业基础的。

贵州茅台有定价权，只需要考虑提价幅度的社会反映。万科A则身处规模巨大的产业是所谓可以"绑架"经济的支柱产业。

袁幼鸣：是的。

你在产业经济学方面的知识比我全面得多，我可以做的是给你介绍产业强势的制度与社会背景。

万科A掌门人早期在深圳做贸易生意，倒腾过录像机之类的电子产品。

万科A选择做房地产且以住宅为主业，顺应了住房制度改革、房屋产权私人化的时代大潮。

深圳特区是国内最早住宅商品化的地方。A股市场四大房地产公司三家把总部设在深圳，一家把总部设在深圳的邻居珠海。

不计万科A之前的涨幅，以住宅商品化在国内大城市已经成为事实的1996年1月开始计算，从1996年1月的开盘价10.43元(复权价)到2007年11月的摸高价1859.31元(复权价)，万科A股价累计涨幅达177倍，耗时不到12年。

从单位分房到个人购房，且中国内地城市化率从一个极低的数字向上跳跃，这样的重大制度变化与经济社会发展趋势必然将房地产业催生为一个长时间跨度的巨大产业。

政府财政从地价上涨与房价上涨中受益巨大，推升房价的"有形之手"频出。

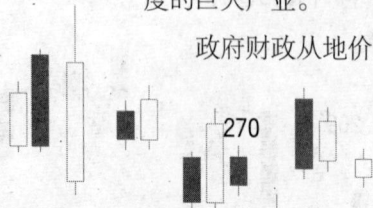

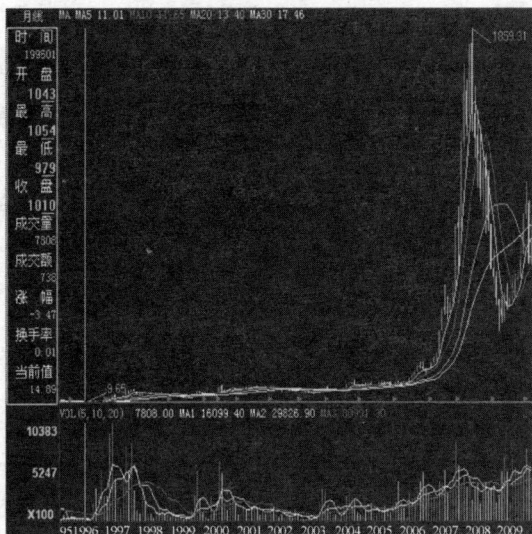

图 10 - 3　万科 A1996 年 1 月以后的月线走势

所谓"时势造英雄",房地产业的制度性强势是万科 A 成为大牛股的基石。

如果有人从 1996 年 1 月开始拿出 10 万元直接滚动炒房,想要 12 年后 10 万元变为 1800 万元,基本上是没有可能性的,且要与银行、开发商、中介公司打大量交道,其他事情都没法干了。

买入房地产龙头公司的股票,便可分享房屋制度大变化与城市化盛宴。

这是股票市场最大魅力所在。博弈者要做到的是发现并享受这样的机遇。

"轧苗头"被上海小市民搞得很肤浅、很琐碎、很庸俗。其实"轧苗头"本意挺好,准确"轧苗头"是选牛股的第一步。只有准确"轧苗头"才能冲浪。

文玮玮:2007 年 11 月,万科 A 股价从高位跌下来,以后它还能走出长牛吗?

袁幼鸣:可能性不是很大。

因为土地由地方政府垄断供应,土地拍卖中地王层出不穷,房价脱离中产阶层购买能力,这成为一大社会问题。

围绕房地产业,不可调和的矛盾已经出现,政府为平民愤,时有让房地产商当

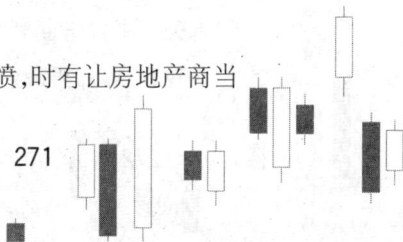

替罪羊的做法。

维持房地产上市公司业绩稳定高增长的基础开始动摇,不确定性越来越大。

贵州茅台同万科A不一样。茅台酒是奢侈品,所以贵州茅台获得的是奢侈品的溢价。

茅台酒原来不是奢侈品。在茅台酒成为奢侈品的过程中,谁追进贵州茅台,谁就会发大财。

于是,我们需要追问,奢侈品在中国社会是如何出现的?

集中栖居在北京市海淀区"乌有之乡"的革命左派同志们对先富现象义愤填膺。先富人群让很多东西变贵了。

未富人群原来逢年过节还可碰碰的东西,今天只能当风景远远望望。

的确,先富人群是茅台酒成为奢侈品的其中一个推手。

左派同志们当然十分坚定地反腐败,但他们主张大政府,不反对政府收入猛增。

另一个事实是,政府收入猛增,茅台酒价大涨,贵州茅台二级市场价格呈现杠杆放大性质暴涨,完全同步。

2004年开始,政府收入呈现拉升之势。与此同步,贵州茅台于2004年1月至2007年12月期间最大涨幅超过30倍。

牛股抗跌,且找到机会就会大涨。

2007年12月,多数蓝筹品种在结构性行情中没有什么表现,而贵州茅台月涨幅达32%。

我在一些场合见到,一些官员过去喝郎酒,后来都喝上了茅台。

茅台和郎酒都属酱香型白酒,均产自川黔交界处的赤水河畔,但它们中间原本横着一条难以逾越的鸿沟,像我这样见怪不怪的人都吃惊,鸿沟怎么说踏平就踏平了?

大集团买得起,以贵州茅台为首的高档白酒公司就向大集团提供特供。

高档特供白酒商标上堂而皇之注明是向谁特供的。

曾有大集团下工作日禁酒令,高档白酒上市公司立即特发公告称,此举不影响本公司本报告期利润云云。

我认为,如果政府高收入继续增长,社会贫富差异进一步扩大,贵州茅台则存

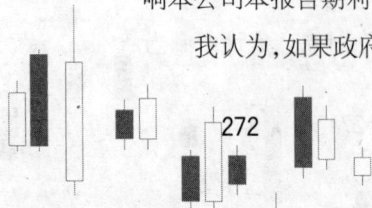

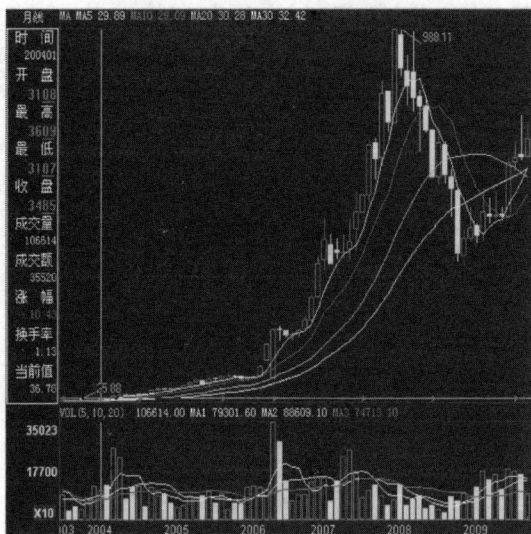

图 10 - 4　贵州茅台 2004 年 1 月后暴涨走势月线图

在继续走牛的可能。

贵州茅台再上大台阶将出现在越来越多机构在估值模型中把它的市盈率上调的时候。与此同时，茅台酒理所当然地继续有节律涨价。

关注消费板块，政府消费万万不可忽视。

王家范先生在《中国历史通论》中曾论证，大一统政府支出支撑奢侈型消费是一种历史必然。历史上的一些手工业专为朝廷服务，它们是寄生性质的存在。

以史为鉴，需要关注当代政府消费会拉动哪些具体的产品与服务。

在此意义上，我认为，中国联通的 iPhone 不缺销路，因为，全国政府部门科级以上掌有实权的公务员是它的潜在消费者，这个人群数目庞大。

文玮玮：像三一重工这样的品种是不是大牛股？

我查资料发现，它是股改第一股，是国内混凝土机械的龙头公司。在国际市场上，公司的扩张步伐也比较稳健。

袁幼鸣：三一重工是大牛股，而且继续走牛概率很大。

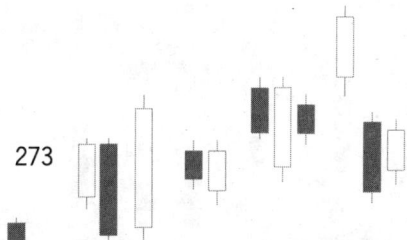

273

当然,三一重工未必能走出 2007 年大气候中的暴涨走势,但走出慢牛是可能的。

牛股的特点是大盘不妙,它抗跌;大盘转暖,它走势强于大盘与多数个股。在经历时间考验后,牛股脱颖而出。

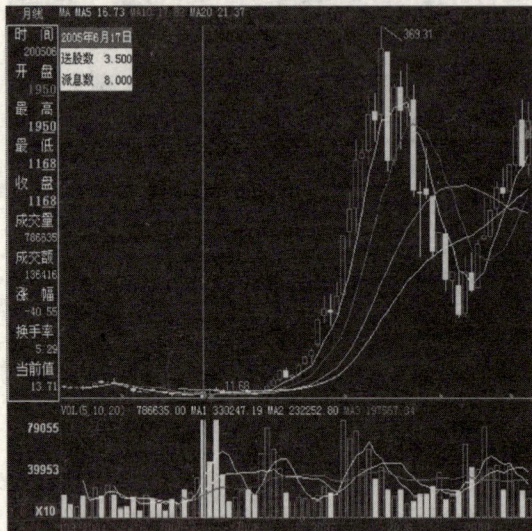

图 10 - 5 三一重工股改后大牛走势月线图

而三一重工有这样的特点。与金发科技比,它明显抗跌,一旦大盘转暖,它走得比金发科技强硬。

基于经济理性对产业全球化分工的推动,高增加值制造业向以中国为首的新兴经济体转移是大势所趋。

三一重工是这一大趋势的成功承接者。

中国一些地方政府把增加值较高的制造业称为先进制造业。这是自我安慰的说法。

当代先进制造业制造的是 iPhone。

许多在中国被称为先进制造业的行当原来由欧美人把持,现在他们不愿付出环境代价,且他们的人特别金贵,劳动力成本高昂,既然无比较优势可言,集聚能力自然瓦解。

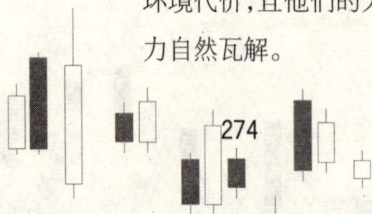

三一重工向高空作业的摩天大楼建造现场输送混凝土，有"中国泵王"之誉。

三一重工有许多自主研发成果，这些成果并非欧美企业研发不出来，而是由他们的人来研发，成本太高。

我曾研究过长江三角洲那家"世界童车大王"的研发能力。

这家企业的欧美竞争对手在与其博弈过程中，数次试图获得研发主动权而未能成功。因为这些欧美公司外包委托著名设计事务所设计童车，要支付的账单太大，若把研发成本摊进产品，产品价格就居高不下，没有竞争力。

"世界童车大王"的研发团队人数超过 300 人，专攻童车设计一项。不要说 300 人，它的欧美竞争对手养 30 个专职设计师都养不起。

研究"世界童车大王"研发能力与生产能力后，我认识到，中国在支线飞机、船舶、工程机械、汽车等高增加值制造业确有比较优势。

A 股市场在这些制造业中出现牛股有其产业经济基础。

文玮玮： 中小板的苏宁电器于 2004 年 7 月上市，至 2009 年 8 月底，复权价上涨 25 倍，应该算是商业连锁领域的大牛股。

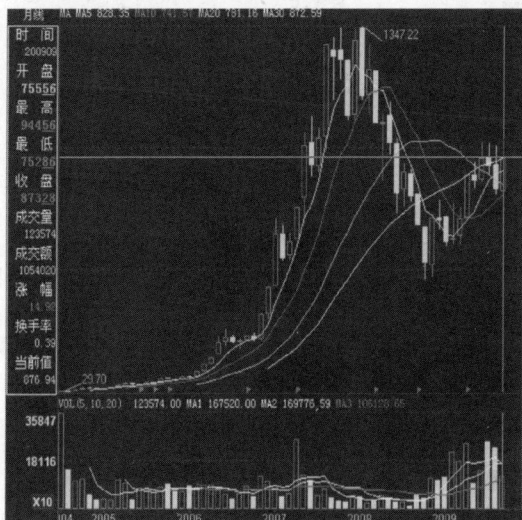

图 10－6　苏宁电器 2004 年 7 月至 2009 年 8 月月线图

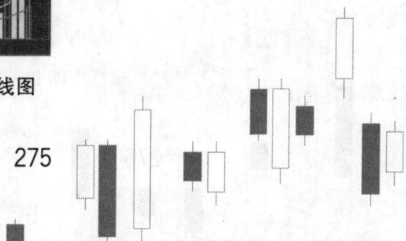

苏宁电器等公司的家电大卖场连锁经营商业模式符合产业经济学中的微笑曲线。

渠道环节增加值是制造环节增加值的1倍,苏宁电器成牛股,原因是它成为了渠道霸主,终端垄断者之一。

商业模式创新是永恒的主题,即使在美国这样的发达国家,戴尔、沃尔玛的商业模式创新也给股东带来了丰厚的回报。

袁幼鸣:商业模式创新的确是永恒的主题,不过对商业模式创新也有排他性选择。

我们今天讨论值得长相望的大牛股,而不是阶段性出击与潜伏对象,因此,细分行业的龙头品种基本上可以排除。

戴尔、沃尔玛的商业模式面对的是庞大市场,苏宁电器也是。

关注商业模式创新要重视该商业模式面对的市场规模。

计划经济时代,轻工业极其落后。家庭生活电器化是伴随中国改革开放的一大潮流。

家庭生活电器化曾造就四川长虹的超级强势。1995年1月至1998年1月,3

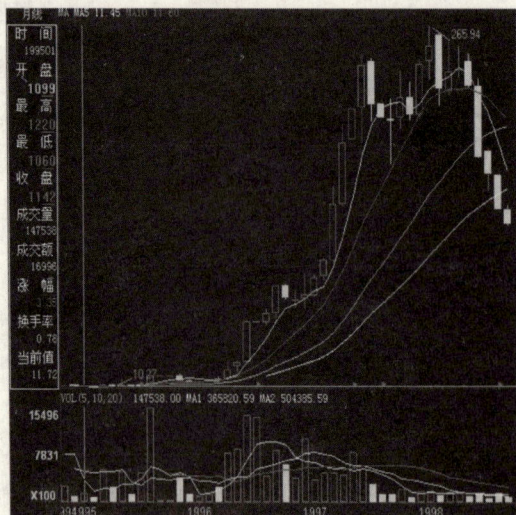

图10-7 1995年1月至1998年1月,四川长虹高歌猛进月线图

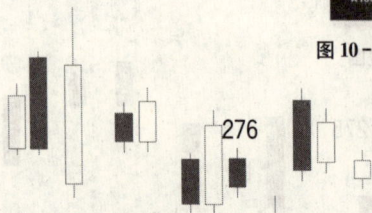

年时间四川长虹大涨 23 倍。

因为，家庭生活电器化首先需要制造业形成与释放产能。在产能不能满足市场要求时，制造业是老大。早期家电是要凭票购买的。

家电产能过剩后，制造业开始打价格战，四川长虹作为牛股的生命周期戛然而止。

四川长虹倪润峰曾察觉产能扩张后制造商将面临的困局，他试图建立销售网络，实现产销一体化。倪润峰未必彻底看清了大势，而且看得到未必做得好。

在家电产能不足阶段，全国有数以万计的人经营家电。厂家门前拥挤得像赶庙会，来的都是全国各地直接进货的小零售商。

试图搞家电连锁销售的人不少，一度小山头林立。

张近东、黄光裕两人最终能在家电销售渠道称霸，他们都经历过类似秦王嬴政统一六国的复杂曲折。一些"二等诸侯"被整合是 2005 年以后的事情。

黄光裕出事后，陈晓接任国美董事长。陈晓本是"二等诸侯"，上海永乐家电有限公司董事长，试图与黄、张二人上演"三国演义"未遂，反被黄光裕整合。

成王败寇，看准大势，趋炎附势挂靠杀出一条血路的成功者，是抓牛股的有效做法。

投资黄光裕，会在 ST 金泰、中关村等品种上搞出心脏病。

与黄光裕比，张近东读过书，有本科学历，行事更为理性，树敌较少。苏宁电器基本上没有沾惹丑闻，这是它持续走牛的原因之一。

中国内地的家电大卖场连锁商业模式之所以称王称霸，在于它吃透了国情，消费者喜爱低价，它所迎合的就是这一点。

它拼命挤压上游制造企业的利润，手段无所不用，连卖场中的营业员多数都由厂方出钱雇用。

为了锁定利润，家电大卖场在售后服务等消费者权益保护方面做得很差，能赖掉就赖掉。他们吃定广大消费者性喜低价这一条，不怕无人上门。

苏宁电器能够在一年时间内搞两次 10 送 10，来个 1 股变 4 股，利润锁定能力的确很高。

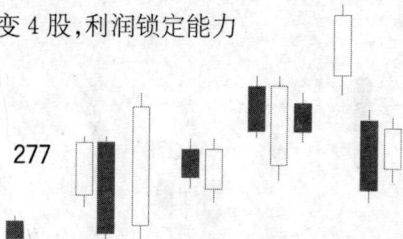

见苏宁电器连续高送转,有的公司意欲东施效颦,被交易所以潜规则制止。

苏宁电器是中小板公司,其业绩高增长、股本高扩张恰好证明管理层开设中小板决策英明。官员叱责东施效颦者除权以配合炒作,性质完全是两回事。

你提到研发与渠道增加值高翘的产业经济学微笑曲线,A股市场中的两家公司的股价走势为产业经济学微笑曲线提供了例证。

格力电器是家电制造业的蓝筹公司,世界级空调生产商,算是一只牛股。

苏宁电器涨 25 倍,格力电器的涨幅正好是苏宁电器涨幅的一半不到。

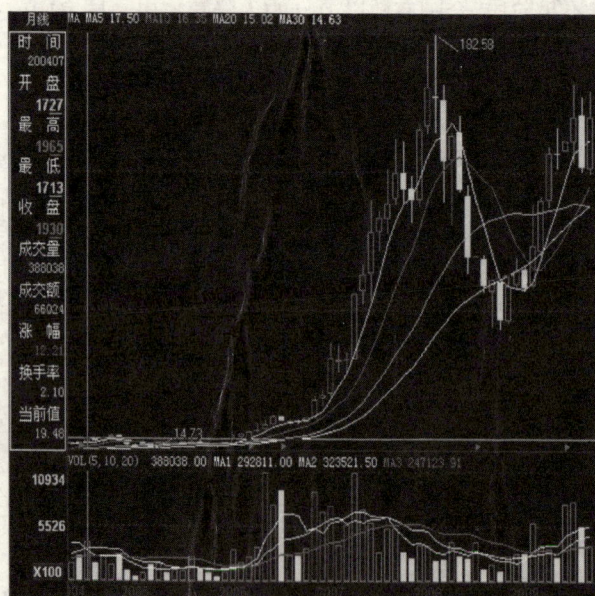

图 10-8　苏宁电器大涨 25 倍时同期格力电器月线图

对于制造环节与渠道环节的成功者,选牛股的眼睛无疑要盯着增加值更大的后者。

我们不是反智主义者,在警惕伪专家乱吹喇叭的同时,要怀有敬畏之心,尊重知识体系、尊重理论总结。

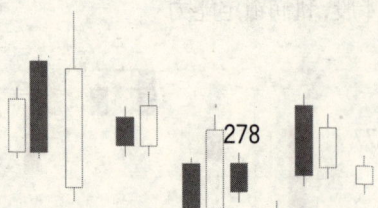

牛股公司必须有一个高质量董事长

文玮玮：你比较了一下张近东和黄光裕。

我认为，如果国美电器在 A 股市场上市，估计黄光裕出事后，股价短期大跌后会被拉起来，因为有关部门处理类似事件，已经将人与公司区别对待。

我觉得除产业背景外，寻找牛股公司，还要看它有没有一个好的治理结构。

好的治理结构可以让公司在一定程度上与个人丑闻摆脱干系。

袁幼鸣：你的这种认识很书生气。

你这样认识 A 股市场上市公司的治理结构说明你涉世不深。

上市公司的治理结构有正价值，有公司治理结构比没有好。

公司治理结构中的信息披露制度、独立董事制度等对实际控制人有一定约束，但它们毕竟是外部的和滞后的。

你必须认识到中国社会的组织奉行的准则是"老大"说了算、"一把手"拍板制。

一个组织没有"一把手"，"一把手缺位"，那是稀奇古怪的事，反而会一片混乱。

一些习以为常的称呼就很能说明问题。

例如，假设我是某局局长，别人不是称呼我"袁局长"，而是称呼"袁局"。

这样做并不是为了发音节约或者透着亲切，它形象地揭示出"人即组织"的事实。

上市公司照样是"一把手"说了算。

黄光裕的确没有动国美的那些门店与货款，但"一把手"搞垮内地上市公司的例子不胜枚举。

很多时候，上市公司"一把手"闯祸出在作战略决策时。这几乎是无法预防的。

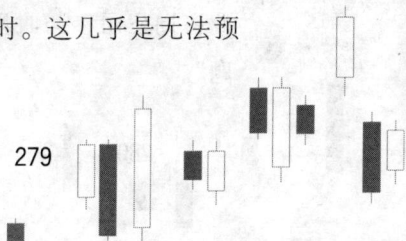

事后可以说他们是独断专行的,但这话等于没有说,因为即使事后也看不到有什么办法可以约束他们。

例如,四川长虹电器要把价格战打到美国去,找了个美籍华人当总代理,结果发了几十亿元的货给骗子。

但在丑闻暴露之前,谁能阻止时任董事长的倪润峰?谁都阻止不了!独立董事能做到吗?想都不要想!

再如,享有牛皮代码000100的TCL集团于2004年1月整体上市时"刮地皮"25亿元,发行价4.26元,之后股价曾跌至1.80元。

不要说二级市场买入者,连TCL集团一级市场投资者也长期被深套。

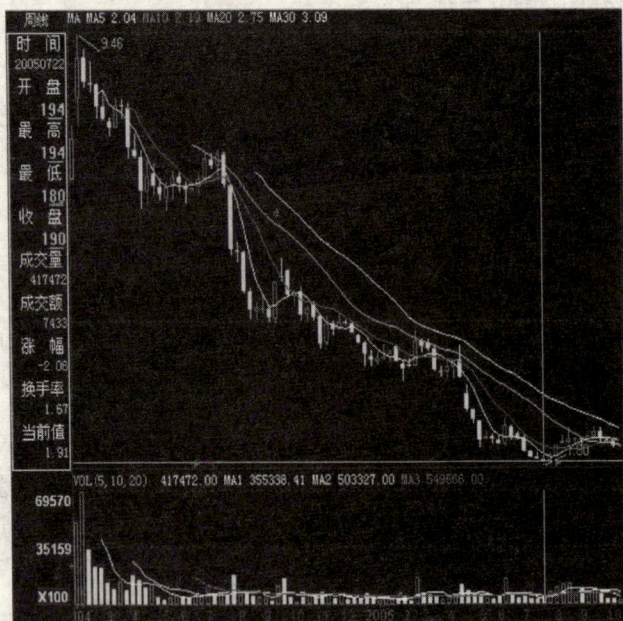

图10-9 TCL集团于2004年1月整体上市后"高山滑雪"周线图

TCL"一把手"李东生拍板搞国际化,但在搞国际并购前,居然没有聘请专业咨询公司参与收购方案设计,以致"在经营过程中遇到了意料不到的问题"。

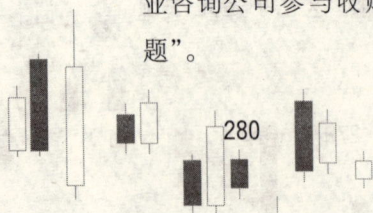

TCL搞国际化造成巨亏，害苦了二级市场持股者。但在李东生"大话西游"时，谁能说他不对？你能说他根本不具备并购著名国际品牌的能力，异想天开吗？

李东生对欧洲相关法律知识一片空白，跑到国际上买埋着地雷的破烂资产连个投行顾问都不聘，却"梅开二度"当选CCTV年度经济人物，同时"梅开二度"获"年度创新奖"。

如此"创新"照样获得主流经济学家领衔的"推选委员"满嘴溢美之词！

与搞砸了的上市公司相反，成为大牛股的公司都有一个有质量的掌门人。

正反两个方面的例子说明，在大路货的公司治理结构之外，选牛股必须考虑董事长个人因素。

不同时期对人要求不同，而且人是发展变化的，对公司董事长必须动态考察，随时留个心眼。

像倪润峰、李东生这些人后来出了大洋相，但他们建工厂、搞生产还是很有能力的。

产能过剩把倪润峰、李东生这样的"工厂主"逼成了生意人。

一个搞国际贸易，另一个更为复杂的国际并购，"工厂主"曾有的辉煌让生意学徒骄傲自满、刚愎自用，以失败告终是大概率事件。

基金经理抛弃金发科技，理由是一群搞化工的人不懂房地产开发瞎凑热闹。不能说他们一点道理都没有。

我在《上海证券报》工作期间，曾听专事公司新闻报道的同事说"投资上市公司就是投资董事长这个人"。

此言看似一句白话，我却觉得它很深刻。

同样在房地产这个大产业中，同样以1996年1月开盘价至2007年摸高价计算，上海地头蛇中华企业涨幅不到30倍。

同期万科A的股价累计涨幅达177倍，差距如此之大，中华企业的董事长质量不高是重要原因之一。

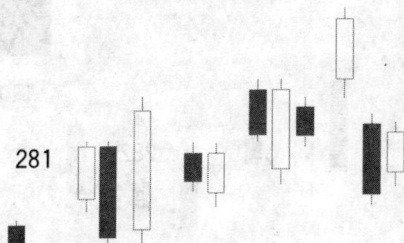

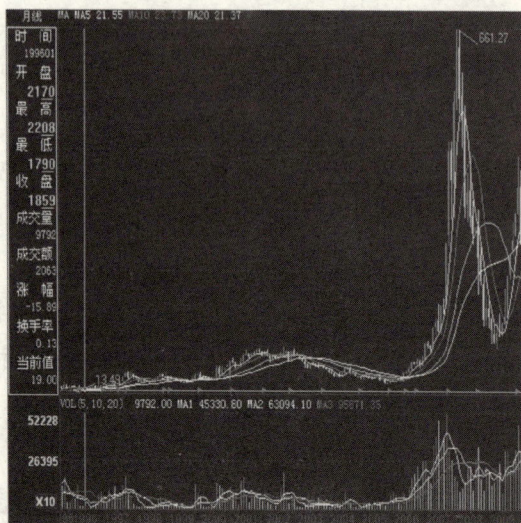

图10-10 1996年1月至2007年11月,中华企业小涨30倍月线图

文玮玮:与贵州茅台比,五粮液的二级市场表现差得多,不就是它的公司治理结构存在瑕疵吗?

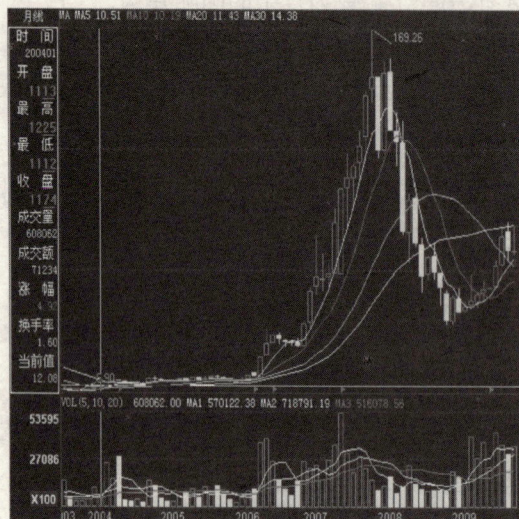

图10-11 五粮液远比同期贵州茅台走势疲弱月线图

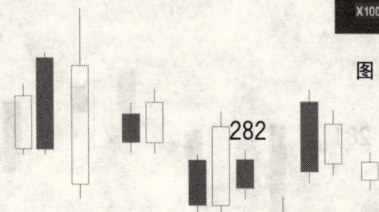

袁幼鸣：表面上看,五粮液的公司治理结构五脏俱全。

但关联交易让五粮液利润流失,原因是围绕五粮液形成了一个"吃上市公司"的既得利益格局。

这样的既得利益格局往往盘根错节。老董事长退位了,新任董事长未必动得了。

即使新董事长想动,也很可能有心无力。他如果硬要动,说不定大班椅立即会被人一脚踹飞。

五粮液的问题同样出在人身上。

文玮玮：我们只好回到领导者特质决定企业前途的现实。那么,能否归纳出牛股公司董事长的特质?

袁幼鸣：这是一个很有挑战性的问题。

我试着讲点感受,估计连观点都谈不上。

既然人与牛股直接挂钩,以后我们可以多留意、多观察、多讨论这方面的问题。

虽然越来越多学童以当老板为志向,中国教育却至今没有一丝一毫培养企业家的功能。

总体而论,中国文科教育听的人无精打采,讲的人同样无精打采。理工科看不起文科,觉得自己比文科实在多了,但只培养工程师。

如同在"激情燃烧的岁月"结婚的超龄男女,相关知识空白,工程师连当个"工厂主"都得在黑暗中摸索。

企业家的确是中国社会的稀缺资源。

我发现牛股公司董事长一般都具有自我管理能力。在中国社会,自我管理能力是一种稀缺能力。

例如,万科集团董事长王石就体现出了自我管理能力。

不喜欢王石的人不少,有的人认为王石可以搞私有化却不敢搞,因而看不起他。

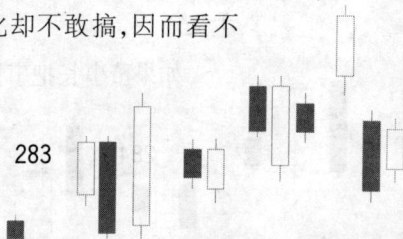

我觉得这正是王石有自控能力的表现。

王石称自己是喜欢拍板的人，不过为了把公司事务交给一个治理结构打理，让它运作起来，于是出门去登山。我觉得他说得不虚伪。

你可以说王石滑头，但这个人的一大优点是有敬畏之心。

有案可查戕害儿童数十万，把中国乳业引领进三聚氰胺悲剧的那些人毫无敬畏之心。

你需要记住，当你看见一个企业领导人一副中年流氓模样，喜欢讲自己年轻时如何打群架时，千万别误以为这个人仅仅是有草根气息。

这样的人不怕洪水滔天，什么事都干得出来，一旦东窗事发，股票停牌，二级市场持有者损失会很惨。

相反，王石像个小生意人。小生意人比街头流氓可信得多。

电视镜头显示，在登珠峰冲顶前，来自登山协会的队长宣布只带年轻力壮的人登顶，王石带头闹将起来，称大家都付了 10 多万元费用，不是小数字，都是工薪族，赚钱不容易。

王石的意思是这是商业登山，组织者必须履行合约，把队长搞得当众抹眼泪。

此人不是一副小生意人模样吗？

王石也犯过一些错误，比如 20 世纪 90 年代他在上海匆忙敲定的开发位置就选址不当。

还有人对王石被 2007 年房地产调控政策吓破了胆，2008 年不敢逢低拿地很不以为然。

但是，王石毕竟没有犯原则性大错。这已经很不容易。

于是，自 20 世纪 90 年代中期一直持有万科 A 的人获得了惊人回报。

试想王石若像君安董事长那样搞私有化未遂，持有万科 A 的人会有如此高的回报吗？

上市公司董事长必须打点好方方面面的关系，打点方方面面不能搞理想主义。

如果董事长把事情摆平后还流露出理想主义色彩，或者是出于更大商业目

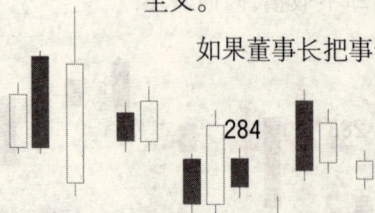

的，愿意吃眼前亏，这样的人值得信任。

三一重工董事长梁稳根就是这样的人。

三一重工为对价股改开头炮，2005 年 5 月 10 日公布每 10 股送 3 股并补偿 8 元股改方案；二级市场嫌对价太低，一片骂声，机构砸盘并串联施压。

面对破口大骂，梁稳根提出"真诚、共赢、面向未来"股改理念，5 月 24 日提出新方案，每 10 股送 3.5 股并补偿 8 元，为此三一重工多支付对价 300 万股。

6 月 10 日，三一重工股改方案以 93.44％赞成票顺利通过。

6 月 17 日，送佛上西天，三一集团明确宣布，出于支持股改、维护股价的目的，在两个月时间内动用不超过 2 亿元现金，择机回购流通股不超过 5％。

三一重工是大股东提对价方案的第一家，同时也是提高对价的第一家。这为以后的流通股股东对价博弈打开了空间。

股改中，梁稳根第一个显示出对市场经济协商原则的尊重。

不是东风压倒西风，就是西风压倒东风。在中国社会，协商精神是一种稀缺品质。

三一重工第一家实施股改后，机构抛出原有持仓与到手对价，加之上证指数跌破千点，公司股价曾跌至 12 元以下。

当时它是一家利润年增长率为 100％的企业，如逢低吸纳，以后两年多时间里，复权股价最大上涨将超过 30 倍。

在管理层官员眼中，三一重工是一家可以托付的公司。

2005 年 4 月 12 日，证监会负责人宣布解决股权分置问题的时机已经成熟。同一天，证监会一位副主席赴长沙与梁稳根长谈。

按照领导力模型框架分类，敬畏心和理想主义色彩属于情绪智力和精神智力范畴。可以这样说吗？

文玮玮：不算离谱。继续讲讲牛股公司董事长需要怎样的认知能力和行为能力。

袁幼鸣：牛股公司董事长无疑需要"直升机视野"，既能看见"树木"，又能见

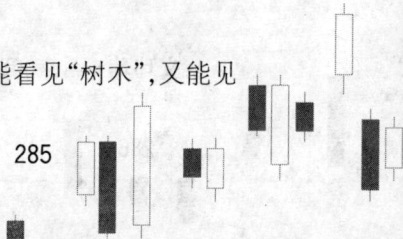

到"森林"。他们要做到既在正确的方向上锲而不舍，又不盲目冒进。

在转型时期的中国社会，不以激进主义搞企业规模"大跃进"极为重要。

倪润峰、李东生犯的就是"想一口吃成胖子"的错误。

外向型企业要成为牛股公司，董事长必须深刻理解全球化分工的含义，具有如何在产业价值链上逐步占有最有利地位的"默会知识"。

董事长要有一种精算能力，能在成本与收益框架中逐步提升公司利益。

对那些扬言要拿出多少钱一举自创国际性品牌的人要当心。

对一边贴牌生产，一边尝试着创品牌的人可以另眼相待。

品牌是西方人的既得利益，西方发明的技术全世界都在用，他们靠标准与品牌收钱。一旦有人声称虎口拔牙挺容易，那是遇到跑江湖卖大力丸的了。

没有精算能力的人搞国际化扩张，只要踏进一个陷阱就可以把公司送入深渊。

牛股公司董事长要有凝聚人才、领导具有执行力精兵强将的能力，与此同时，又是一个具有中庸气质的人。

中庸的人不以非此即彼的思维方式看待事物，具有开放性与灵活性。

有的上市公司董事长貌似中庸，骨子里却很固执。

据说，在地皮廉价，进入房地产业的最佳时段，有一家家族企业的兄弟不管商界朋友和官场中人如何劝说，就是不改对房地产业的偏见，错失机遇。

还有一条很重要，牛股公司董事长必须对股市功能有充分认知，对推动股价长期走牛有强烈冲动。

注入优质资产让沪东重机乌鸡变凤凰的大股东有这样的冲动。

A股市场中另有一大批公司，尤其是国资控股公司的董事长没有这样的冲动。

在A股市场这一特殊环境中，有能力高送转而不为的董事长没有推动公司股票成为大牛股的主观能动性。

文玮玮：看来，我们以后的确要多关注高质量董事长的特质。

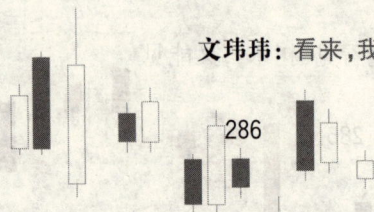

袁幼鸣：改革开放以后，中国企业的生命周期非常短，企业与企业家以后人踩着前人尸体的敢死队集团冲锋方式前行。

至今，在企业家群体中，老的不倒翁三五人而已，掌控着生命力旺盛的公司的中年人则两只手数得过来。

从没有企业家到有企业家，这个人群早期存活率极低是一种情有可原的历史现象。

你应该多关注 70 后、80 后人群中脱颖而出的新生代企业家的特质。认真研究新生代企业家中有没有值得挂靠的对象。

就社会土壤、价值取向与知识体系论，70 后、80 后人群在做企业家方面比父兄辈有显著优势。

现在是 50 后掌大权，60 后开始掌权。

中国是一个有老人政治传统的国家。老人政治的一大特点是，每一代人掌权时，均自吹自擂自己如何不同凡响，如何像新钞票一样挺括，后人则如何不堪。

对于一代人手握话语权时的代际吹嘘可以不予理睬。

50 后妄人自诩经历过重大历史事件，60 后精英普遍以接受过 80 年代洗礼自傲。

一个雷人的说法是如今毕业的硕士水平不如"文化大革命"前毕业的高中生。研究生教育固然问题严重，但纵有千般不是，今天硕士所接触知识的广度与深度也是老高中生听都没有听说过的。

《青春万岁》中写一个当班干部的女中学生到一个后进生家里去做思想工作，后进生请她到胡同里的小饭馆吃饭，女中学生把辫子一甩说，好吧，就体验一下生活吧。

吃饭明明属于"生活"，在 50 年代高中生嘴里成"体验生活"了，是不是疯疯癫癫的？

谁流年不利经历过 20 世纪 60 年代那些五迷三道的重大历史事件，谁值得同情。

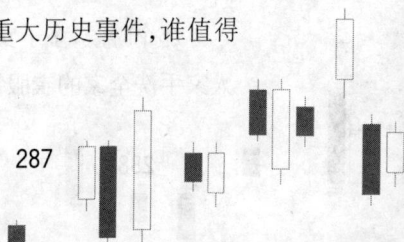

80 年代的确是沸腾的,但沸腾得很肤浅。它继承了走极端的传统。

美国社会挺庸俗的,欧洲人普遍看不起美国人的生活方式,但美国企业家辈出。

盖茨、戴尔这些人喜欢捣腾生意,于是退学捣腾,一分钟都不耽误。

现在中国总算开始出这类人了,在 70 后、80 后人群中。

未来大牛股的选择思路

袁幼鸣: 我问你一个问题,迄今为止,A 股市场哪个板块是最大的牛股摇篮,出的牛股最震撼?

文玮玮: 当然是房地产板块。

袁幼鸣: 不对。

最大的牛股摇篮是家电板块。

我刚才已经讲过,家电业产能释放阶段出了大牛股四川长虹。1995 年 1 月至 1998 年 1 月,3 年大涨 23 倍。

到了销售终端为王时,苏宁电器 2004 年 7 月至 2009 年 8 月底,5 年上涨 25 倍。

如果按苏宁电器上市后 2008 年年初达到的最高股价计算,它的最大涨幅是 44 倍。

我们就不以苏宁电器的最大涨幅说事了。

如果投 10 万元给家电板块这两大牛股。中间 6 年多时间钱放在银行的蝇头小利不计,10 万元变成 $10 \times 23 \times 25 = 5750$ 万元。

房地产业成为大牛股摇篮合理,家电业成为大牛股摇篮更合理。

30 多年前,即 1978 年开始改革开放时,中国绝大多数城市家庭连电扇都没有一台,更不用说广大农村家庭。

那个时候,多子女家庭的母亲有洗不完的衣服,我们家母亲也是。夏天她老人家手洗全家的衣服每天需要两个小时。我至今记得我站在母亲背后给她打扇

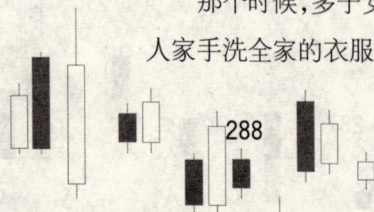

的场景。

20 世纪 70 年代,中国人做梦也想不到洗衣机可以把人从洗衣劳作中解放出来。

家电全称家用电器,中国绝大多数家庭原本没有家用电器,城里人家中与电力沾边的物件只有电灯。

家庭中的家用电器从无到有,从少到多,升级换代,花样翻新,在股票市场成就大牛股是必然的。

文玮玮：有意思。

房地产和家电两个板块出大牛股为我提供了一条选股思路。

在经济社会大环境支持下,凡有大市场,将获得大发展的产业的龙头公司都有望成为大牛股。

袁幼鸣：是的。

炒股票同样不能只埋头拉车,不抬头看路。

A 股市场是政策市的更深一层含义是,政府政策与制度供应将引爆庞大的市场需求,无意插柳柳成荫,造就政策性强势板块。

网上流传的《浙商理财 22 条军规》第一条是做生意必须看中央电视台《新闻联播》。

参与股市博弈同样如此,必须高度关注经济社会的变化动态。

获知政府要以政策供应改革什么、发展什么、撬动什么,是从上朝下俯视 A 股市场,挑选强势品种的起点。

与此同时,眼睛朝外,认清先发国家、先富社会经济结构变化线路也十分重要。

经济体发展到某个阶段会发生什么变化、产生什么需求有共性。

中国问题最大的专家群体是国际问题专家。

国际问题专家热衷写国际时评或上电视节目出境。

总体而论,国际时评家不提供对先发国家政治、经济现象有价值的解读,他们

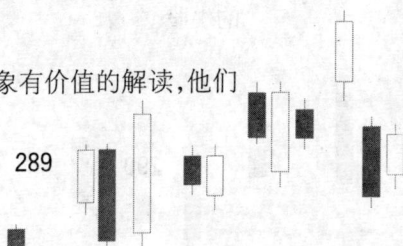

同股市时评家一样,摆出一个批判的花架子,拿啤酒当马尿。

一些人"看戏人着急",对日本"(经济增长)失去的十年"痛心疾首。

日本社会富裕到如此程度,继续高增长那还了得,只要GDP不是负数,吃老本、啃积累,日子已经很好过。GDP年增长2%至3%,那是锦上添花。

专家理应研究中国社会如何做到同日本一样富裕。

这些穷人纳税养着的人正事不干,,忙着给富人瞧病,而且,喋喋不休在一个穷人为主的社会发布治富人病的药方。

专家靠不住,我们只能自己研究先发社会走过的道路。

先富社会发大财的机会少了后,一些人会往后发经济体跑,他们的见识、来后的做法值得重视。

1992年以后,一批台湾、香港地区的人觉得上海的房价太便宜了,跑过来大量吃进当时的外销房。

1994年的货币政策大紧缩曾让这些人吃套,但未割肉而出的人后来都大赚一笔。

事实证明,他们拿台湾、香港地区路径类比上海的做法具有前瞻性。

台湾同胞来沪发展之前一般会买寿险。

这预示着中国先富人群出现与中产阶层壮大后,保险市场将有大发展。在金融板块中,最能分享经济发展益处的是保险股。

此时,如果有人在一级半市场出让中国平安股份,可以毫不犹豫地吃进。

先发经济体提供个人金融信用服务,随着经济发展,信用卡会在后发经济体日益普及。

招商银行把信用卡市场推广承包给国际专业团队,由他们把行之有效的做法重复一遍。

选银行股,处于市场推广阶段的招商银行是首选。

2005年11月至2007年11月,招商银行股价上涨接近9倍,算一只中等力度的牛股。

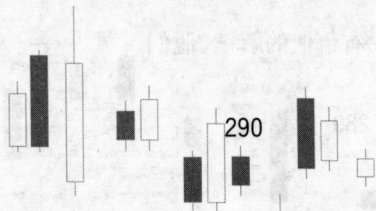

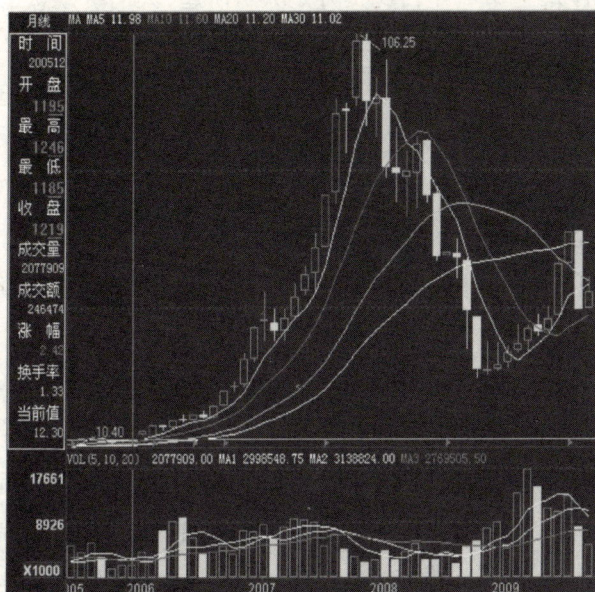

图 10 - 12　招商银行在 2005 年 11 月至 2007 年 11 月期间月线图

文玮玮：选大牛股的思路基本厘清。那么，做前瞻性预测，未来的牛股会具体出现在哪些板块呢？

袁幼鸣：我的以下说法以国际国内大环境不出现大的失衡为基础。

我们采用的是政治经济学视野，不是那些根据股价长期横盘但周线 MACD 死活不翻绿的技术派选股法。

首先要把眼睛盯着政府，看政府将推动哪些牵涉广泛、影响深远的全局性重大制度改革，且推动的决心与力度有多大。

如果政府下决心从财政收入切出大蛋糕，施行全民医保，医药股中一定会出超级大牛股。

至今，中国穷人群体是小病扛着、大病小治，对于不治将"不治"，治疗会倾家荡产的大病，宁愿选择前者的人时有所闻。

中国的医疗需求是被经济社会的结构性弊端压制住的，一旦释放出来，医药板块增长潜力巨大。

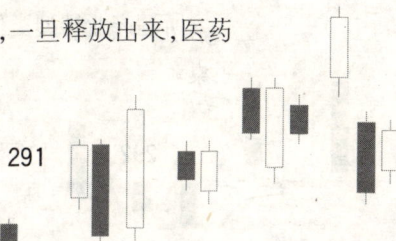

城乡居民消费在 GDP 中占比提升是大势所趋,大消费概念是未来牛股的摇篮。

在大消费概念中,尤其要关注因商业模式创新而脱颖而出者,但商业模式创新公司涉及的市场规模要足够大。

可以留心网络购物、网络游戏等领域,尤其是平台服务商。在电子交易中,平台服务商是终端拥有者。

如果政府强行推出医药分家政策,医院不再通吃医与药,病人拿处方到药房购药,经营连锁药店的公司一定会出大牛股。

3G 值得重点关注,它能够发展成怎样是说不清楚的。

3G 概念中可能会再出现类似四川长虹这样的品种。

四川长虹成为时间跨度长达 3 年的大牛股有一个蓄势、酝酿过程。它曾经潜龙在渊,到全国城市居民家庭争先恐后要换上"长虹－红太阳"品牌彩色电视机时,一飞冲天。

3G 概念中,很可能有品种会重演四川长虹高歌猛进的一幕。

值得注意的是,创业板必然会出大牛股。

所有创业板公司招股说明书的概要都需要认真阅读,重点关注那些像苏宁电器一样,以一家小型企业面对庞大市场需求的公司。

微软曾经是一个小公司,最后发展到全球用它的视窗软件。

要用这样的思路在创业板中淘金。不要怕某些品种已经涨了 1 倍、2 倍。

只要经济全球化不出现逆转,高附加值制造业向中国等新兴经济体转移是必然趋势。

世界经济利益分配格局如山东人吃席,按社会地位排座位,绝不坐错,一目了然。

中国外向型经济从"来料加工、两头在外"开搞,当时处于地位最低的菜口位置,今天已有能力坐在"打横"部位。

所谓产业转型类似人必须主动追求进步,不能一辈子坐菜口,甚至搞得上不了桌。

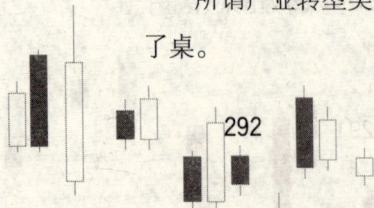

高附加值制造业需要研发力量、产业配套、管理能力与技术工人，越南、老挝、津巴布韦的劳动力比中国更便宜，但他们一时干不了这些活。

被定为高科技企业的A股公司享受15％所得税率优惠，这些公司一般从事高附加值制造。

要关注那些只交15％所得税的制造业公司，如果它们中诞生出世界级的龙头公司，且处于一个大产业中，这样的公司会成为大牛股。

一些重要会议出台的政策值得追踪。比如，"农地流转"说不定哪天会流转出一家大庄园主公司来。

类似《京都议定书》这样的国际协议务必高度重视。

《京都议定书》计算排放量是把森林对二氧化碳的吸收扣除掉的。

如果有一天国际社会达成协议，对新增森林面积支付减排费，林业股中会出超级大牛股。

作为发展中国家，中国履行减少温室气体排放的国际义务将主要通过发展核能实现。

2009年9月22日，在联合国气候变化峰会上，中国所作承诺特别提及大力发展核能。

截至2008年年末，中国已投运的核电机组装机容量不到1000万千瓦。预计到2020年，中国核电装机容量将达到8000万千瓦左右。

这意味着2009年至2020年的12年间，中国新建核电产能需要达到7000万千瓦。

按照核电每千瓦投资1万元左右计算，总投资为7000亿元，其中设备投资占50％左右，相当于3500亿元左右。

也就是说，国内东方电气、上海电气等核电设备制造公司将从核电发展中获得巨额利润，A股市场核电概念板块中产生大牛股是大概率事件。

文玮玮：就个股选择而论，大牛股需要同时关注业绩与概念。概念提供股价走牛的想象力。

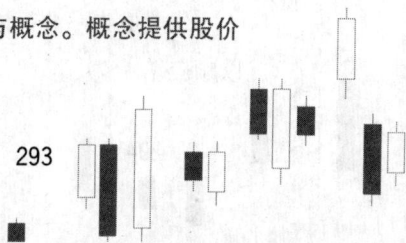

293

袁幼鸣：对。

大牛股是资金堆出来的。资金的"集体行动"需要逻辑。

主营利润100％增长是牛股爆发的一个前提。

同时,这家公司往往有丰厚的未分配利润和公积金。

如果你看见,一家具有想象力的公司10送10后还送得动,可以考虑择时潜伏进去,享受它的第二波升浪。

连续高送转往往是公司管理层与大资金谈好了的。

如果有人问苏宁电器的张近东一个年度内1股变4股是不是与基金谈好的,他会威胁状告那人诽谤。

除非拿出经得起质证的充分证据证明邓玉娇有罪,否则这个土家妹妹就是无罪的。

与之相反,A股市场的许多事情无需证据,自由心证即可。

做老乘客：长波段操作大牛股

文玮玮：我现在已经初步建立起流动性为王的意识,明白了只要大资金流出市场,就必须跟随而出的道理。

发现牛股后,该如何操作牛股呢？

袁幼鸣：对牛股的确认来自一种坚定的判断。

在牛股股价没有透支迹象前,要做到"长相望",坚定地把牛股作为操作对象。

庄股时代股市文化不健康,合法机构势力大张后,股市文化更不健康。

股市文化不健康的一个现象是,机构与上市公司控制人联手,迅速兑现牛股可能带来的收益,如台胞所形容,吃干抹净连一口汤都不留。

牛股三年才能走完的行情一年走完成为一种常态。

那些任凭大盘怎么走,自己走独立行情的牛股景观今天已难得一见。

牛股成为一波行情中的超级强势股是2006年以后的市场动向,对此只能予以顺应。

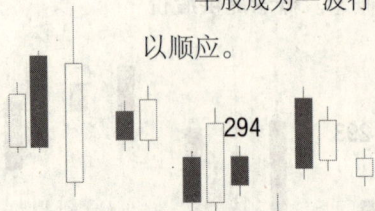

对于在一波大行情中走到透支股价地步的品种，要出击它，仅在盘中高抛低吸，或者是行情中级调整时，暂时站出来，行情一走稳，马上重新上车，是最佳选择。

如果有万科 A 这样的大产业中的超级长牛品种再现，最佳操作方法是当老乘客，结合大盘和板块轮动节奏，反复捕捉它的波段性上涨机会。

万科集团董事长王石善于与机构博弈。未来的长牛股公司及掌门人也必须有这样的素质。

万科 A 送转股有节制，很少 10 送 10，一般控制在 10 送 6、10 送 5 这样的尺度。

万科 A 圈钱多而分红少。到它要伸手圈钱时，散户可以立即跑路，机构倒是无此方便。

万科 A 不怕机构不配置。对万科 A，机构无法做到联手惩处。

机构配置好了，它要圈钱，纵使机构心里一万个不高兴，照样投票赞成。

这样的时候，尽可以笑看机构如何与万科 A 博弈。

等到老饕圈钱到手了，市场一致认为它发展有储备、有后劲时，再次上车。

长波段操作万科 A 的一个卖出点是 2001 年 6 月全流通地雷引爆后，当月万科 A 未跌反涨 4.72％，此时是跑出来的良机。

到 2003 年 1 月它随大盘下跌站稳后，再介入，此时原来的 1 股已经变为 1.6 股。

此时介入的理由是房地产市场升温，万科 A 这样的行业龙头业绩良好。

万科 A 股改对价物不送正股只送认沽权证，如对它的吝啬感到不爽尽可以出货，参与当时市场遍地都是的抢对价游戏。

待到 2006 年 9 月初，金融、房地产板块成为市场价值洼地，各路资金，包括基金公开声称要炒房地产板块时，重新介入万科 A。

2007 年 1 月中旬，趁政府针对房地产开发商出台打压性质税收政策，顺势出逃。

3 个月后，至 4 月底，房地产板块再次成为相对价值洼地。此时市场资金充

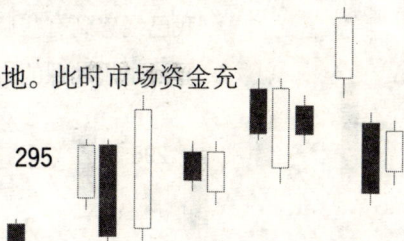

沛,非重新介入该板块不可。见整个板块重新启动,立即重新买回万科A。

2007年持有万科A可以躲过"5·30"、"6·20"两次著名的暴跌。因为,此时房价坚挺,机构持仓心态稳定。

在"5·30"、"6·20"两次暴跌中,万科A仅仅是摇晃摇晃,尽显大牛股风范,可爱至极。

自1996年1月以后,围绕大牛股万科A操作,如果躲过大盘风险与板块风险,并在它一旦波段性走强就熟门熟路上车,没有大的失误,收益将超过300倍。

文玮玮: 大牛股永远会存在。

每一个阶段,市场主流投资与投机理念不同,资金涌动方式不同,今后我会注意观察大资金对强势板块与个股的操作方式的变化。

天道酬勤:博弈者的日常功课

文玮玮: 这些天我看盘、看报纸、上财经网站、看公告、读研究报告,在时间使用上觉得比较凌乱,效率有待提高。

谈谈一个炒股的人每天必须做哪些事情,按顺序如何做;一个要上班的人,又该如何做。

袁幼鸣: 一个职业投资者的辛苦程度远远超过一个上班族。

每个交易日,4个小时交易时间不能离盘面太远,开盘前后起码还得做4个小时功课。时间长了,会感觉到身心疲惫的。

有的人会扬言给自己放长假,其实,放完长假后,有一堆事情是需要加班完成的。

比如,在放假期间,板块是如何轮动的,就需要假期一结束马上搞清楚。

我已经感到有些疲惫,所以要把一些日常功课和买卖操作交给你做。

厘清常规功课的内容和顺序可以提高效率。

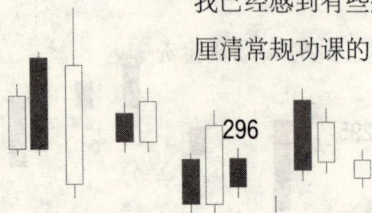

每天开盘前，首先要了解与股市相关的重大政治与经济新闻。有的重大政经新闻有深远影响，有的则会对当日大盘趋势有直接冲击。

比如，2009 年 8 月 4 日，银监会发通告拟规定限制商业银行交叉持有的次级债券计入附属资本。

见到这样的新闻，应该立即认识到，它将对大盘构成利空，对银行板块、房地产板块属于直接利空。

其次是收集与分析对大盘趋势有影响的其他信息。

以流动性为中心，每天在开盘前首先要预判种种因素综合作用下，大盘的当日趋势和阶段性趋势。

对当日趋势和阶段性趋势的预判都是累积的结果。

比如大盘在没有放量的情况下，五连阳持续反弹，就需要判断这样的走势是否能持续，它的含义是什么。

采用出击与潜伏的博弈方法，判断大盘的阶段性趋势极为重要。

在流动性涌入或不退潮的情况下，出击与潜伏操作法需要关注板块轮动。

因此，开盘前要尽可能收集与分析相关板块的利多、利空信息。

如果 2009 年 8 月 4 日这天持仓有金融和地产股，见到银监会通告，判断其为重大利空，应该当即决定第一时间出货。

再如，2007 年 1 月 17 日一大早，见到对房地产行业的打压性税收政策出台，应立即参与集合竞价清空万科 A。

每天早盘依据新信息作预判和决策，但大多数时候，投资策略的框架是前一个交易日收盘后的时段确立的。

开盘前的工作是依据最新信息对前一日工作的确认、修正或否定。

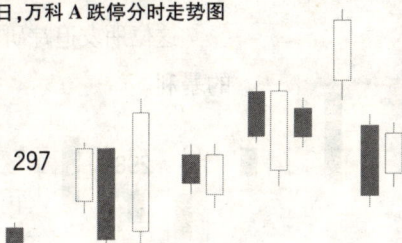

图 10-13　2007 年 1 月 17 日，万科 A 跌停分时走势图

研究宏观政策动态、阅读研究报告、分析板块效应、关注个股异动等工作均在日间和晚间进行。

可以在盘中做这些事,收盘后更是做这些工作的"上班时间"。

确立投资策略框架包括潜伏谁、出击谁,是不是退出持仓,盘中出现什么情况得退出,是不是要高抛低吸等。

潜伏与出击追求波段收益,不是做超级短线客,所以无需盘中频繁操作。

这样的操作方法适合上班族。

当然,上班族无法做到在盘中追突然启动的热点。但人生在什么时候,又都可以做到鱼与熊掌兼得呢?

上班的人必须对关注的股票或持有仓位的品种盘后复盘,每天如此,不得懈怠。

复盘内容除了看一般技术指标和资金进出情况外,甚至需要分析某一个分时的成交情况。

对于图形显示已经进入高位的品种,可以用预埋的方法出货。

有的人说,对股市相关信息了解得越多,炒股越是赚不到钱。

这样的反智主义者如果永远能做到每波行情中段进市场抢一把就跑,自然不会亏钱。如果有这样的天生预感与心理禀赋,那是老天赋予的,我们无资格评说。

绝大多数反智的人在股市会输得很惨。

利用有限的时间资源,获得有价值的信息越多,越能够在博弈中获胜。

同一信息,一些人能看到价值,一些人视而不见。获取信息同样需要高智商、高情商与经验积累。

我曾经给你讲过有朋友通过排查资产管理公司是大股东的公司,抓重组黑马。

另有朋友通过大智慧 F10 发现西部一家转营土地一级开发的公司董事会新成员都有在国际投资银行工作的经历,他觉得这些人聚集在一家不起眼的公司里会搞出事情。

这位朋友追踪研究它,在其股价启动后出击进去,短时间内获得翻番再翻番的暴利。

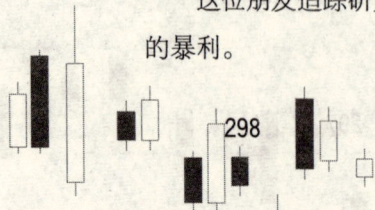

聪明的博弈者的日常功课充满了创造性。

天道酬勤,对股市博弈者同样如此!

当然,股市之"勤"非教科书灌输之"勤"。

此勤非彼勤! 这是我们在政治经济学视野下谈论 A 股市场博弈实务的出发点之一。

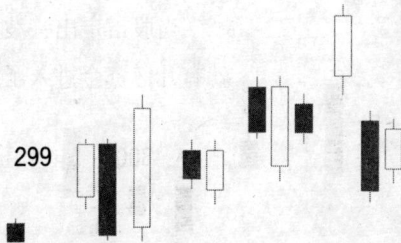

附　录

2010 年 A 股投资策略：低碳元年 冲击 4000 点

陈金艳

《理财一周报》记者

2009 年早春 3 月，大盘于 2000 点上下不决之际，《理财一周报》首席评论员袁幼鸣预言年内"不上 3000，融资免谈"。如其所言，7 月 1 日，上证综指一举冲破 3000 点大关。

值此辞旧迎新之际，在 IPO 融资重压和股指期货推出预期的多空夹击下，一度夭折的跨年度行情轰然启动。对此，袁幼鸣的看法是 2010 年行情将是 2009 年下半年的延续，政策既不许可大盘暴涨，也不会坐视指数大跌，市场趋势总体震荡向上，最高会看到 4000 点。

2009 年仍是政策市

《理财一周报》：您在 2009 年早春时判定年内大盘必上 3000 点，结果如您所言，2009 年沪指确实冲上了 3000 点，最高上摸 3400 点。现在回头看 2009 年行情，您有什么总结性的看法？

袁幼鸣：回顾 2009 年的行情，我们必须承认，A 股市场仍然是一个政策市。

2008 年第四季度开始，政府大量释放流动性，到 2009 年 2 月份中央政府高层领导人和多位部长为股市背书，加之大量央企资金以及社保、保险资金的入市，以及游资与政策意图共振，引发了 2009 年上半年的牛市行情。

在进入 6 月份以后，据我所知，大量的企业存款涌入股市，推动了一波大蓝筹行情。这波行情一直延续到 7 月。那段时间市场资金非常充沛，其中有相当一部分是企业存款。

当股市走出一波上涨行情时，企业存款会追进去。在我所熟悉的企业范围，就有几亿资金进入了股市。我的一些做实业的朋友，拿出几千万资金入市，做一

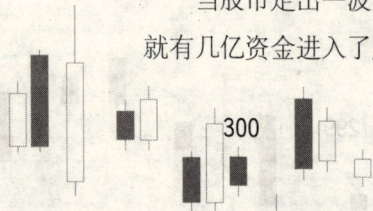

只股赚 30％就出来。这是上半年 A 股市场走出单边上涨行情的重要原因。

2009 年 8 月大盘暴跌，以后指数进入箱体震荡，这与政策转向有关。从年中开始的对信贷资金的管理只是一个表象。事实上，在一些智囊人物的游说之下，政府态度发生了变化，开始从推动股市走强，转向遏止资产泡沫形成。

需要看到，政策调控直接导致了 2009 年下半年大盘的三波调整。

下半年的第一波调整从 8 月 4 日开始，直接导火索是银监会出台银行股利空政策，深层原因是各路有组织大资金基于对政策转向的判断获利了结。

此后，9 月份，当市场试图展开国庆行情的时候，监管部门突然推出了创业板。创业板出台添加了主板运行的不确定性，引发市场观望氛围，且它的确对市场资金有所分流，于是大盘再次下跌。

创业板靴子落地后，大盘再次向上。正当市场主体一致看多，期盼一轮跨年度行情诞生时，监管部门加大了新股供应，抽血力度之大，为 A 股市场设立以来罕见，多头阵营随即瓦解。

在 2009 年 9 月以后的市场运行中，我们没有看到流出市场的企业存款资金回流，留在市场里的主要是基金等常规资金以及游资和散户中的坚定多头资金。这样的资金状况决定大蓝筹难以持续走强，中小市值品种受青睐，市场呈现主题投资板块远远跑赢大盘的结构性牛市特征。

应该承认，在年中确立的宏观经济 V 型反转态势支撑下，坚定多头积极作为，9 月份以后的股市走得还是相当顽强的。如果不是连续遭遇政策打压，年终沪指完全可能站在 4000 点以上。

叶荣添 5 月份疯狂"喊多"，事实证明他在趋势判断上是对的。但他 10 月份后继续狂喊大盘将在万科 A 的带领下持续令人窒息的暴涨，就属于无厘头了。此时政策不许可暴涨，也无资金支撑大蓝筹暴涨，大盘如何能大涨 500 点呢？

12 月初，有官方背景的杂志发表智囊人物的文章称，需要以上调印花税率与加大新股发行的方式遏止股市泡沫。这样的说法无疑是十分武断的，因为比较"金砖四国"的其他 3 国股市市盈率，A 股市场并没有明显高出，泡沫说何以成立呢？而且现行新股发行制度支持高市盈率发行，本身就是在制造泡沫，能用泡沫

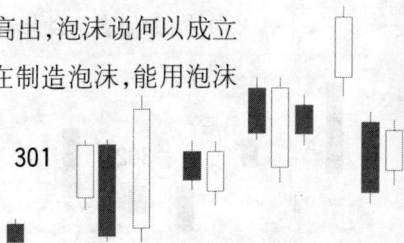

遏止泡沫吗？

但道理归道理，事实是，监管部门应声执行了加大新股发行这一条，引发了市场跳水。对类似含有政策讯号的言论，不管其道理上如何说不通，市场主体都不能掉以轻心。

身在一个政策市中，中小投资者无疑需要时刻关注政策意图及市场流动性状况。2009 年的市况再次印证了这个博弈要点。

2010 年行情震荡向上

《理财一周报》： 对于 2010 年的行情，您又怎么看？

袁幼鸣： 我个人觉得 2010 年的行情，是对 2009 年下半年行情的延续。在政策面上的一个特点是，监管部门不加掩饰地竭力调控大盘的点位，让大盘甚至板块按照政策意图运行。

在此判断下，我认为大盘总趋势是震荡向上的。沪指在点位上不会有太大突破，不过，我认为应该能看到 4000 点。

我认为指数能上 4000 点的主要原因是，明年政府还有很多事情要做，要扩大直接融资范围，还要推出融资融券、股指期货，另外，国际板也可能设立，这些因素都需要大盘维持在一定的点位上，所以震荡向上是明年的主要格局。

与此同时，经济复苏已成定局，不仅仅是中国，全球经济都出现了复苏迹象。目前看来，各国政府通过释放货币稳定金融局势还是有效的，而且到现在为止没有出现过度的通胀，因为这些货币的周转率尚未明显提升。各国领导人也已达成一致，过早退出经济刺激政策可能使复苏的成果夭折。

不过，政府高层领导最近表示，如果货币投放在 2009 年年中收得更早一点，可能情况会更好一点。这个"更好"可能指隐患要少一些，这意味着 2010 年的货币政策会更加谨慎。

2010 年 A 股公司业绩将继续提升，业绩提升后，或许难以说股市存在整体性泡沫，即使有泡沫也仅是结构性泡沫，这将为监管部门许可沪指上 4000 点提供理由。

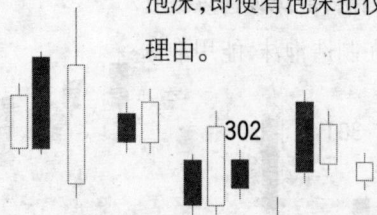

我的解读是，监管部门希望 2010 年市场能在平衡基础上呈现慢牛走势。但这种格局会不会被打破，会不会因一些突发性因素令资金大面积撤离或者大面积涌入从而导致市场大起大落，我觉得都有待观察。所以，对行情做预测需要根据整个市场环境的变化随时调整，要持有动态视角。

"股价分置"局面不会扭转

《理财一周报》：2009 年题材股、小盘股明显跑赢蓝筹股。现在许多人认为 2010 年市场风格会转化，蓝筹股将崛起，而题材股、小盘股将无所作为甚至下跌。您认为 2010 年会出现风格转换吗？

袁幼鸣：2009 年 A 股市场的"股价分置"状况得到了强化。所谓"股价分置"，简化地说，就是业绩稳定的大市值蓝筹公司低市盈率定价，基本面可能突变的题材股和高增长小市值品种高市盈率定价。随着创业板的推出，这种"股价分置"的现象愈发明显。

对此，一些人很生气，认为它是市场投机性强的表现，局面终将改变。在我看来，就算承认这是投机所致，造成大家热衷投机的根本原因也是市场制度安排存在症结。

创业板出台后，股市事实上形成了"市场分置"的格局。沪市主板几乎用于大型央企和省市级骨干国企发行上市，中小板主要是中小市值国企和民企融资渠道，跻身中小板的宁波银行总股本 25 亿，显然连中小市值也不是，创业板则主要是民资控股的袖珍公司的挂牌场所。

既然有"市场分置"的事实在先，出现"股价分置"现象有其合理性。这中间既有中小板、创业板公司成长性优于沪市主板公司的理性因素，也有它们的股价便于操纵的投机因素，与其啧啧称奇，不如认清原因。

创业板出台后，众口一词欢呼这是建立多层次资本市场的重要一步。其实，深市创业板公司都是成熟公司，而不是什么处于创业期的公司。我一直认为，沪深主板本身倒是具有多层次资本市场的功能，体现这一功能的活动就是大规模进行的上市公司资产重组。

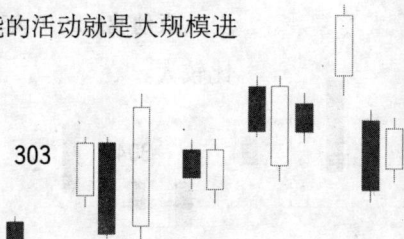

须知,监管部门设立有两个委员会,一个是股票发行审核委员会,另一个是上市公司并购重组审核委员会。市场制度是支持并购重组的,形形色色的题材股市盈率高企也就不足为怪了。

盘点2009年涨幅前十位的股票,绝大多数是实施重组的题材股。事实摆在那里,过分歧视题材股依据不足。

2009年上半年,市场炒作热点曾经转向蓝筹股。随着资金退潮,蓝筹行情戛然而止。10月份后,不断有人预测市场热点将转向蓝筹股,市场舆论也不停地加以热议。结果,热点切换并未如期而至。

我们需要追问的是,仅仅因为蓝筹股市盈率低,市场主体就会群起追捧它们吗?如果答案是肯定的,那么,一个前提是绝大多数市场主体是价值投资者。然而,在A股市场,包括机构投资者在内的绝大多数人是赚取差价的趋势投资者,这便决定了所谓的蓝筹股价格回归价值不能成立。

说到底,只有在蓝筹股也具有走出波段行情的博弈价值时,资金才会涌入。由于2009年下半年资金不足,无法支撑蓝筹股形成博弈行情,热点向它们切换不顺畅不难理解。重仓蓝筹的机构数次拉抬蓝筹板块,其他市场主体不跟风进去博弈,或者跟风者第二天就派发,蓝筹股行情自然会"一日游"。

2010年市场热点是否转向蓝筹股取决于它们是否具有博弈价值。如果监管部门沿袭2009年的做法,一认定市场涨得太快就打压,我以为出现可持续的蓝筹行情概率不高。但如果股指期货推出,有可能让诸如中国石化、工商银行等一部分大蓝筹公司重新定价。这类公司对沪深300指数涨跌具有杠杆作用。

我的判断是,即便股指期货2010年推出,也不会改变"股价分置"的局面。高成长公司、新兴产业公司、存在重组预期公司的市盈率仍将大大高出蓝筹公司。

重点关注低碳经济

《理财一周报》:2010年您看好哪些板块?

袁幼鸣:2010年的不确定因素比较多,从操作层面讲,中小投资者操作难度比较大。

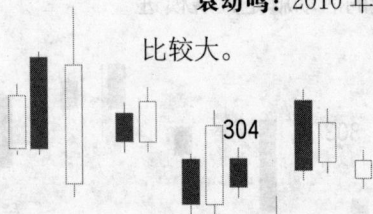

从概率上讲，我认为还是要关注政策扶持的行业。政府高层领导人最近的讲话已经提示 2010 年应重点关注的板块：高附加值制造业、互联网（这其中包括 3G）、低碳经济、绿色经济、生物医药等。

此外，要关注 CPI 转正并爬升背景下的有涨价预期的周期性板块。如果周期性板块确实形成价格拐点，那就可以买进。

只要鼓励重组的市场制度不变，重组股值得继续关注，概念板块也应该关注。区域或行业的经济刺激政策出台，总会引起一波行情，可以参与捕捉其中的交易性机会，但需要及时止赢，心不能太贪。

对融资融券、股指期货制度安排催生的概念股和部分大蓝筹公司可以予以布局。

经济转型带来的投资机会是未来数年的关注重点。2009 年的家电股就属于这个板块。在"家电下乡"政策刺激以及城市家庭更新换代的需求拉动下，家电股成为 2009 年 A 股涨幅最大的板块之一。

2010 年产业转型的要点是低碳经济，这是世界性潮流。新能源和节能环保公司的股价在 2009 年有不俗表现，一些人认为已经透支未来业绩。我以为，应该从战略上充分认识低碳经济的重大意义。

对于中国来说，2010 年可谓低碳元年。之前，在二氧化碳减排方面，中国没有硬性指标，现在西方国家对中国减排有要求，而中国也作出了承诺。中国作为一个经济高增长的大国，减排工作至关重要，这不仅涉及环境保护，也关涉中国在国际事务中的领导力形成。

可以预计，接下来，扶持低碳经济发展的政策力度将不断加大。低碳经济板块中诞生长牛股是大概率事件。类比一下高压变压器龙头公司特变电工吧，由于特变电工符合产业政策导向，1997 年 6 月上市后，至今已经累计上涨 100 倍。

高抛低吸、波段操作

《理财一周报》：您提到 2010 年股市较难操作，那么您对投资者有什么建议吗？

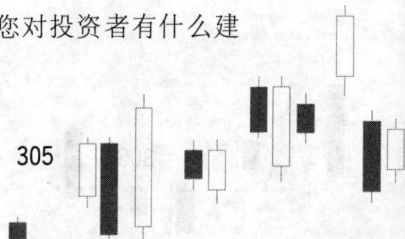

袁幼鸣： 概而言之，2009 年下半年市场在政策指挥棒调控下运行。我判断 2010 年行情是 2009 年下半年的延续，所以，对中小投资者的操作建议是跟着政策走，以做波段行情为主。

2009 年三波下跌，政策面都有明确的抑制态度，如果散户利用船小好调头的优势，顺势卖出，跌到低位再买回，抢到 3 个 20% 市值增加，复利将超过 70% ，如此操作加上上半年的利润，全年收益率将相当可观。

对于 2010 年的波段性行情，我认为波幅可能收窄。2009 年上半年，很多板块上涨能走出 50% 涨幅，而 2010 年最大的波动可能是 30%。

每年市场中股价翻倍的个股都有，但是中小投资者往往难以"骑"上这些黑马。你能预测到 ST 新太在 2009 年 11 月 27 日复牌后一口气翻番吗？很难。

我觉得从大的操作策略上讲，2010 年适宜高抛低吸，既要"反恐"又要"反贪"。因为种种原因，跌下来 20%，大家都很恐慌，此时你要拿住；反过来，如果上涨 20%，大家一片看好，此时你倒是要卖出。

这就是所谓的反趋势操作。这样的策略或许在 2010 年大有用武之地。

如果 2010 年股指期货、融资融券出台，我建议散户不要急于参与，先观察一阵，即使参与，也只能轻仓。

历史上，国债期货是推出过的，当时机构铆足了劲对赌，掀起了惊涛骇浪。那些在"3·27"国债期货事件中站错队、押错宝的跟风者损失惨重。现在管理层要推股指期货，大家不妨先观察一番监管部门是否具有控制局面、有效管理的能力。

原载于《理财一周报》2010 年元旦特刊

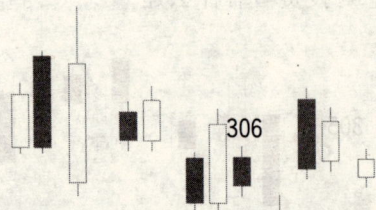

后记　政策市、主力市、消息市

我同丈夫袁幼鸣围绕股市博弈实务展开对话并整理成稿是在 2009 年 8 月至 9 月期间。一开始,我对丈夫的一些说法将信将疑。在这段时间里,通过仔细观察股市状况,我逐步发现他的大多数说法是成立的。A 股市场的确是政策市、主力市和消息市。

2009 年 8 月 4 日开始的大盘点位与个股股价大幅调整的直接原因是政策转向。上证指数上 3000 点以后,监管部门大量发行新股且开闸上市公司再融资,急速增大市场筹码供应。与此同时,清查进入股市的违规资金并开堵公募基金以外的其他类型新资金入市,市场流动性"水位"降低,股价自然随之下跌。

大盘在 9 月上旬、中旬反弹,散户们普遍预期有国庆六十周年行情。然而,此时监管部门突然加速推出创业板,再一次打击市场,令指数掉头向下。我相信如果等"十一"长假后再启动创业板公司发行,2009 年 9 月是会有一轮国庆行情的;说管理层政策调控直接影响股市走势不是言过其实。当然,政策效应有一个累积过程。

我的第二个感受是,股市的确存在阶段性入市而非长期持股的主力资金。它们在政府政策鼓励炒作时入场持筹,一旦发现政策面翻空,会立即获利了结,决然离开市场,头也不回一下。2009 年 7 月,沪市日成交 2 000 亿元以上是常态,到 2009 年 9 月下旬,日成交量萎缩到 700 亿元,曾经翻涌的巨量资金一下子销声匿迹,让人心惊胆战。

若仔细思考社会资金结构,对这样的现象不难解释。迄今为止,中国的财富分配排序是,政府与事业单位进项第一,企业结余第二,工薪收入第三。累积到今天,全国企业有账可查的存款高达 20 多万亿元,其中活期存款也有 15 万亿元以上。不算地下金融的黑钱,光企事业单位活期存款突然进出股市就足以制造大起

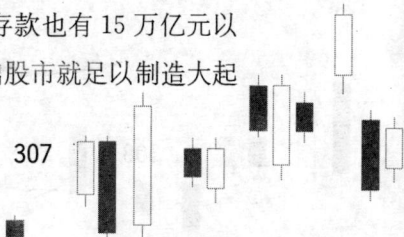

307

大落。

丈夫对此提供了一个证据,上市公司财务报告经常爆出机关单位跻身十大股东,引起舆论哗然。这些单位往往是因为粗枝大叶,忘记自己买入股票已到上市公司股东登记时间。

观察 2009 年 8 月和 9 月的市况,我认识到,中国企事业单位的存款和黑钱属于股市的超级投机势力,在股市中博弈,如果同它们的动态相反甚至晚一拍,散户将蒙受很大损失。

A股市场是消息市的一个含义是一旦有利多或利空信息,板块和个股会夸张地上涨或下跌。2009 年 8 月银行板块惨跌,其实是利空被夸大后的非理性下跌。理论上,银监会拟提高商业银行资本充足率水平构成的利空是可以计算的,但大资金竞相出货杀跌,无人计算银行板块的真实价值。有的银行通过非公开发行补足资本金,对二级市场股价本应该形成支撑,但股价的市场表现却是相反的。

消息,有时甚至是毫无根据的消息对股价影响如此之大,说明二级市场主体,主要是合法机构与有组织社会资金已经是恶性博弈者。

今后参与股市博弈,我将时刻不忘 A 股市场以上三大特点,除非市场制度与主力行为有重大变化。

一点浅见,与朋友们分享。

文玮玮
2009 年 9 月 26 日

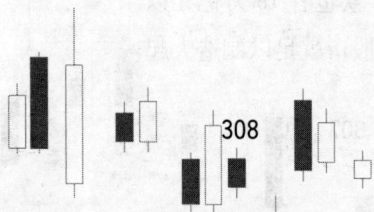

图书在版编目(CIP)数据

战胜政策市：A股套利秘诀十日谈/袁幼鸣，文玮玮
著. —杭州：浙江大学出版社，2010.1(2010.6重印)
ISBN 978-7-308-07326-4

Ⅰ.战… Ⅱ.①袁…②文… Ⅲ.股票－证券投资－
基本知识－中国 Ⅳ.F832.51

中国版本图书馆 CIP 数据核字（2010）第 008802 号

战胜政策市——A股套利秘诀十日谈

袁幼鸣 文玮玮 著

策 划 者	蓝狮子财经出版中心
责任编辑	钱济平
出版发行	浙江大学出版社
	（杭州市天目山路 148 号 邮政编码 310007）
	（网址：http://www.zjupress.com）
排 版	杭州大漠照排印刷有限公司
印 刷	杭州杭新印务有限公司
开 本	710mm×1000mm 1/16
印 张	20.25
字 数	290 千
版 印 次	2010 年 2 月第 1 版 2010 年 6 月第 2 次印刷
书 号	ISBN 978-7-308-07326-4
定 价	38.00 元